BACON · MILITÄR-MOTORRÄDER

ROY BACON

MILITÄR MOTORRÄDER 1939-1945

Europa · Rußland · Japan · USA

MOTORBUCH VERLAG STUTTGART

Einbandgestaltung: Siegfried Horn.

Die Originalausgabe ist erschienen bei Osprey Publishing Limited, London,
unter dem Titel: „Military Motorcycles of World War 2“.

Die Übertragung ins Deutsche besorgte:
Herbert Jäger, Kirn.

ISBN 3-613-01204-9

1. Auflage 1987

Eine Abteilung des Buch- und Verlagshauses Paul Pietsch GmbH & Co. KG.

Satz und Druck: Druckerei Röhm, 7032 Sindelfingen.
Buchbinderische Verarbeitung: Großbuchbinderei E. Riethmüller, 7000 Stuttgart 1.
Printed in Germany.

Inhalt

Dank

Für dieses Buch sind mehr Leute befragt und mehr Briefe geschrieben worden als für irgend eines meiner früheren Bücher. Ohne diese Hilfe hätte es nie geschrieben werden und auch nicht die Stoffülle erhalten können, die es aufweist.

Das Sammeln der Informationen bedeutete, an vielen Stellen Nachforschungen zu betreiben. Die beiden, die mir dabei am meisten geholfen haben, waren das »National Motor Museum« in Beaulieu und das »Imperial War Museum«, die mir beide Kopien von Berichten aus ausgelagerten Archiven zur Verfügung stellten. Ich wandte mich an Firmen, die heute noch bestehen und von denen ich annahm, daß sie früher Militärkräder gebaut hätten. Unterlagen erhielt ich daraufhin von Batavus, BMW München, Fichtel & Sachs, Husqvarna, Jawa-CZ, Moto Guzzi, MZ, Steyr-Daimler-Puch und Zündapp. Letztere sandte mir ein 300-Seiten-Buch über die Firma, das die vielen interessanten und ungewöhnlichen Typen, die Zündapp gebaut hat, eingehend beschrieb.

Puch schickte mir Unterlagen und viele Fotos und beantwortete Fragen. MZ leitete meinen Brief weiter an das Zweiradmuseum, das daraufhin DKW-Fotos sandte, und Moto-Guzzi schickte sowohl Unterlagen als auch Bilder. Von Peter Zollner bei BMW kam, was ich über die liegenden Zweizylinder-Boxer und die stehenden Einzylinder brauchte. Stefan Knittel prüfte den historischen Teil der deutschen Motorräder nach. Husqvarna hatte im behandelten Zeitraum zwar keine Maschinen gebaut, vermittelte aber die Bekanntschaft mit Harry Ljungdahl, der 4 000 Kilogramm m42-Teile hat. Er war so freundlich, mir viele Unterlagen über schwedische Maschinen zu schicken, überprüfte das Manuskript und ging das Risiko ein, verhaftet zu werden, als er seine eigene Maschine in der Nähe eines Armeedepots fotografierte.

Einen ähnlichen Dienst erwies Roland Servais in Belgien für die Maschinen jenes Landes, und außerdem zählen Douglas Graham in Dänemark, der verstorbene Erwin Tragatsch und Tjako Wolters zu denen, die mir behilflich waren.

Zuhause scharten sich Freunde um mich, die ich beim Schreiben früherer Bücher gewonnen hatte. Die Abschnitte über AMC, Ariel, Royal Enfield und Velocette wurden jeweils durch Deryk Wylde, Jim Lee, Ivor Mutton und Ivan Rhodes überprüft. Weitere Hilfe kam über die VMCC-Experten von Bill Hume, Mike Jackson und Peter Misaurio. Titch Allen und Bob Currie halfen mir mit Informationen über Sunbeam weiter, wobei Bob auch einige Fotos identifizierte.

An neuen Verbindungen gewann ich zuhause Gerard Gilligan, der mir bei Gilera Hilfe anbot, Harry Bullens, der Fachmann für die Welbike ist, und Jain Cottrell, dem ich die Daten und ein Bild der Zweizylinder V-Motor Indian verdanke. Drei Harley-Davidson-Liebhaber gaben mir ihr Bestes: Jim Dowdall, Jim Hunt und Paul Parslow. Schließlich muß ich Maurice Kelly danken, der für mich die Situation in Rußland klärte und der meine Bruchstücke ungenauer Daten mittels seiner profunden Kenntnis sowjetischer Maschinen berichtigte.

Bei den Bildern war das Ziel, so viele zeitgenössische Fotos wie nur möglich zu verwenden, um die Atmosphäre jener Tage zu vermitteln, als Rationierung, Bomben und Sicherheitsdenken die meisten Länder beherrschten. Viele der Fotos tragen auf der Rückseite neben Vermerken wie »Presse-Agentur, Zensur, offizielles britisches Foto« noch andere derer, die sie im Laufe der letzten 40 Jahre gesammelt haben. Wir hoffen, daß die Auswahl die Stimmung wiedergibt.

Viele Bilder stammen entweder aus Beaulieu, vom Imperial War Museum, oder wurden freundlicherweise durch die AMAP-Archive vermittelt, die jetzt im Besitze der alten »Motor Cycle Weekly«-Ausgaben sind. Gelegentlich liegt die Herkunft der Bilder aber im Dunkeln, wenn diese mit verschiedenen Quellenangaben versehen sind.

Einige davon wurden bereits oben erwähnt; und neben den beiden englischen Museen muß noch ein deutsches erwähnt werden: Das »Zweitaktmuseum« in der DDR. Zu den Herstellern, die Fotos schickten, zählen BMW, Moto Guzzi, Steyr-Daimler-Puch und Zündapp.

Viele der Bilder, die als »Offizielles britisches Foto« gestempelt sind, tragen auch noch einen Vermerk der Presseagentur, die sie entweder aufgenommen hat oder sie der Zensur vorlegte. An dieser Aktivität waren beteiligt Firmen wie Associated Press, BIPPA, Fox Photos, International News Photos, Keystone Press Agency, London News Agency Photos, Photographic News Agencies, Planet News, Sport & General Press Agency und »Topical« Press Agency. Auf einem Foto erscheint auch der Stempel des »Daily Herald«.

Auf amtlicher Ebene liegen einige Bilder mit dem Vermerk »Ministry of Information« (Informationsministerium), dem australischen Gegenstück dazu, und »Ministère de l'Information« sowie ein Foto, das Harrison Roberts geschossen hat, der bei der US Army als Kriegsberichterstatter akkreditiert war. In die gleiche Sparte fällt möglicherweise ein Bild, das Jack Sands vom USMC (United States Marine Corps = Marineinfanterie) in Maryland machte.

Die Berufsfotografen, deren Arbeiten hier verwendet werden, sind: Bretislav Dmych aus Prag, Knud Jorgensen aus Dänemark, Dominique Pascal aus Frankreich, Alan Williams und Mike Woollett. Ferner waren mir mit ihrer Sammlung behilflich: Christopher Barbarski vom Sikorski Museum in London, Jain Cottrell, Bob Currie, Harry Ljungdahl, Ivor Mutton, Dick Platt von der Fotobibliothek des VMCC und Roland Servais.

Mein Dank gilt allen, die irgendwie zu diesem Buch beigetragen haben, besonders aber Tim Parker, der mir dabei so sehr geholfen hat.

Roy Bacon
Niton, Isle of Wight

Kriegsausbruch

In jenen Tagen, als noch der Einsatz von Giftgas befürchtet wurde, fuhr man zwar mit Gasmaske, aber ohne Sturzhelm. Man beachte die Abdeckung des Scheinwerferglases und die Kartenhalterung.

Am 1. September 1939 marschierten die Deutschen in Polen ein, und binnen Tagen sah sich der größte Teil von Europa erneut in eine Auseinandersetzung verwickelt. Anfangs meinten zwar die meisten, daß bis Weihnachten alles vorbei sei, aber die Experten hinter den Kulissen wußten, daß bis dahin lediglich die ersten Scharmützel stattgefunden haben würden.

Selbst von denen aber, die mehr Bescheid wußten, glaubten nur wenige, daß der Kampf sich sechs lange, harte Jahre hinziehen und daß er sich so ausweiten würde, daß schließlich fast jedes Land der Erde irgendwie darin verwickelt sein würde. Aber genau dies geschah, und während dieser Jahre trug das Motorrad auf allen Schlachtfeldern seinen Teil bei. Es überbrachte Meldungen, geleitete Kolonnen, beförderte Offiziere, überwachte Truppen und wirkte als beweglicher Kampfverband.

Einsatz und Bauform der Motorräder waren von Land zu Land verschieden: Die englischen Maschinen waren meist einfache Einzylinder, die deutschen komplizierte Zweizylinder und die amerikanischen ziemlich groß, recht schwer und meist mit Zweizylinder V-Motoren bestückt.

Sie alle erfüllten ihren Zweck, und nach dem Krieg liefen viele weiter, mit einem schwarzen zivilen Anstrich, um der Bevölkerung als prosaisches Transportmittel zu dienen. Nicht gerade aufregend, aber verfügbar zu einer Zeit, in der alles knapp war.

Kein Buch dieses Umfangs kann auch nur von den im zweiten Weltkrieg verwendeten Motorrädern jedes einzelne Detail oder jede Konstruktionsänderung bringen. Die Maschinen jedes Landes, ja sogar jeder einzelne Motorradtyp bedürften eines eigenen Buches, um den Wissensdurst mancher Liebhaber zu stillen. In diesen Seiten finden sich keine

Dieses Bild wurde 1940 aufgenommen (als es schlecht für England aussah), um der Öffentlichkeit Mut zu machen. Bei den Tagesangriffen der Luftwaffe war Deckung lebenswichtig, daher der „Dom".

Teilenummern, keine Anstrichvorschriften, keine Bezeichnung von Einheiten, ja noch nicht einmal Fertigungszahlen. Dieses Gebiet ist so kompliziert, daß es zu einem ganz neuen Minenfeld wird, sobald man nachforscht, was nun die Truppe eigentlich mit ihren Motorrä-

1940 wurden die „Local Defense Volunteers" (Örtliche freiwillige Verteidigung) aufgestellt, die später zur „Home Guard" (Heimatschutz) wurden. Hier präsentiert sich eine „New Imperial"-Maschine mit Blockmotor vor König Georg VI.

dern anstellte, sobald sie im Feld unter Feindbeschuß stand. Wir müssen daher offen sagen, daß wir über den Einsatz selbst nur wenig bringen. Unser Ziel war es, das, was in dem Konflikt zwischen 1939 und 1945 in den Fabriken gebaut wurde und dann irgendwo seine Verwendung fand, aufzulisten, zu beschreiben und abzubilden.

Menschen und Maschinen in Linie zum Dienst angetreten. Die Motorräder sind BSA M20, die glatten Reifen ein Tribut an die Gummiknappheit.

1. Österreich und Puch

Am Ende des ersten Weltkriegs brach die Donaumonarchie Österreich-Ungarn auseinander und es entstanden verschiedene neue Länder als selbständige Staaten: Österreich, Ungarn, die Tschechoslowakei und Jugoslawien. Zwei Jahrzehnte später fanden sich Österreicher und Tschechen, von Hitler annektiert, als Teile des Deutschen Reiches wieder.

Die älteste und größte Motorradfirma Österreichs entstand 1934 durch den Zusammenschluß von Steyr, Austro-Daimler und Puch, wobei hinsichtlich motorisierter Zweiradfahrzeuge die Maschinen und Entwürfe von Puch beibehalten wurden. Deren Motorräder gingen bis ins Jahr 1903 zurück, und in den Jahren zwischen den beiden Weltkriegen hatte Puch sich mit großem Erfolg auf den Doppelkolbenmotor verlegt.

Ab 1938 galt Puch als Teil der deutschen Industrie und fiel damit auch unter den Schell-Plan für Rationalisierung. Infolge des Bedarfs an immer höheren Produktionszahlen wurde die Firma mit der Fertigung von Motorrädern für die Wehrmacht ausgelastet, bis sie 1942 schwer bombardiert wurde.

In diesem Zeitraum wurden drei Zweitakt-Einzylinder-Doppelkolben-Modelle gebaut, ein weiteres Modell wurde vereinzelt vom Militär eingezogen. Außerdem wurde noch Ende der dreißiger Jahre in begrenzten Stückzahlen ein großer Viertakter hergestellt, der beim Heer für Solo- und Gespannbetrieb vorgesehen war.

Die älteste Konstruktion war die der 250 S4. Sie stammte von 1934 und beruhte ihrerseits auf dem Modell T aus dem Jahr 1929. Die Motorkonstruktion war – gelinde gesagt – ungewöhnlich, entsprach aber den Grundsätzen, die diese Marke mit ihrem ersten Doppelkolbenmotor festgeschrieben hatte, der bereits 1924 gebaut worden war. Die Kurbelwelle lag längs, und die beiden Kolben Seite an Seite quer darüber. Sie besaßen ein gemeinsames gegabeltes Pleuel, das dazu diente, Auslaßschlitze und Überströmkanäle asymmetrisch zu steuern, während die beiden Zylinder die sauberen Frischgase und die verbrauchten Abgase auseinanderhielten. Die theoretische Überlegung war dabei, daß – nachdem die Kerze in dem gemeinsamen Verbrennungsraum gezündet hatte – die Kolben nach unten getrieben wurden und mit dem Freigeben der Überströmschlitze die Frischgase beide Zylinder spülten.

Das Ganze funktionierte ausgezeichnet und Puch war mit wassergekühlten und aufgeladenen Modellen bei Wettbewerben erfolgreich bis 1931. Im Jahre 1934 wurden die älteren Straßenmodelle verbessert. Das Ergebnis war die 250 S4, die mit 2 × 45 mm Bohrung 78 mm Hub und 248 cm^3 Hubraum aufwies. Das Verdichtungsverhältnis betrug 6,5:1.

Die Konstruktion des Motors ging von einem senkrecht geteilten Kurbelgehäuse aus, dessen Trennfuge jedoch nicht wie gewöhnlich von vorn nach hinten verlief, sondern quer zur Fahrtrichtung. Die einfach gekröpfte Kurbelwelle trug vorn die Lichtmaschine und den Unterbrecher der Batteriezündung. Auf dem Kurbelgehäuse thronte der gußeiserne Zylinder mit aufgesetztem Zylinderkopf.

Das einzelne Auspuffrohr entsprang der linken vorderen »Ecke« des Zylinderblocks und mündete in einem auf der gleichen Seite unten angebrachten Schalldämpfer. Der Vergaser saß hinter dem Zylinderblock und versorgte den Motor über den links hinten angeordneten Einlaß. Der rechte Zylinder enthielt die Überströmkanäle.

Die Puch 250-cm³-Doppelkolbenmaschine mit längsliegender Kurbelwelle. Den Tank umgibt ein Preßstahlrahmen. Diese zivile Maschine wurde von der Wehrmacht eingezogen.

Die Schmierung war sehr modern: Im Gußgehäuse des Getriebes hinter dem Zylinder saß eine Ölpumpe. Sie wurde aus einem Öltank unter dem Sattel versorgt und lieferte das Frischöl, dessen Fördermenge über den Gasdrehgriff gesteuert wurde, in den Einlaß.

Ungewöhnliche Konstruktionsideen waren nicht nur beim Motor, sondern auch beim Getriebe anzutreffen; denn das Vierganggetriebe war hinten an das Kurbelgehäuse angeflanscht und wurde über ein Kegelradpaar von der Kurbelwelle angetrieben. Damit wurde ein Winkeltrieb erreicht, so daß Kettenantrieb auf das Hinterrad verwendet werden konnte. Die Kupplung befand sich nicht im Triebwerkblock, sondern in der Hinterradnabe.

Das Schaltgetriebe war zwar konventionell ausgelegt, wies aber insoweit moderne Züge auf, als es in allen vier Gängen indirekt übersetzt war. Das Getriebegehäuse war längs geteilt, wobei die Wellen jeweils auf beiden Seiten gelagert waren. Es war vorn offen und wurde so mit dem Kurbelgehäuse verschraubt, daß die beiden Kegelräder in Eingriff kamen. Die Gangwahl erfolgte über eine Kurvenwalze, die durch einen Zahnstangentrieb betätigt wurde. Dieser wieder hing über einem Gestänge an dem Handschalthebel rechts am Kraftstofftank.

Die Kupplung saß im Hinterrad zwischen Nabe und Antriebsritzel. Sie war in einer Servobauart ausgelegt; eine zentrale leichte Feder wurde durch Fliehgewichte unterstützt, die unter Einwirkung der Zentrifugalkraft halfen, die Kupplungsscheiben zusammenzupressen. Mit ihr ließ es sich leider nicht sauber schalten.

Konventioneller war da schon das Fahrwerk, da der Blockmotor, das heißt Motor und Getriebe in einem gemeinsamen Gußgehäuse, in einem Rohrrahmen eingebettet und an

Ein Militärpfarrer 1944 in Italien mit einer erbeuteten Puch 250 S4; wenige Tage, bevor viele Meilen entfernt die Invasion begann.

Diese 350 GS-(Geländesport) Puch wurde restauriert. Ihre Kennzeichen sind der versetzte Doppelkolbenmotor, gelegentlich unterschiedlicher Bohrungsdurchmesser und die Hinterrad-Kurzschwingenfederung.

einen Träger mit H-förmigem Querschnitt aufgehängt war. Das Hinterrad war ungefedert, vorn war anfangs eine Rohrgabel eingebaut. 1935 wurde diese durch eine gepreßte Flachstahlausführung ersetzt, mit gleichzeitigen Änderungen am Tachoantrieb und an der Vorderradbremse. Ebenfalls geändert wurden Sattelfeldern und Schalldämpfer, während Tank (ausgenommen Varianten im Styling), Werkzeugkasten und hinterer Kotflügel unverändert blieben.

1938 trat die 350 GS an die Seite der 250. Auch sie sollte sich bald in der Wehrmacht wiederfinden. Sie besaß ebenfalls einen eigenartigen Motor, der in mancher Beziehung noch sonderbarer war als der der 250er. An Gemeinsamkeiten mit dem kleinen Modell besaß sie die längsliegende Kurbelwelle, das daran geflanschte, direkt über Kegelräder angetriebene Vierganggetriebe und die Kupplung in der Hinterradnabe. Genaugenommen waren die beiden Getriebe identisch, wenn auch beim größeren Modell die Gesamtübersetzung höher war.

Im Inneren unterschieden sich die beiden Motoren beträchtlich; denn die Zylinder waren im Tandem angeordnet, wobei jeder Kolben sein eigenes Pleuel besaß, die beide dann auf

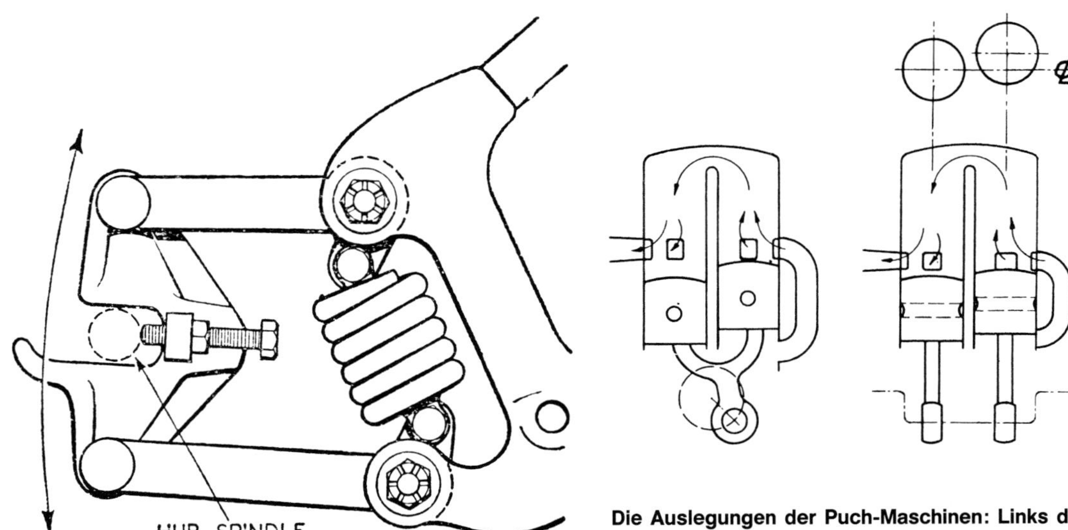

Die interessante Puch-Hinterradfederung, die so ausgelegt war, daß die Spannung der Kette unverändert blieb.

Die Auslegungen der Puch-Maschinen: Links die 250 S4 und rechts die 350 GS. Die 125 ähnlich wie die 250, doch war der Motor im Rahmen gedreht (Crankshaft = Kurbelwelle).

Das Getriebe der Puch 250 und 350. Es wird direkt von der Kurbelwelle über Kegelräder angetrieben und durch einen Zahnstangentrieb über eine Kurvenwalze geschaltet.

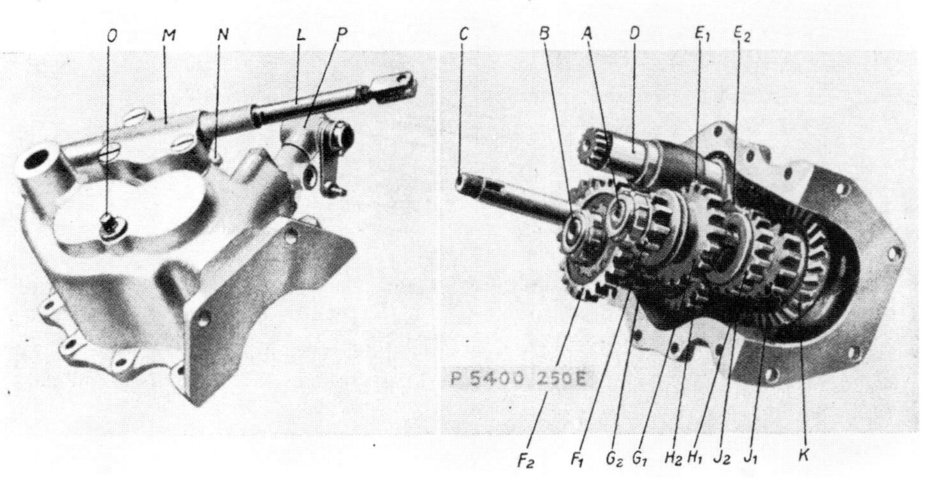

einen gemeinsamen Kurbelzapfen arbeiteten. Der Auspuff war vorn; auf jeder Seite ein Rohr mit Schalldämpfer, wobei in jedes Rohr zwei Auslaßöffnungen mündeten, deren der Motor insgesamt vier aufwies. Jedes Auspuffsystem mündete in einen Schalldämpfer. Ein Einzelvergaser speiste beide Bohrungen, das Überströmen erfolgte im hinteren Zylinder.

Eine weitere ungewöhnliche Note war, daß zwar die Motorabmessungen gewöhnlich mit 2 × 51,5 × 83,4 mm angegeben werden – was 347 cm^3 ergibt – nach Unterlagen von Puch jedoch auch unterschiedliche Zylinderbohrungen zur Anwendung kamen. Nach dieser und anderen Quellen wird die Bohrung des hinteren Überströmzylinders mit 48 mm und die des vorderen mit 55 mm angegeben, wonach der Hubraum 349 cm^3 betrug. Selbst die Pleuel hatten ihre Besonderheit: Das Nadellager, in dem sie auf der Kurbelwelle liefen, führte seine Nadeln nicht in einem Käfig, sondern an den Stirnseiten in Schlitzen von Beilagscheiben. Aus irgendwelchen Gründen waren diese Beilagscheiben dreifach geteilt.

In gewissem Maß entsprach das Fahrwerk dem der 250er, der Rahmen umfing wieder den Blockmotor. Hinten war eine ungewöhnliche Hinterradfederung, bei der zwei ungleich lange Längslenker durch den Träger der Hinterradaufnahme verbunden waren. Beim Einfedern bewegte sich die Hinterradachse auf einem Kreisbogen, dessen Mittelpunkt mit dem des getriebeseitigen Antriebsritzels zusammenfiel. Hierdurch blieb die Kettenspannung konstant. Jeder Längslenker war am inneren Ende (an seinem Drehpunkt) als Winkelhebel ausgebildet. Zwischen diesen beiden Armen sorgte eine auf Zug beanspruchte Schraubenfeder für die Rückstellkraft. Ein Bericht, der Ende 1945 entstand, läßt vermuten, daß beim militärischen Einsatz wegen dieser Hinterradfederung die Antriebskette gern von den Zahnrädern sprang, weshalb die Wehrmacht das starre ungefederte Hinterrad beibehielt. Es ist zweifellos richtig, daß das ganze System auf der Formsteifheit des Radzapfens in den Gabelenden beruhte, damit das Rad immer schön senkrecht lief. Da konnte schon einmal auf Holperpisten die Beanspruchung zu groß werden.

Vorn wurde die flachovale Gabel der 250er montiert, bei der ebenfalls jeder Gabelholm aus zwei Preßteilen zusammengesetzt war, die längs verschweißt wurden. Die Federung übernahmen zwei Zugfedern, die durch einen Reibungsdämpfer – und einen weiteren für die Lenkung – ergänzt wurden. Die Bremsen wurden mit dem rechten Fuß und der rechten Hand bedient und besaßen wiederum in der Trommel einen einzigen auflaufenden Backen, während der Kickstarter wie früher rechts angeordnet war.

Der Öltank war zwar anders geformt, aber immer noch hinter dem Motor und dem Sitz versteckt. Der Kraftstofftank bestand aus zwei Hälften – jede mit eigenem Tankverschluß – und wurde in der Mitte von einem Blechstreifen, der über dem oberen Rahmenrohr verlief, zusammengehalten. Damit war er ebenso aufgebaut wie der der 250er, von dem er sich nur durch den Wegfall der Schaltkulisse auf der rechten Seite unterschied. Die 350er erhielt nämlich eine Fußschaltung auf der linken Seite, die über mehrere Gestängeteile in das Schaltgetriebe eingriff, doch war auch ein Handschalthebel vorgesehen, weil die deutschen Vorschriften dies verlangten.

Die dritte Doppelkolbenmaschine kam 1939 heraus und hatte 125 cm^3 Hubraum. Sie war bei weitem moderner konzipiert und besaß einen konventionellen Blockmotor mit Dreiganggetriebe, auf dessen Eingangswelle die Kupplung saß. Da das Getriebe in indirekter Bauweise ausgeführt war und daneben noch einen querwirkenden Durchtrieb aufwies, lief der Motor gegenüber den Rädern in umgekehrter Drehrichtung, wobei aber die Kurbelwelle quer zur Fahrtrichtung lag.

Die Zylinder lagen dementsprechend hintereinander, wobei der vordere zwei Auslaßöff-

Puch-Doppelkolben-125er, in Aussehen und Konstruktion recht konventionell.

nungen und links eine Einlaßöffnung aufwies, die von einem Einzelvergaser hinter dem Zylinder gespeist wurde. Eine andere Zylinderform besaß die Sportausführung. Hier thronte auf jeder Seite ein Vergaser auf einem Einlaßstutzen, der direkt in den Zylinder führte. Der hintere Zylinder hatte zwei Überströmkanäle.

Die Kraftübertragung erfolgte über Ketten: Links zum Getriebe und rechts zum Hinterrad. Daher saßen Lichtmaschine und Unterbrecher auf dem rechten Ende der Kurbelwelle, die Spulenzündung wurde von einer Batterie gespeist, die unter dem Sattel untergebracht war, der mit einer Auslegerfeder gefedert war. Geschmiert wurde der Motor zuverlässig mit Mischung 1:25 über den Kraftstoff.

Der Rahmen bestand aus Rohren und die Gabel aus flachen Stahlblech-Preßteilen; die Einzel-Schraubenfeder wurde auf Druck beansprucht. Der Rest des Fahrwerks war einfach, aber ausreichend. Beleuchtung, Werkzeugbox, Gepäckträger und Reifenluftpumpe vervollständigten das sehr nützliche Leichtgewicht.

Von den beiden »dienstverpflichteten« Zivilmodellen war eines eine 200er, deren Motor und Getriebe viel mit denen der S4 gemeinsam hatten. Die Änderungen betrafen: Ein kürzerer Hub zur Verringerung des Hubraums, niedrigeres Verdichtungsverhältnis und nur drei Gänge. Das Fahrwerk war anders; der Rahmen war aus Stahlblechpreßteilen mit U-Profil geschweißt. Oben saß der Tank zwischen den beiden Rahmenhälften. Gefedert war nur die flache Vorderradgabel, alles andere entsprach dem damaligen Serienstand.

Das zweite Modell war da ganz anders, eines der wenigen Viertaktmodelle, die Puch in seiner Geschichte seit dem ersten Weltkrieg gebaut hatte. Sehr fortschrittlich war der 1936 entstandene Triebwerksblock. Es war ein Vierzylinderboxer mit seitengesteuerten Ventilen und 792 cm³ Hubraum. Der Vergaser saß über dem Kurbelgehäuse und speiste beide

Die Puch 800, ein Vierzylinderboxer mit Seitenventilen und Vierganggetriebe. Die Kupplung blieb in der Hinterradnabe.

Seiten, die Auspuffrohre traten vorn und hinten aus jedem Block und vereinigten sich auf jeder Seite der Maschine in jeweils einem Schalldämpfer. Geschmiert wurde mittels Trokkensumpfschmierung, deren Öltank unter dem Sattel hing, gezündet wurde durch eine Batterie-Spulenzündung. Vorn am Motor saß die Lichtmaschine, die Nockenwelle lag über der Kurbelwelle.

An den Blockmotor war ein Vierganggetriebe geflanscht, aber die Kupplung saß noch immer in der Hinterradnabe, und der Antrieb erfolgte links über eine Kette. Das Fahrgestell glich weitgehend dem der 250er, doch war es für die Aufnahme des längeren Motorblocks gestreckt worden. Der Rahmen bestand aus Rohren über und unter dem Motor und einer Mittelstrebe mit H-Profil. Eine Hinterradfederung fehlte, die Vorderradgabel bestand aus Flachprofil. Die beiden Kotflügel waren seitlich weit heruntergezogen, aber in den übrigen Einzelheiten übernahm die große Vierzylinder viel von den Zweitaktern.

Der Fertigungsablauf beim Bau einer Vierzylinderboxer ist von dem für eine Doppelkolbenmaschine sehr verschieden, und die 800 blieb nur bis 1938 in Produktion. Nur 550 Stück wurden gebaut, und viele waren für den Einsatz in der Wehrmacht bestimmt, als Solomaschine oder als Gespann. Der politische Anschluß 1938 brachte der Firma die Auflagen des »Schell-Programms«. Dieses schrieb Puch vor, nur noch 125- und 250-cm³-Maschinen zu bauen. Man konnte den Österreichern kaum erlauben, weiterhin eine werbeträchtige Vierzylindermaschine gegen das Zündapp-Modell zu stellen. Außerdem hatte Puch bereits herausgefunden, daß sein Modell nicht so wohlgeraten war, wie man erhofft hatte.

Also verlegte sich Puch auf seine Doppelkolbenmaschinen, die wirklich ausgezeichnet waren, und die Zügel der Typenbeschränkung wurden soweit gelockert, daß auch die 350er wieder gebaut werden durfte, bis die Kriegsproduktion versiegte.

2. Belgien – drei Namen ragen heraus

Von den vielen belgischen Marken ragen drei heraus, die alle in Lüttich-Herstal beheimatet waren, wo das Zentrum der Motorradindustrie dieses Landes lag. Alle drei waren mit dem Bau von Maschinen für die belgische Armee beschäftigt, und auch nach der Besetzung durch die Deutschen wurden die Fertigungsbänder am Laufen gehalten.

FN

Für Belgien bedeutet die »Fabrique Nationale d'Armes de Guerre« (Nationale Fabrik für Kriegswaffen), was die BSA (»Birmingham Small Arms« = B-Handwaffen) für England bedeutete: Eine große Waffenfabrik, die auch mit Motorrädern Handel trieb. Die Gesellschaft ging bis in die Zeit König Edwards zurück und war seinerzeit hauptsächlich bekannt durch ihre Reihenvierzylinder mit Kardanantrieb, die FN schon baute, als der Rest der Motorrad-Welt noch per Riemenantrieb reiste.

Die gewaltige FN mit Kardanantrieb auf Hinter- und Seitenwagenrad.

Das FN-Dreirad beweist, wie gut es schwieriges Gelände meistert.

Ende der 30er Jahre fertigte FN wieder eine Maschine mit Kardanantrieb, doch war in diesem Fall der Motor ein Zweizylinderboxer, der einen Liter Hubraum und seitengesteuerte Ventile aufwies und mit dem Getriebe zu einem Block vereinigt war. Ein einziger Vergaser fütterte beide Zylinder, der Ansaugkrümmer diente gleichzeitig als Abdeckung der elektrischen Anlage, die auf das Kurbelgehäuse aufgebaut war. Die Steuerräder lagen vorn, die beiden Auspuffrohre waren rechts in einen Schalldämpfer zusammengeführt.

Der Doppelrohrrahmen umschloß den Triebwerkblock und trug vorn eine Parallelogramm-Federgabel. Auf der rechten Seite der Maschine lag der Antrieb des Hinterrades, von dem aus eine Welle auch das Rad des gleichfalls rechts sitzenden Seitenwagens antrieb. Die Maschine brachte im Schlamm Flanderns derartige Fahrleistungen, daß die Deutschen davon beeindruckt waren (deren R 12 Modelle hatten nämlich schwere Traktionsprobleme) und für die Wehrmacht einen ähnlichen Entwurf forderten, was zu den aufwendigen Zündapp- und BMW-Maschinen führte.

Die FN hatte Reifen von gewaltigem Querschnitt mit groben Profilstollen. Die Rückseite des Beiwagenboots trug ein Ersatzrad. Der Seitenwagen ruhte in einem Schleifenrahmenfahrwerk mit einem Querrohr hinten. Vorn und hinten konnte auf das Deck des Beiwagens ein Maschinengewehr aufgesetzt werden. Das Gespann war in seinen Abmessungen im allgemeinen größer dimensioniert als die von anderen Nationen verwendeten.

Die ganze Maschine war stabil gebaut. Schutzbügel bewahrten den linken Zylinder und Fahrer oder Passagier vor Schaden.

FN baute auf der Basis der Zweizylinderboxer M12 auch ein Dreirad. An Motorradrahmen und -vorderteil wurde ein offener Aufbau mit zwei Sitzbänken gehängt. Zwei Hinterräder auf einer Art Automobilhinterachse übertrugen – wie beim Seitenwagen – die Vortriebskraft. An der Rückseite der Karosserie saß ein Ersatzrad. Das Schaltgetriebe wies vier Vorwärts- und einen Rückwärtsgang auf. Das Fahrzeug war ausgelegt worden, unter allen Geländeverhältnissen voran zu kommen. Es konnte außer zum Personen- auch zum Munitionstransport eingesetzt werden. In den Nachkriegsjahren wurde daraus mit Hilfe eines anderen Rahmens ein Lieferwagen.

Andere FN-Modelle wurden vom Militär als Solomaschinen eingesetzt, darunter die M11, M71 und M86. Sie entstammten den Baureihen der seiten- und kopfgesteuerten Einzylinder, die die Firma baute. Alle waren konventionell gestaltet und besaßen Blockmotoren und Hinterradantrieb über Kette. Wenn man aber an FN in jenen Jahren denkt, dann wegen der großen Boxermaschinen.

Gillet

Diese Firma baute für das Heer eine große Maschine mit Zweizylinder-Zweitaktmotor und Seitenwagen. Der Gedanke eines Zweitaktmotors für diesen Einsatz war zu jener Zeit ungewöhnlich (ausgenommen bei DKW), aber der Motor war groß und auf Durchzugskraft aus niedrigen Drehzahlen ausgelegt.

Der Hubraum des Parallel-Twins betrug 708 cm³. Die Maschine war von herkömmlicher Konstruktion: Die Zylinder standen senkrecht, der Vergaser dahinter, der Auspuff vorn mündete in einen Schalldämpfer auf der rechten Seite. Das Schaltgetriebe war mit dem

Die Gillet mit Zweizylinder-Zweitaktmotor und dem gleichen robust gebauten Seitenwagen wie alle belgischen Maschinen.

Motor verblockt und enthielt vier Vorwärts- und einen Rückwärtsgang. Es trieb über eine Kette das Hinterrad an, von dort übernahm eine Welle den Antrieb des Seitenwagenrades.

Der Rest der Maschine war alltäglich: Ein starrer Rohrrahmen, Parallelogrammgabel und die gewohnten Fahrwerksteile. Der Seitenwagen – wie ihn auch FN und Saroléa verwendeten – war mehr mit einem Auge auf Truppenverwendbarkeit als auf Ästhetik entworfen und trug an seiner Rückwand das unvermeidliche Ersatzrad.

Nach dem Krieg wurde dieses Modell auch von der Polizei verwendet, anscheinend aber in kleineren Zahlen als die von anderen Firmen gebauten Viertakter.

Wie in anderen Ländern wurden auch einige der zivilen Maschinen zu den Fahnen gerufen. Unter den Modellen, die »dienen« mußten, waren eine 175er Zweitakt sowie seitengesteuerte Einzylinder von 350 bis 600 cm³.

Saroléa

Diese Firma, die dritte des belgischen Dreigespanns, fertigte Ende der dreißiger Jahre eine Reihe von Einzylinder-Viertaktern. Sie reichten im Hubraum von 350 bis 600 cm³, und jedes Modell wurde mit seiten- oder kopfgesteuerten Ventilen gebaut. Ihre Konstruktion

Ein Saroléa-Gespann – gebaut, um das Leben in der Armee zu bewältigen. Dies ist nicht die Zweizylinderboxer-, sondern eine Einzylindermaschine.

war konventionell, das Vierganggetriebe war vom Motor getrennt, das Fahrgestell ein starrer Rahmen mit Parallelogrammgabel. Einige dieser Maschinen aus zivilem Besitz wurden dienstverpflichtet.

Für das Heer baute Saroléa ein Gespann, das der FN sehr ähnlich war. Wie diese war die Maschine robust und wurde ebenfalls von einem Einliter-Boxermotor mit seitengesteuerten Ventilen angetrieben. Die Bauart des Motors glich weitgehend der FN, das Schaltgetriebe enthielt drei Gänge und einen Rückwärtsgang sowie zusätzlich ein Zweigangvorgelege. Dieses erlaubte dem Fahrer, zwischen sechs Vorwärts- und zwei Rückwärtsgängen zu wählen, so daß er gut gerüstet war, um mit jeder Situation fertig zu werden.

Wieder wurde Kardanantrieb verwendet und wieder führte er auch zum Beiwagenrad. Man kann nicht bestreiten, daß die Belgier das Problem, im Schlamm genügend Zugkraft aufzubringen, sehr ernst nahmen. Die Räder waren mit den gleichen grobstolligen Reifen bestückt, und auch ein Ersatzrad wurde mitgeführt. Selbst wenn das Gespann einmal festsaß, war noch nicht alles verloren, da in das Beiwagenrad eine Seilwindentrommel eingebaut war. Also konnte der Fahrer einen Baum suchen, das Seil daran befestigen und sich aus dem Sumpf ziehen.

Der Rahmen war dem der FN recht ähnlich, besaß Parallelogrammgabel und war robust genug, um es mit schwierigem Gelände und schweren Soldatenstiefeln aufzunehmen. Der Seitenwagen war mit dem von FN verwendeten baugleich – wie auch viele Kleinteile.

Es war alles in allem eine robuste Maschine und noch eine weitere, die mit dem, was sie unter schwierigsten Bedingungen leistete, die Deutschen beeindruckte.

3. Die Tschechoslowakei – eine sonderbare Geschichte

Es ist 1945, und die Jawa erscheint, nachdem sie unter den Nasen der Deutschen hinter Türen mit dem Schild „Zutritt verboten" entwickelt worden war.

Das letzte Kapitel von Hitlers »Mein Kampf« ist überschrieben: »Wo notwendig ist, ist recht« und auf dieser Basis erfolgt auch der Anschluß der Tschechoslowakei an Deutschland. Eine Expansion, die Donau entlang nach Südosten in den Balkan und die Ukraine würde die Angst im Westen beschwichtigen und gleichzeitig eine reiche Ernte einbringen. Da lag aber die Tschechoslowakei im Wege und mußte deshalb weg.

Armeemotorräder waren damals ziemlich nüchterne Maschinen, aber in den zwanziger Jahren besaßen die Tschechen einige der besten Rennmaschinen der Welt. Die meisten stammten aus England und gingen im Hubraum von 250 cm^3 bis zur großen V-Motor-Brough Superior. Das dadurch, daß der für die Beschaffung zuständige Offizier rennbegeistert war und die Männer im Ministerium, die die Rechnungen bezahlten, natürlich keine Ahnung hatten, daß das Geld für Tourist-Trophy-Renner wegging und nicht für robuste Arbeitstiere.

Es war natürlich derselbe Offizier, der die Brough zu vielen Rennsiegen pilotierte, und die anderen Maschinen waren ebenfalls sehr erfolgreich. Leider war das Ganze einfach zu gut, um von Dauer sein zu können, und ein Skandal im Jahre 1929 löste den fröhlichen Rennstall auf.

Binnen ein bis zwei Jahren sorgte die allgemeine Unruhe in Europa und der Aufstieg der Nazipartei dafür, daß die Militärausgaben eher stiegen als fielen. An der Motorradfront allerdings wurde der Bedarf jetzt von Maschinen aus den heimatlichen Fabriken gedeckt, robusten und zuverlässigen aber langweiligen Maschinen. Einige wenige kamen noch aus dem Ausland, wozu Indian und BSA V-Zweizylinder sowie BSA Einzylinder gehörten.

Aus den Fabriken in der Heimat kamen einige recht konventionell gebaute Maschinen, aber Jawa, eine der bekanntesten Firmen, wurde während des Krieges auf Motorradreparaturen für die Deutschen beschränkt. Unter den Nasen der Besatzer konstruierte und entwickelte die Firma auch einen neuen Blockmotor für die Nachkriegsverwendung, der aus einem 250 cm^3 Einzylinderzweitaktmotor samt Getriebe bestand. Das meiste davon pas-

Die Jawa 500, wie das Heer sie verwendete, mit kopfgesteuerten Ventilen, Kardanantrieb und Stahlblechpreßrahmen.

Die Nachkriegs-Ogar, eine Marke, die Jawa übernommen hatte. Die Maschine sieht auch nach heutigen Maßstäben gefällig aus.

sierte in einem Schuppen mit der Aufschrift »Geheim – Zutritt verboten«. Es blieb auch so geheim, daß bei den Deutschen keiner wußte, was da lief.

Zu den zahlreichen Vorkriegs-Motorradtypen hatte auch eine 500er Einzylinder gehört, die das Heer übernommen hatte. Sie hatte im Blockmotor hängende Ventile, Antrieb durch Kardanwelle und – im Stil vieler europäischer Firmen jener Zeit – einen Stahlblech-Preßrahmen. Die Vorderradgabel war ursprünglich durch eine Auslegerblattfeder gefedert, später wurde eine Parallelogrammgabel verwendet.

Nach dem Krieg übernahm Jawa die Ogar-Fabrik und deren 350er Zweizylinder wurde zuerst unter diesem Markenzeichen verkauft. Vor dem Krieg hatte Ogar in der Hauptsache eine hübsche 250 cm³ Einzylinder-Zweitakter gebaut, mit sportlicher Linienführung und ebensolcher Leistung. Dazu kam noch die Premier, eine 500 cm³ seitengesteuerte Einzylinder- und eine 750-cm³-Maschine mit Zweizylinder-V-Motor, letztere auch mit Beiwagen eingesetzt. Eine weitere V-Zweizylinder kam von der Firma Walter. In diesem Fall war jedoch der mit dem Getriebe verblockte Motor quer eingebaut, und das Hinterrad trieb eine Kette.

Anfang der dreißiger Jahre war noch die 750 cm³ Itar gebaut worden, die einen längsliegenden Zweizylinderboxermotor aufwies, hinter dem das Getriebe saß, das – ebenso wie das Hinterrad – über eine Kette angetrieben wurde. Diese Konstruktion war eher den zwanziger als den dreißiger Jahren zuzurechnen, aber die Armee fuhr sie. Die Praga war die BD mit neuem Namen und im Aussehen entsprach sie mit ihrem Stahlblechpreßrahmen schon eher dem Stil der dreißiger Jahre. Der Motor mit 500 cm³ war ein Einzylinder mit obenliegender Nockenwelle, der mit dem Getriebe verblockt war und das Hinterrad über Kardanwelle antrieb.

Schließlich gab es noch die »Ceska Zbrojovka« (Tschechische Waffenfabrik), wie BSA oder FN ebenfalls ein Waffenhersteller. Von CZ kam eine ganze Reihe von Zweitakt-Ein- und Zweizylindern in Blechstahlpreßrahmen mit Parallelogrammgabel. Deren Größe reichte bis zu 500 cm³ (Zweizylinder), die Bauweise war im europäischen Stil, wobei der Tank zwischen den oberen Rahmenrohren saß.

4. Dänemark – die Vierzylinder Nimbus

Der deutsche Blitzkrieg benötigte nur einen kurzen Tag, um das kleine Dänemark zu überrennen. Dieser Tag war der 9. April 1940, und von da an war es die Bestimmung der Dänen, Speck und Butter für die Deutschen zu produzieren.

An der Motorradfront wurde von der Armee nur eine Marke und ein einziges Modell akzeptiert: Die Vierzylinder-Nimbus, die Fisker und Nielsen in Kopenhagen bauten. Das Einmalige dieser Firma lag darin, daß sie in all ihren Fertigungsjahren – zuerst von 1919 bis 1928 und dann von 1934 bis 1958 – nur ein einziges Modell baute und daß das erste weitgehend baugleich mit dem letzten war.

Die Basis der Maschine bildete ein Vierzylinder-Reihenmotor mit Wellenantrieb zum Hinterrad. Die älteren Maschinen hatten wechselgesteuerte Motoren, Parallelogrammgabel und gefederten Rahmen. Letzterer war wiederum merkwürdig, da er aus flachen Stahlblechstreifen aufgebaut war. Der Tank war mit dem Rahmen verschweißt und damit Teil von dessen Struktur – ein früher Monocoque.

Das Modell 1934 war etwas anders. Der Motor besaß jetzt eine obenliegende Nockenwelle, die vorn über eine Königswelle angetrieben wurde. Diese senkrechte Welle bildete zugleich den Lichtmaschinenanker (wie bei den MG-Autos jener Zeit), aus dem Nockenwellengehäuse ragten auf jeder Seite eine Reihe Kipphebel heraus. Sie betätigten freiliegende Ventile, die zu beiden Seiten des Verbrennungsraums saßen (das blieb so, bis die Fertigung eingestellt wurde). Der Zündverteiler saß vorn auf der Nockenwelle.

Auf der linken Seite des Motors saß der Einzelvergaser, dessen geringe Weite die Leistung auf 22 PS aus 750 cm^3 Hubraum begrenzte. Die Auspuffrohre vereinigten sich auf der rechten Seite, und von dem Sammler führte ein Rohr nach unten zum Schalldämpfer. Dessen dürftige Form und Linienführung paßten zum Rest der Maschine, die eine bizarre Kombination von Modernem und Antikem darstellte.

Kupplung und Dreiganggetriebe waren mit der Rückseite des Motors verschraubt. Geschaltet wurde von Hand, wobei der Schalthebel hinter dem Tank auftauchte, wenn auch spätere Modelle mit Fußschaltung ausgerüstet waren. Der Start erfolgte über ein quer angeordnetes Pedal, der Hinterradantrieb durch freiliegende Kardanwelle und Kegelräder. Deren Schmierung war äußerst dürftig, sie mußten sich mit etwas Fett bei der Wartung begnügen. Die Ventilschäfte wurden gleichermaßen sorglos von Hand betreut, das Schmiersystem aber war – der in Gleitlagern rotierenden Kurbelwelle mit ihren zwei Hauptlagern zuliebe – eine Hochdruck-Umlaufschmierung. Das Getriebe wurde über die Kupplungswelle vom Motor geschmiert.

Der Rahmen der Nimbus wurde immer noch aus Blechstreifen zusammengesetzt, war nun aber hinten starr. Vorn kam eine Teleskopgabel zum Einsatz, so daß diese Marke dieses Federungssystems als erste angeboten haben dürfte, noch vor der viel bekannteren BMW.

Die Räder waren normal, mit Trommelbremsen, und zwischen den oberen Rahmengurten saß der Tank. Sattel und Soziussitz wurden mittels Gummibändern gefedert, die an der

Die Nimbus-Vierzylinder mit Seitenwagen und leichtem Maschinengewehr sowie Munitionskästen.

hinten liegenden Einspannstelle angriffen. Als dann der Gummi knapp wurde, griff man auf normale Stahlfedern zurück. Bei einigen Modellen waren die Kotflügel sehr weit heruntergezogen; das dänische Rote Kreuz benutzte sie, um dort das traditionelle Zeichen auf ihren ganz in Weiß gehaltenen Maschinen anzubringen.

Nach dem Krieg wurde die Vierzylinder mit nur kleinen Änderungen weitergebaut. Es entstanden aber auch Prototypen mit Drehschiebermotoren. Der erste war ein Vierzylinder, der zufriedenstellend lief. Ihm folgte ein Vierzylindermotor, dessen Zylinder paarweise nebeneinander bzw. hintereinander standen. In die Serienfertigung ging jedoch keiner, da die Firma beschloß, den Motorradbau aufzugeben.

Nimbus mit Seitenwagen, der randvoll mit 20-mm-Munition beladen ist. Vorkriegsmodell mit Teleskopgabel!

Eine 20-mm-Maschinenkanone auf einem Nimbus-Gespann, eine recht schwere Waffe für diesen Waffenträger.

5. England – mehr Hersteller als anderswo

Als am 3. September 1939 Neville Chamberlain zum englischen Volk sprach, sah dieses sich wieder einmal in einen Krieg verstrickt, für den es schlecht gerüstet war. Es sollte sich als segensreich für das Land erweisen, daß bereits einige Jahre vorher eine Handvoll weitsichtiger Industrieller erkannt hatte, woher der Wind wehte, und geeignete Schritte unternommen hatte, um sicherzustellen, daß dem englischen Volk wenigstens ein Mindestmaß an Schutz gewährt wurde. Um dies zu erreichen, mußten sie ihre Arbeit angesichts der Gleichgültigkeit der Regierung betreiben, aber ihrer Entschlossenheit ist es zu verdanken, daß das Land – unter anderem – Hawker Hurrican-Jagdflugzeuge und BSA-Handwaffen besaß, um in jenen dunklen ersten Tagen damit dem Feind entgegentreten zu können.

Bei den Motorrädern stand es genauso. In den dreißiger Jahren murksten die Friedenszeit-Experten des War Office (Heeresministerium) an einer recht komplizierten 500er mit V-Motor herum. Es dauerte bis 1937, ehe man begriff, daß im Krieg eine Maschine robust und einfach sein muß. Robust, um den Anforderungen des Einsatzes mit einem Minimum an Wartung gewachsen zu sein, und einfach, damit sie billig ist und ohne Herzzerreißen

Originelle Zeitschriftenwerbung, aus „Motor Cycling" Juli 1945 (Betitelt: „Der britische Löwe watet an Land!" Text: „Der Tag der Invasion an den Küsten . . .")

abgeschrieben werden kann. 1940 wußte man, daß diese Entscheidung richtig gewesen war, da die Armee jetzt weder die Muße noch die Sonderwerkzeuge besaß, die für eine komplizierte Maschine notwendig gewesen wären. In der Schlacht war das Einfache Trumpf, wenn der Fahrer sich entweder zu helfen wußte oder laufen mußte. Gegen letzteres waren die meisten Soldaten allergisch, weshalb sie immer irgend einen Weg fanden, die Maschine zur Rückkehr nach Hause zu bewegen.

In diesen Dreißigern spielte Gilbert Smith von der Firma Norton eine wichtige Rolle. Er unterhielt eine Werksrennmannschaft, die in Europa herumreiste und ihn mit Informationen versorgte. Denen konnte er entnehmen, daß die Auseinandersetzung nahte und mit ihr ein gewaltiger Bedarf an Transportraum. Von diesem Kuchen wollte er für seine Firma ein tüchtiges Stück abschneiden. Damit glaubte er deren Möglichkeiten besser zu nutzen, als wenn sie als Munitionsfabrik irgendwelche anonymen Teile herstellen müßte.

Deshalb umwarb er die Beschaffungsstellen und einige ausgewählte Offiziere. Letztere wurden zum Besuch von Veranstaltungen, wie die JSDT (Sechstagefahrt) und TT (Tourist Trophy) eingeladen, und die Firma war bereit, diesen Herren das Leben noch weiter zu versüßen, indem sie deren Dienstreiseberichte verfaßte.

So kam es, daß unter dem sanften Druck von BSA und Norton das War Office sich vom komplizierten Gerät ab- und dem einfachen zuwandte, das diese beiden Firmen bald in großen Mengen bauten. Diese Maschinen wurden noch durch eine Anzahl anderer Marken verstärkt und durch einige Leichtmotorräder ergänzt. Letztere wurden von jenen Zweitaktmotoren angetrieben, die zwar die Chefs der Teilstreitkräfte haßten, die aber dem Einsatzzweck der Maschinen entsprachen. Für die Luftlandetruppen haben sie sich gut bewährt, und die meisten Modelle wurden während der Jahre des Krieges mit nur geringen Änderungen gebaut.

Das War Office schloß 1937 Lieferverträge über Motorräder ab und gab 1938 ein neues militärisches Lastenheft heraus. Als der Krieg begann, reichten die vorhandenen Bestände bei weitem nicht aus, auch nur den Sofortbedarf zu decken, und die neuen Modelle waren bis dahin kaum dem Prototyp-Stadium entwachsen. Mit dem ersteren Problem wurden die Behörden fertig, indem sie einfach alles beschlagnahmten, wozu sie Lust hatten; meist bei den Herstellern, aber auch bei Händlern.

Das bedeutete, daß auch neue Modelle für das Jahr 1940 darunter waren, die noch nicht einmal in den Schaufenstern standen. Nach den zweiwöchigen Werksferien stellte die Industrie traditionsgemäß ihre Fertigungsbänder um, damit für die Ausstellung im November genügend neue Modelle vorrätig waren. Diese Umstellung war bereits angelaufen, weshalb die Kradfahrer des Heeres als erste einige der neuen Modelle testen konnten. Man verpaßte allen ein weitgehend einheitliches Aussehen, indem man sie vor eine Wand stellte und eine Spritzpistole darauf richtete. Alles wurde khakifarben lackiert, so wie die Maschinen dastanden: Reifen, Sitz, einfach alles. Nach der Umlackierung unterschieden sie sich kaum noch von den »echten« Militärmaschinen; denn auch diese waren noch mit Kniekissen, Gummilenkergriffen und Fußrastengummis ausgerüstet sowie weiteren weniger lebenswichtigen Annehmlichkeiten, die bald weggelassen wurden.

Aufgrund des War-Office-Lastenhefts entstand die sehr leichte Triumph 3 TW, aber die Pläne, sie in großen Stückzahlen zu bauen, wurden mit der Zerstörung Coventrys durch Bomben zunichte. Zu jener Zeit wurden viele Motorradfabriken bombardiert. Dadurch verlagerte sich – in Verbindung mit den Materialverlusten in Dünkirchen – der Schwerpunkt eindeutig auf den Ausstoß hoher Stückzahlen.

Daher kämpfte das englische Motorrad seinen Krieg in der Hauptsache mit wenig Änderungen, obwohl auch Neues eingeführt wurde. Die Matchless rüstete auf Teleskopgabel um, für Fallschirmjäger wurde das Welbike entwickelt, und auch Leichtmotorräder purzelten aus Flugzeugen, angetan lediglich mit einem Seidenfallschirm und einem Rohrrahmen, um sie gerade und schmal zu halten. Der Rest waren Abertausende von Einzylindern, die unverdrossen ihrer Arbeit nachstapften. Gegen Ende des Krieges meinte das Ministry of Supply (Nachschubministerium), es wäre die Zeit zum Überdenken gekommen, und veröffentlichte ein neues Lastenheft. Dieses beruhte auf den Erfahrungen der verschiedenen Waffengattungen auf allen Kriegsschauplätzen. Es forderte zwei Zylinder, seitengesteuerte Ventile, eine vollgekapselte Kraftübertragung, ein Minimum an Bedienungselementen – in standardisierter Anordnung – und geringes Gewicht (angepeilt wurden 300 lb 135 kg). Die Höchstgeschwindigkeit sollte zwischen 60 und 70 mph (Meilen pro Stunde) liegen (96 – 112 km/h) und der Kraftstoffverbrauch bei 80 mpg (miles per gallon), was etwa 3,5 Liter auf 100 km entspricht, wobei eine Durchschnittsgeschwindigkeit von 30 mph (etwa 50 km/h) eingehalten werden sollte. Die Maschine mußte einen Testhügel mit 1:2,24 Steigung mit gleichmäßigen 4 mph (6,5 km/h) erklimmen und in dieser Steigung erneut anfahren können. Sie mußte im größten Gang ruckfrei ab 10 mph (16 km/h) beschleunigen, über die Viertelmeile (400 m) aus dem Stand eine Geschwindigkeit von 45 mph (72 km/h)

Der „Don R" (Musterkradmelder) in der Unterkunft bei seiner Freizeitbeschäftigung, wie ihn das amtliche Auge der Armee sieht: Die Ausrüstung ist blank gewienert und tadellos im Spind verstaut.

Die Ausbildung der Kradmelder, wie sie typisch für die Armee war. Gleich wird der Sergeant beim Aufheben der gestürzten Maschine helfen – mit der Stimme.

erreichen können und mußte auf eine Entfernung von einer halben Meile (800 m) unhörbar sein. Im Geländebetrieb mußte sie in 15 Zoll (38 cm) Wassertiefe noch laufen und 6 Zoll (15 cm) Bodenfreiheit besitzen. BSA, Douglas und Triumph bauten allesamt Maschinen, die diese Anforderungen erfüllten. Davon ging jedoch nur die letztere in einer abgeänderten Form in Serie. Die meisten wurden an die Truppen in Übersee ausgeliefert, wenn auch die RAF (Royal Airforce – königliche Luftwaffe) einige im Einsatz hatte.

Das war also wieder einmal typisch für die Engländer: Am Beginn schlecht vorbereitet, erlitten sie dann anfangs Rückschläge, kämpften sich mit zusammengebissenen Zähnen und kaum genügender Ausrüstung zäh durch und brachten das richtige Werkzeug für den Job dann heraus, als alles vorbei war.

Neben den großen Einzylindern kauften die Streitkräfte auch eine Anzahl von 250-cm³-Maschinen. Diese wurden für Fahrschulausbildung und Kurierdienst eingesetzt und von den Damen der drei Teilstreitkräfte benutzt. Die Zahl dieser Modelle war gering. Man hielt sie von den Kriegsschauplätzen fern, um sich alle Probleme mit Ersatzteilversorgung und Wartungsdiensten zu ersparen, die sich sonst ergeben hätten.

Als der Krieg zu Ende war, fand sich die Armee im Besitz von weit mehr Maschinen als sie brauchte. Es wurden daher eine große Anzahl verkauft. Dies geschah nicht von heute auf morgen, daher wurden die Motorräder anfangs unter freiem Himmel eingelagert, und die Motorradfahrer glaubten, sie könnten diese Lagerplätze aufsuchen, ihre Maschine auswählen und bezahlen. In der Praxis lief es dann darauf hinaus, daß die Maschinen in großen Stückzahlen an Händler verscheuert wurden, die den Unternehmungsgeist aufbrachten, sie aufzukaufen.

Vielfach waren die Maschinen vor dem Verkauf komplett überholt worden, da solche Arbeiten die Armeewerkstätten mit Arbeit auslasteten, während die Leute auf ihre Entlassung warteten. Die Motorräder behielten den Militäranstrich, da aber die Käufer das Khaki und Olivgrün satt hatten, spritzten die Händler als Verkaufshilfe die Maschinen um. Meist wurden Schwarz und Kastanienbraun verwendet, und die ehemaligen Kriegsministeriums-Maschinen schlossen in jenen Nachkriegsjahren eine recht fühlbare Lücke auf dem Inlandsmarkt.

Die Bevölkerung brauchte ganz dringend Transportmittel, und fast alle neuen Motorräder, die produziert wurden, waren für den Export bestimmt, um beim Zahlungsausgleich zu helfen. Die Militärmaschinen schlossen die Versorgungslücke und hatten daneben die Vorzüge, daß man sich mit ihnen auskannte, daß sie verfügbar waren und daß es obendrein noch viele Tonnen Ersatzteile für sie gab.

Tausende dieser Maschinen endeten auf prosaische Weise, oft als Antrieb für einen Beiwagen, bis sie durch etwas Besseres ersetzt wurden. Viele führten aber auch ein sportlicheres Leben und wurden in Spezialmaschinen für Trials, Scrambles oder Grassbahnrennen, einige sogar für kurze Rundstreckenrennen umgebaut.

AMC

Von 1941 an war die Matchless 350 eine bei der Truppe sehr beliebte Maschine, nachdem sie eine Teleskopgabel erhalten hatte. Vor diesem Datum war sie in mancher Beziehung noch begehrenswerter gewesen, da sie schneller war und sich kaum von den letzten Modellen der zivilen Einzylinder-Sportmaschinen unterschied.

Während der Kriegsjahre fertigte die Firma in Woolwich rund 80 000 Maschinen, die fast ausnahmslos in der Matchless-Ausführung gebaut wurden. Als AJS-Version erschienen sie nur anfangs und nur in ganz geringer Anzahl. Der einzige wesentliche Unterschied war die Anordnung des Magnetzünders: Bei der AJS vor dem Zylinder und bei der Matchless dahinter. Für die Ersatzteilbevorratung hielt man es zweifellos für besser, bei einem Typ zu bleiben.

Jeder, der einmal den Zündmagneten von einer Einzylinder-Matchless abgebaut hat, weiß, was das für eine Quälerei ist, aber zweifellos hielten es die Fachleute im War Office für besser, wenn der Magnet dort saß, wo ihm nichts zustoßen konnte. Vielleicht glaubte man auch, für die militärische Seele wäre es heilsam, wenn der Austausch des Zündmagneten ein solches Fegefeuer darstellte, wie es nur eine AMC ihrem Fahrer bereiten konnte.

Das ältere Modell war die G3. Diese enthielt den wohlerprobten kopfgesteuerten Einzylindermotor mit den Abmessungen 69 × 93 mm und 348 cm³ Hubraum. In der AJS-Version war es das Modell 16, ansonsten aber praktisch dasselbe. Der Motor war von traditioneller Bauweise: Vertikal geteiltes Kurbelgehäuse, Graugußzylinder und -zylinderkopf, zusammengebaute Kurbelwelle mit rollengelagertem Pleuel und Steuerräderkasten rechts.

Die Nocken wurden über Zahnräder angetrieben, und aus dem Kurbelgehäuse führte ein Paar Stößelstangen-Schutzrohre zum Zylinderkopf und dem voll gekapselten Ventiltrieb. Der Kipphebel für das Auslaßventil saß im Steuergehäuse. Die Einlaßnockenwelle der Matchless und die Auslaßnockenwelle der AJS trieben über eine Kette hinter einem Deckel den Magnetzünder an. Als eine Zeitlang Leichtmetall knapp war, wurde diese Abdeckung vorübergehend in Grauguß hergestellt.

Den Vergaser lieferte die Firma Amal. Das Öl der Trockensumpfschmierung kam aus einem Vorratsbehälter rechts unter dem Sattel und wurde von einer Ölpumpe im Steuergehäuse in Umlauf gesetzt, die von der Kurbelwelle angetrieben wurde. Der Primärantrieb erfolgte über eine Kette, die sich in dem unmöglichen AMC-Kettenkasten verbarg, bei dem hinter dem Kurbelgehäuse die Lichtmaschine zwischen den Motorhalteplatten saß und gleichfalls über Kette von der Kurbelwelle angetrieben wurde. Man kam da schwer heran.

Das Vierganggetriebe lieferte Burman. Der Fußschalthebel saß zusammen mit dem Kickstarter rechts, wie bei englischen Maschinen üblich. Getriebe und Motor hingen in einem starren Rahmen mit Parallelogrammgabel. Das Ganze lief auf Drahtspeichenrädern mit Simplex-Trommelbremsen.

Der Rest der Maschine entsprach dem Standard jener Zeit, dem englischen und dem des Militärs. Die Maschine besaß zwei Werkzeugtaschen: Eine rechts hinten zwischen den Hinterradholmen und die andere darüber. Der Fahrer reiste auf einem Sattel mit Gepäckträger dahinter. Das Motorrad hatte vorn und hinten Kippständer, der Tachometer saß auf der Gabel und wurde vom Vorderrad angetrieben, das Scheinwerferglas war abgedeckt.

Hinter diesem nüchternen Modell lagen einige Jahre der Erprobung, in denen es nicht immer gut abgeschnitten hatte. Die G3 war 1933 erstmals von der Armee getestet worden. Damals war sie in ihren Leistungen als beste 350er und so gut wie die 500 cm³ Norton bewertet worden. Die Details waren aber im übrigen weniger ermutigend, und an einigen Punkten wurde herbe Kritik geübt. Im Verlauf der Erprobung wuchs die Zahl der zurückgelegten Meilen und mit ihnen die der Motorschäden: Am Ventiltrieb, Kolben und am unteren Pleuellager.

Mit einer G3 Modell 1936 wurde eine weitere Fahrerprobung über 5 000 Meilen (8 000 km) durchgeführt. Davon wurden dann 110 Stück gekauft und anschließend weitere 11, die etwas abgeändert wurden. Weitere Bestellungen folgten, immer aber nur über wenige Maschinen. Das ging so bis 1940, als das G3-»War Office Modell« ausgereift war. Zu diesem Zeitpunkt war der Zylinder Typ Matchless – mit Haarnadelventilfedern – durch den der AJS – mit Schraubenfedern und einer Zylinderkopfhaube über den Kipphebeln – ersetzt worden.

Der Rahmen entsprach dem für den Modelljahrgang 1940 angekündigten. Der Unterschied zu früher war, daß jetzt ein einzelner Rohrunterzug das frühere Paar ersetzte, das beiderseits des Kurbelgehäuses lag. Natürlich fiel das Instrumentenbrett auf dem Tank weg, aber der arme Kradschütze wurde durch das Handbuch in Verwirrung gestürzt, das auf dem Abschmierplan noch alle Vorkriegsdetails zeigte.

Die G3 lief noch bis 1942, wobei das letzte Los mit Teleskopgabel gebaut wurde, aber da hatte die Firma sich schon vorher bemüht, einen anständigen Motorrad-Auftrag an Land zu

Hier werden Anfang 1940 in den AMC-Werken Matchless-Motorräder Modell G3 für das Heer zusammengebaut. Um dieser Kritik entgegenzutreten und den Anforderungen des früheren War Office-Lastenhefts zu genügen, stellte AMC zwei 250-cm³-Maschinen vor. Diese wurden einem Vergleichstest mit anderen Maschinen unterzogen, die unter 300 Pfund (135 kg) abgemagert worden waren. Auf dem Papier konnten die AMC gut mithalten, im Gelände weniger. Die Leistung war schon da, aber sie wurde mit einem Verdichtungsverhältnis von 7:1 erreicht, einer äußerst leichten Schwungscheibe und einer Leistungskurve, bei der die Nennleistung erst bei 6 000 Umdrehungen in der Minute abgegeben wurde.

ziehen. Es ging das Gerücht, sie wäre von der Bewerberliste gestrichen worden, weil die Fabrik in unmittelbarer Nachbarschaft der Waffenfabrik Woolwich Arsenal lag und damit auch von dessen Bombensegen abbekommen hätte. Etwas offiziöser klang die Begründung, daß die Maschinen zu schwer seien.

Diese sportliche Auslegung brachte bei niedrigen Geschwindigkeiten ein nur unzureichendes Drehmoment. Außerdem kam man bald dahinter, daß der Motor seine volle Leistung nur abgab, wenn er regelmäßig gewartet wurde. Das Heer kam zu dem Schluß,

Die Matchless G3 mit kleinem Armeescheinwerfer und rückwärtiger Kolonnen-Orientierungsleuchte. Eine flotte Maschine, um die LKW zusammenzuhalten.

G3 in der Wüste in Linie aufgefahren, wobei man den Maschinen die Beanspruchung ansieht. Man beachte die tiefe Tragweise des Revolvers an der linken Seite.

daß 350 cm³ das Hubraum-Minimum darstelle, wenn man die benötigte Leistung und noch Zugkraft haben wollte und wenn die Maschine ohne jede Pflege einsatzbereit bleiben sollte.

AMC hinkte weiter hinterher und entwickelte die G3 L, wobei das L angeblich für leicht stand . . . und dann wurde Coventry bombardiert. Über Nacht schwanden alle Pläne, ein einziges Einheitsmodell zu schaffen; jetzt war nur noch Ausstoß gefragt, und jetzt endlich erhielt die Fabrik in Plumstead von den Streitkräften ihren großen Auftrag.

Die G3 L glich im wesentlichen der G3, besaß jedoch einen leichteren Motor und Rahmen. Entwurf und Bauweise entsprachen den gleichen Grundzügen. Nach dem Krieg sollte die Maschine ohne tiefgreifende Veränderungen noch viele Jahre so weitergebaut werden. Die Teleskopgabel vorn stellte sich als gebrauchstüchtig heraus und war bei den Fahrern sehr beliebt. Aus den Ersatzteilen hierfür wurde nach dem Krieg noch manche Wettbewerbsmaschine mit einer solchen Gabel versehen, da sie stark gebaut und gut gedämpft war und Leichtmetall-Gleitrohre besaß.

Abb. links: Glücklich der Korporal, der eine G3 L mit Teleskopgabel empfangen darf – bis die Lichtmaschine ausgewechselt werden muß.

Abb. rechts: Das Vergnügen mit dem Werkzeugkasten: Das Handbuch mit diesem Schaubild muß nämlich zuerst verstaut werden. Text: „Zeigt wie Werkzeug und Ausrüstung richtig in der Werkzeugbox verpackt werden. In numerischer Reihenfolge an den angezeigten Stellen verpacken: 1. Fahrerhandbuch, 2. Werkzeugtasche, 3. Abzieher für Kettennieten, 4. Reifenflickzeug, 5. Ersatzglieder für Hinterradkette, 6. Isolierband, 7. Montierhebel (2), 8. Reifendruckprüfer, 9. Zurrgurte (2), 10. Drahtrolle."

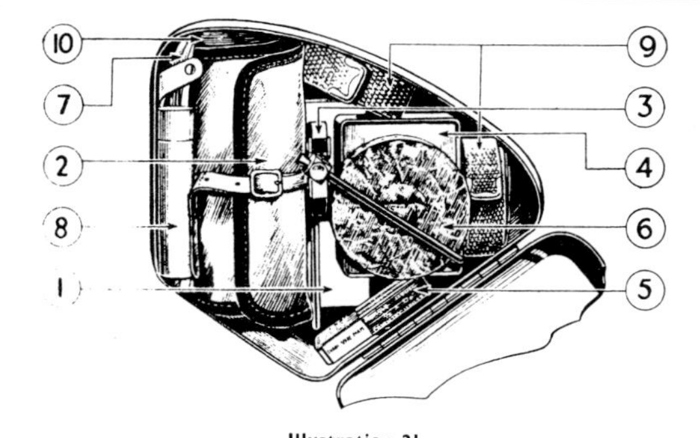

Illustration 21

Showing tools and equipment correctly stowed in tool box.

PACK, IN NUMERICAL ORDER, IN POSITIONS INDICATED.

(1) Driver's Handbook.
(2) Tool Bag.
(3) Chain Rivet Extractor.
(4) Tyre Repair Outfit.
(5) Rear Chain Spares.
(6) Insulating Tape.
(7) Tyre Levers. (2 Off).
(8) Tyre Pressure Gauge.
(9) Webbing Straps. (2 Off).
(10) Coil of Wire.

Das ist das Glück: Die Fahrt ist zu Ende – und nun eine Tasse Tee. In Wirklichkeit aber gehört der Fahrer zum RAF-Regiment, und da er (1944) in Italien ist, trinkt er Kaffee!

Die G3 L mit der Prototyp-Hinterradfederung. Die hinteren Federbeine entsprechen der hydraulisch gedämpften Vordergabel.

Die Maschine war schnell genug, um sich dem Dienst in der Marschüberwachung gewachsen zu zeigen, wo sie von einer Kreuzung – an den Lkw-Kolonnen vorbei – zur nächsten huschen mußte. Diese flotte Arbeit gewann noch an Würze durch den kleinen Durchmesser der Bremstrommeln.

Im Jahre 1944 diente die G3 L als Ausgangsbasis für einen Prototyp mit Hinterradfederung. Dabei waren die hinteren Federelemente von den vorderen Federbeinen der hydraulisch gedämpften Teleskopgabel abgeleitet. Dieses Modell wurde mit einem Motor in der AJS-Bauform mit vorn liegendem Magnetzünder ausgerüstet und besaß einen Sattel, dessen Zentralfeder im Sitzrohr steckte. Mit ihrem Fischschwanz-Schalldämpfer sah die Maschine eher wie eine Velocette aus. 1949 bekam dann auch die Kundschaft diese Hinterradschwinge. Bis dahin hatte AMC die alte G3 L weitergebaut und bei Kriegsende lediglich den Anstrich auf schwarz umgestellt. Die G3 L und die baugleiche 500-cm³-Einzylinder wurden unter dem Markenzeichen von AJS wie von Matchless verkauft.

Zusätzlich zu ihrer Arbeit an der G3 L beschäftigte sich AMC auch noch mit dem Prototyp eines Gespanns, das von einem Zweizylinder-V-Motor angetrieben werden und die Nachfolge der großen Norton Vierzylinder antreten sollte. Als es erschien, trug es auf dem Tank das Firmenzeichen von Sunbeam, da AMC diesen Konzern vor dem Krieg erworben hatte (bei dieser Gelegenheit war der Name AMC entstanden) und obwohl während des Krieges Sunbeam wieder an BSA verkauft worden war.

Das Gespann wurde 1942 gebaut. Als Antrieb diente ein 990-cm³-ohv Zweizylinder-V-Motor von Matchless, bei dem der Vergaser im V lag. Zwillings-Auspuffrohre mündeten in einen gemeinsamen Schalldämpfer oben rechts. Die Zündung übernahm ein vorn angebauter Magnetzünder, die Lichtmaschine saß über dem Getriebe, die Schmierung erfolgte als Trockensumpfschmierung.

Der Motor saß in einem sehr stabilen Schleifenrahmen mit großer Bodenfreiheit, der eine besonders kräftige hydraulisch gedämpfte Teleskopgabel aufwies. Der Motor gab seine Kraft an ein Spezial-Vierganggetriebe ab, an das zusätzlich ein Wendegetriebe angeflanscht war, das Vorwärts- und Rückwärtsfahrt ermöglichte. Die Maschine konnte rückwärts genauso schnell fahren wie vorwärts; zumindest in der Theorie, in der Praxis erwies sich die Lenkung dabei als recht gewöhnungsbedürftig.

Vom Schaltgetriebe trieb eine Kette das Hinterrad an. An dieses wiederum konnte wahlweise der Antrieb des Beiwagenrades eingekuppelt werden. Im Unterschied zu Norton konnte das Gespann im Straßenbetrieb den Seitenwagenantrieb beibehalten. Das ganze lief auf grobstolligen Reifen und trug einen Tank mit 4 Gallonen (18 Liter) Kraftstoff.

Die Gesamtübersetzung begrenzte die Geschwindigkeit auf runde 40 mph (65 km/h), und alles, was über 50 mph (80 km/h) lag, quälte den Motor mit Übertouren. Vielleicht sollte das im Schlamm helfen und Soldaten zügeln, die ein Hochleistungsgespann nicht gewohnt waren; aber für jemanden, der wußte, daß der Motor das Gespann mit 75 mph (120 km/h) hätte bewegen können, war das niedrige Tempo frustrierend.

Nach der Erprobung des Gespanns erhielt AMC einen Auftrag über eine gewisse Stückzahl, den sie aber nicht annehmen konnten, weil sie mit der Einzylindermaschine voll ausgelastet waren. Die Bestellung ging daher an die Firma Standard, wurde aber niemals ausgeführt, weil dem Jeep der Vorzug gegeben wurde.

Der Prototyp war nach dem Krieg noch zehn Jahre im Gebrauch, hauptsächlich mit einem normalen Beiwagen, und wurde dann verschrottet. Die obere Hälfte des Motors verwandelte eine Brough SS 80 in eine SS 100, und die untere Hälfte verschwand in einer

Der Prototyp der 1942 gebauten AMC-Zweizylindermaschine. Der V-Motor mit 990 cm³ Hubraum trieb ein Vierganggetriebe mit angebautem Wendegetriebe. Der wahlweise zuschaltbare Seitenwagenantrieb konnte auch auf festen Straßen verwendet werden. Damals gehörte Sunbeam zu AMC. Der Fahrer ist Jim Hall, der erste VMCC-Präsident; im Beiwagen sitzt Harry Pascoe.

weiteren Brough. Der Rahmen wurde zerschnitten und in einer Werkstatt als Ersatzteil aufgebraucht.

So endete der englische Versuch, ein voll geländegängiges Gespann zu bauen. Von da an hielt man sich an leichtere Maschinen und an den Jeep. Das sollten zuletzt auch die Deutschen tun.

Ariel

Die Lösung der Firma Ariel für die Bedürfnisse der Streitkräfte war einfach und direkt. Sie nahm ihre normale 350er, vergrößerte die Bodenfreiheit, merzte ein paar der empfindlicheren Punkte aus und verpaßte ihr den obligatorischen matten Olivanstrich.

Das Resultat nannte sich W/NG und beruhte weitgehend auf der Wettbewerbsversion der normalen Straßen-NG. Val Page entwarf sie Mitte des Jahres 1939 nach seiner Rückkehr in die Arielfabrik. Er machte dort weiter, wo er nach seinen ersten Jahren bei der Firma – 1925 bis 1932 – aufgehört hatte.

Rasch wurde ein Prototyp zusammengebaut und dem Militär gezeigt. Die Franzosen reagierten als erste und bestellten eine Anzahl. Diese wurden Anfang 1940 ordnungsgemäß in Marsch gesetzt. In den nachfolgenden Wirren gerieten sie in Vergessenheit und verbrachten die nächsten fünf Jahre in einem Lagerhaus in Ostende, unverpackt, unbemerkt und unbenutzt. Nach dem Krieg wurden sie nach England zurückverfrachtet und als überschüssiges Kriegsmaterial verkauft.

Der Motor war im Grunde der der Friedens-NG mit milden Ventilsteuerzeiten und bescheidenem 6,5:1-Verdichtungsverhältnis. Er war von normaler englischer Bauweise mit vertikal geteiltem Kurbelgehäuse samt gußeisernem Oberteil, Ventilsteuerung rechts über Stoßstangen auf die hängenden Ventile und Kettenantrieb nach oben zum Lichtmagnetzünder. Er gab bescheidene 17 PS bei 5 800 U/min ab und war ein äußerst zäher Bursche.

Die Ariel 250 cm^3 Modell OG des Jahres 1939, die der 350er sehr ähnlich war und die hier mit dem Tarnlichtvorsatz der Kriegsjahre vor dem Scheinwerfer abgebildet ist.

Die seitengesteuerte 500-cm^3-VA, von der Anfang des Krieges eine kleine Anzahl für das Heer gebaut wurde.

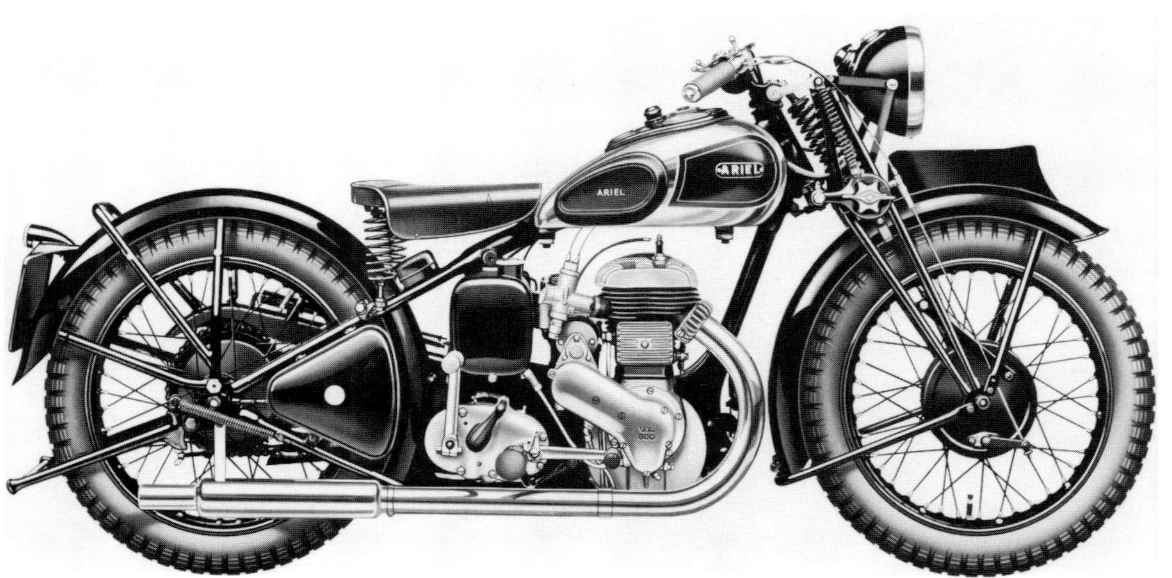

Die W/NG, die Ariel der Kriegsjahre. Andere Versionen besaßen einen anderen Werkzeugkasten mit Mittenscharnier.

Der Primärantrieb behielt die für Ariel typische trockene Kupplung bei, die – mit einer Zusatzscheibe zum Erhöhen von Anpreßdruck und Lebensdauer – im Kettenkasten unter einem aufgesetzten Deckel in einem besonderen Abteil ihr Eigenleben führte. Dieser Kasten wurde eine Weile aus Leichtmetall gefertigt, als aber das Rohmaterial dafür knapp wurde und in der Hauptsache der Flugzeugindustrie vorbehalten blieb, stellte Ariel den Kettenkastendeckel auf ein Stahlblechpreßteil um und machte das gleiche mit dem Steuergehäusedeckel.

Als Schaltgetriebe wurde ein Produkt der Firma Burman mit vier Gängen und Fußschaltung verwendet. Auch dieses gab im Laufe der Zeit sein Leichtmetall zugunsten eines gußeisernen Gehäuses und ebensolcher Seitendeckel auf. Für den Gebrauch beim Militär wurde der Tachometerantrieb im Getriebe weggelassen und die Rollenlager, in denen sich die Schaltwalze drehte, durch eine Bronzebuchse ersetzt. Die Armee erhielt auch andere Gangabstufungen, die weiter als normal gespreizt waren.

Der Rahmen war von der normalen starren Ausführung abgeleitet. Dabei wurde der hintere Hilfsrahmen abgeändert, um das Rad weiter nach unten zu bringen, und erhielt links neben der Sattelfeder eine Nase, die einen sehr langen Seitenständer mit spitzem Ende trug. Dieser gewaltige »Anker« wurde längs des oberen Rahmenholmes gezurrt, wenn er nicht in Benutzung war. Hinten war ebenfalls ein Ständer angebracht. Die Parallelogrammgabel wurde verlängert, um im Verein mit der tiefergelegten Aufnahme für das Hinterrad die Bodenfreiheit zu erhöhen. (Dabei ergab sich als Nachkriegsbonus, daß die Ariel-Teleskopgabel mit der obigen austauschbar war.) Die zentrale Hauptfeder war zur Erzielung einer progressiven Federkennlinie tonnenförmig gewickelt und wurde von zwei beidseitig ange-

Ariel-Werbung aus den Kriegsjahren. Diese Anzeige erschien im März 1941 in „The Motor Cycle" und zeigt eine Mischung von Patriotismus und Nostalgie. Text: „Ariel wird die alten Kameraden nicht im Stich lassen".

brachten Zusatzfedern unterstützt. Federung und Lenkung wurden durch Reibungsdämpfer gedämpft.

Zuerst wurden die Lenker noch in Gummi gelagert, nachdem sie sich aber einige Male bei rauhen Einsätzen verdreht hatten, erhielten sie einfache Klemmschellen. Die meisten Anbauteile entstammten den Zivilmodellen, weshalb die Batterie nach links und der Öltank nach rechts wanderte. Zwei Werkzeugkästen wurden angebaut, beide rechts, wobei der untere, der im hinteren Rahmendreieck saß, den Ersatzteilvorrat enthielt. Darüber kam noch ein zweiter, der sich darin unterschied, daß das Deckelscharnier in seiner Mitte angeschlagen war, so daß beim Öffnen der Inhalt eine Chance hatte, an seinem Platz zu verbleiben.

Das Instrumentenbrett verschwand vom Kraftstofftank. Der Tacho wurde daher rechts auf die Vorderradgabel gesetzt und von einem Getriebe, das auf der gleichen Seite an der Ankerplatte der Vorderradbremse angebaut war, angetrieben. Das Amperemeter wurde beibehalten und wanderte in einen kleinen Einsatz im Hauptscheinwerfer vor den Lichtschalter nach Lucas-Standardbauweise.

Der Schalter besaß vier Stellungen, die mit OFF, T, L und H bezeichnet waren für AUS (OFF), nur Rücklicht (TAIL), Kontroll-Lampen (PILOT) und Scheinwerfer (HEADLIGHT) mit Rücklicht. Es war kein Abblendschalter vorgesehen, doch wurde eine Biluxbirne eingebaut, die so angeklemmt war, daß nur der Abblendfaden brannte. Die Beleuchtung stellte für die Kradmelder ein echtes Problem dar, da sie beim Kolonnenmarsch nur das winzige Rücklicht benutzen sollten und bei anderen Einsätzen der Scheinwerferstrahl durch eine Blende stark beschnitten wurde.

Ohne Instrumentenbrett gab es auch keinen Platz für die Öldruckanzeige, also verschwand sie. Dafür wurde anfangs ein Druckregler eingebaut, der ab 1941 ebenfalls wegfiel und durch ein federbelastetes Kugelventil hinter der Ölpumpe ersetzt wurde.

Die Maschinen wurden mit der Standardmilitärausstattung geliefert. Dies hieß: Hinten kein Nummernschild, Soziussitz, Fußrasten ohne Gummi und Aufnahmen für die Einheitspacktaschen-Halterahmen samt deren Leinenbeuteln. Hinter dem Soziussitz saß ein Gepäckträger auf dem Rahmen und erhöhte die Transportkapazität der Maschine.

Die Masse von Ariels Kriegsproduktion stellte das Modell W/NG dar. Es diente treu, besonders vorn an der Front, wo seine Ahnenreihe von Wettbewerbsmodellen zu erkennen war. Infolge guter Bodenfreiheit kam es auch mit schwerem Gelände leidlich zurecht, obwohl dadurch auf der Straße ein sauberer Geradeauslauf nicht möglich war. Auf Teerstraßen war das Handling zwar noch brauchbar, aber nicht eben hervorragend, doch konnte man immerhin querfeldein gute Schnitte erzielen.

Ein Bild der Home-Guard-(Heimwehr)-Truppen im Dienst mit Ariel-Gespann und Lewis-MG. Waren die Trommelmagazine geladen? Konnten Fahrbahnstöße die Waffen zum Abfeuern bringen?

Bei der Ausbildung im freien Flug. Diese Ariel besitzt die häufiger angebaute Werkzeugbox. Sie war eine robuste Maschine.

Die Höchstgeschwindigkeit lag – wie man bei der abgegebenen Leistung erwarten darf – etwas über 70 mph (112 km/h), also konnte man fröhlich mit 55 mph (90 km/h) Dauergeschwindigkeit dahinrollen. Die großen Ariel-Bremsen, die 1926 eingeführt und in den nächsten 30 Jahren kaum in ihrem Grundkonzept verändert worden waren, verzögerten die Maschine in beachtlicher Weise, die in erster Linie von der Haftung der Reifen abhing. Der Kraftstoffverbrauch lag unter einer Gallone auf 80 Meilen (3,5 /100 km), so daß ein voller Tank der Maschine einen anständigen Aktionsradius verlieh. Insgesamt gesehen war es eine hübsche Maschine.

Ariel fertigte auch 250- und 500-cm³-Militärmaschinen in kleinen Stückzahlen. Ersteres Modell wurde 1943 gebaut und folgte getreulich den Linien der 350er. Genaugenommen lag die einzige Änderung im Hubraum, wobei die Bohrung auf 61 mm verkleinert, der 85-mm-Hub der 350er aber beibehalten wurde. In jeder Hinsicht wurde das große Modell kopiert, wie zu erwarten war. Davon wurden über 6 000 Stück gebaut, die mit allen drei Teilstreitkräften an den meisten Kriegsschauplätzen im Einsatz waren.

Die 500-cm³-Maschine verwendete ebenfalls das Fahrwerk der W/NG, wurde jedoch von dem seitengesteuerten VA-Motor angetrieben. Das Modell, das diese Typenbezeichnung trug, war 1939 der Baureihe hinzugefügt worden. Es sollte die bullige, niedrigtourige Kraft einer seitengesteuerten Maschine bieten, die die Gespannfahrer in einer Klasse unterhalb des 600-cm³-VB-Modells suchten. Das half etwas bei den Versicherungskosten und brachte die Marke in direkten Wettbewerb mit zahllosen anderen Firmen, die ähnliche Maschinen bauten.

Im September 1939 besaß die Gesellschaft einige hundert VA-Motoren über ihren Eigenbedarf hinaus, weshalb sie begann, dem Ministerium mit Erfolg einzureden, daß den Kriegsanstrengungen mit einer kleinen Serie von W/VA-Modellen gedient sei, die rasch und leicht zu fertigen seien. Genau das machte dann auch die Firma, und trotz des längeren (95 mm) Hubs des größeren Motors paßte das Kurbelgehäuse sauber in den Rahmen. Der seitengesteuerte Motor paßte mühelos unter das Rahmenrückgratrohr, und der Rest der Maschine war einfach so wie die 350er.

Es gab nie einen Grund, davon noch mehr zu bauen, da sowohl Norton als auch BSA große Stückzahlen von seitengesteuerten 500-cm³-Maschinen produzierten, aber zu dieser Zeit war es wichtig, über zusätzliche hundert rasch gebaute Maschinen verfügen zu können.

Der Beitrag Ariels bestand mithin in einer in großen Stückzahlen gebauten robusten ohv-Maschine, einem ähnlichen, kleineren Modell und einer Handvoll Spezialmaschinen aus dem Ersatzteillager.

BSA

Birmingham Small Arms war ein sehr großer Industriebetrieb, der sich mit der Herstellung von Handfeuerwaffen befaßte. Auf Fahrräder verlegte sich die Firma 1880 als zweites Standbein und pendelte dann einige Zeit zwischen den beiden Produkten, vom jeweiligen Bedarf des britischen Heeres gesteuert und von dem Wunsch, die Belegschaft mit Arbeit zu versorgen, angetrieben.

Im Jahre 1910 betrat sie dann – wohl zwangsläufig – das Gebiet des Motorradbaus mit einer Maschine, die bereits für alle späteren Entwürfe charakteristisch war. Sie war redlich, zeitgemäß, ohne irgendwelche Besonderheiten, gut verarbeitet und von feinem Äußeren. Mit dieser Formel machte man zwar selten Schlagzeilen, aber man verkaufte immer gut und hielt die Gesellschaft 60 Jahre lang in schwarzen Zahlen.

1914 stellte BSA auf Rüstungsproduktion um und stellte für die Streitkräfte von England, Frankreich und Rußland eine enorme Anzahl von Schußwaffen her, viele tausend Klappfahrräder und auch Motorräder. Als der Krieg vorüber war, konsolidierte BSA seine Stellung in der Leichtindustrie durch die Fusion mit Stahlwerken und Werkzeugmaschinenfabriken und verlegte seinen Tätigkeitsbereich auf den Zweiradsektor.

Die Waffenfabrik stand viele Jahre still. Die Direktoren von BSA hielten sie jedoch in Schuß, obwohl sie erst 1935 wieder benutzt werden sollte. Kurz vorher, 1932, hatte das War Office einiges Interesse an Zweiradtransportmitteln bekundet. Aus den Gesprächen resultierte ein Auftrag zur Entwicklung einer Maschine mit 500-cm³-Zweizylinder-V-Motor. Dieser wurde prompt erledigt und anschließend davon eine Anzahl Maschinen für Heer und

Luftwaffe gebaut. BSA nutzte diese Entwicklung auch für den zivilen Markt, indem sie die Maschine als Modell J verkauften.

1937 kam es im War Office zu Personalveränderungen, in deren Gefolge einfache seitengesteuerte Einzylinder Mode wurden. Für BSA bedeutete dies die Beschaffung der 500-cm³-M 20 sowie einiger der neuentwickelten 250-cm³-C 10 für die Fahrerausbildung.

Die M20 war Teil einer neuen Baureihe von Einzylindermaschinen gewesen, die Val Page nach seinem Eintritt in die Firma 1936 entworfen hatte. Dadurch verjüngte er die BSA-Motorräder mit einem Schlag in Stil und Leistung von Veteranen in moderne Maschinen, die so bis in die sechziger Jahre laufen sollten. Die Angebotspalette umfaßte ein Dutzend Modelle, die aber alle auf einen einzigen Grundentwurf in zwei Gewichtsklassen zurückgingen: Der B-Reihe für den leichteren oder sportlichen Sektor des Marktes und der M-Reihe für Schwerarbeit.

Daher verwendete die M20 die wuchtigeren Gabel, Rahmen und Getriebe mit einem stämmigeren Rahmenunterzug für den Motor. Ein Teil war allen Modellen gemeinsam: Die tiefgesetzte Ölpumpe mit der dazugehörigen Beule an der Unterseite des Kurbelgehäuses und dem daraus resultierenden Knick im Rahmenunterteil.

Die Motorbauweise entsprach der in England zu jener Zeit üblichen: Zusammengepreßte Kurbelwelleh-Hubscheiben, rollengelagerte Pleuel, vertikal geteiltes Kurbelgehäuse und Steuerräder auf der rechten Seite. Jedes Ventil wurde von einem eigenen Nocken betätigt, der jeweils über Zahnräder von der Kurbelwelle angetrieben wurde, wobei das Antriebszahnrad für das Einlaßventil über ein Zwischenrad auch den Lichtmagnetzünder antrieb. Die Ölpumpe wurde über eine Hypoidverzahnung von der Kurbelwelle angetrieben und besaß, entsprechend den Bedürfnissen der Trockensumpfschmierung, einen doppelten Pumpen-Zahnradsatz.

Zylinder und Kopf bestanden aus Grauguß, die Zündkerze saß über dem Einlaßventil und die Einstellschrauben für die Ventilstößel unter einem kleinen Leichtmetalldeckel, der eine in die Zylinderseitenwand eingegossene Aussparung verschloß. Unter dem Ventildeckel lag zwischen den Ventilen eine fünfte Zylinder-Befestigungsmutter. Der Aushebearm für das Auslaßventil saß vor dem Zylinder.

Die elektrische Anlage bestand aus dem unvermeidlichen Lucas-Lichtmagnetzünder, der mit Schellen befestigt war, wobei der Generator als eigene Baugruppe leicht abgebaut werden konnte. Der Regler saß auf dem hinteren Kotflügel unter dem Sattel und die Batterie links (um den Öltank rechts auszugleichen).

In die Hochspannungsleitung war zwischen Magnet und Zündkerze ein Zwischenstück als Diebstahlschutz eingebaut. Um das Motorrad gegen unbefugte Benutzung zu schützen, schraubte man einfach dieses Zwischenstück aus dem Zündkabel und nahm es mit. Das verbleibende Zündkabel war dann zu kurz, um bis zur Kerze zu reichen.

Ein Amal Vergaser Typ 276 mit 1 Zoll (25,4 mm) Lufttrichter lieferte das Kraftstoff/Luft-Gemisch, das aus zwei beidseitig hinten am Tank gelegenen Kraftstoffhähnen über ein rechts sitzendes separates Schwimmergehäuse mit Kraftstoff versorgt wurde. Normalerweise war ein Luftfilter nicht vorgesehen, das genügte aber dann nicht mehr, als die Maschine in der Wüste Afrikas gefahren wurde. Für solche Einsatzbedingungen mußte einfach ein Luftfilter her, das den in der Luft schwebenden Sandteilchen gewachsen war. Das war besonders wichtig, wenn die Maschine auf der rechten Seite lag, da dann der weit außermittig sitzende ungeschützte Vergaser den Sand gleich handvollweise schlucken würde, was die Innereien des Motors in kürzester Zeit ruinieren mußte.

In einer Werkstatt steht dieser Prüfstand für M20-Triebwerke, wo sie vor dem Einbau in die Maschinen einen Probelauf absolvieren.

Eine Gruppe von Fernmeldern aus Neuseeland auf M20-Maschinen in Linie aufgefahren.

Auch damals fuhr man lieber ohne Sturzhelm. Ein indischer Kradmelder auf M20 bei einem Trial 1942 auf Zypern. Solche Wettbewerbe waren ein sehr wirksames Mittel zur Steigerung der Fahrkünste.

Um dem zu begegnen, wurde ein spezieller Vokes-Luftfilter auf dem Tank mit Schellen befestigt, die denen ähnelten, die den Lichtmagnetzünder hielten. Sie saßen mit Schrauben auf den Trägerplatten der Gummikniepolster. Das Luftfilter war ein Quader mit beidseitigen Lufteinlaßschlitzen und einem Luftaustrittrohr in der rechten hinteren Ecke. Dieses lenkte den Luftstrom nach unten, der dann durch einen einfachen quergerillten Schlauch zum Vergaser weitergeleitet wurde. Damit er seinen Bestimmungsort erreichte, ohne daß der Fahrer allzu sehr behindert wurde, war die rechte Hinterseite des Tanks bis zur Höhe der Einbuchtung für die Sattelnase weggeschnitten worden. Dies gab Raum für den Schlauch, obwohl die ganze Angelegenheit dem Fahrer etwas lästig war.

Das Auspuffrohr saß mit Preßsitz im Zylinder und war am Rahmen mit Klemmschellen befestigt. Es schloß mit einem zylindrischen Schalldämpfer ab, der etwas nach oben geneigt war, so daß sein Auslaß höher lag als bei zivilen Modellen.

Die Kraftübertragung war M20-Serie mit Schwingungstilger auf der Antriebswelle, Mehrscheibenkupplung und Einfachketten für Primär- und Sekundärantrieb. Die erstere hauste

Beim Militär muß man Diensteifer an den Tag legen; selbst wenn das heißt, für eine BSA, deren Fahrer das Rudern anderen überläßt, den Fährmann zu spielen.

in einem Stahlblechkettenkasten, dessen außenliegende Hälfte von zahllosen winzigen Madenschrauben gehalten wurde. Der Endantrieb wurde zwar von einem Kettenschutz unten und oben abgedeckt, doch half dies im Wüstensand nur wenig und die Kette litt entsprechend.

Als Kupplung wurde eine Trockenkupplung des gleichen Typs verwendet, wie sie BSA bis 1936 in seine Serien-Modelle eingebaut hatte. Ihr Aufbau war folgendermaßen: Am Kettenrad war eine Stahlblechglocke mittels eines Ringes kleiner Schrauben auf einer Dichtung angeflanscht. Unter ihr saßen die Druckplatte und dahinter die Kupplungsscheiben, wobei sich insgesamt acht gewebebelegte mit Metallscheiben abwechselten. Sie waren abwechselnd innen- bzw. außenverzahnt und damit in den Nuten von Getriebewelle bzw. Schwungrad geführt. Eine einzige kräftige Zentralfeder sorgte für den Anpreßdruck. Sie wurde über eine große Ringmutter vorgespannt.

Das Getriebe war die normale BSA-Schwerlastversion mit vier Vorwärtsgängen. Es wurde durch eine rechts liegende Fußschaltung betätigt. Dahinter lag der Kickstarter, zu dessen Betätigung das Getriebe vorher in Leerlaufstellung geschaltet werden mußte. Sein

Mechanismus lag zusammen mit dem Schaltautomaten unter dem Getriebedeckel.

Der geschlossene Rohrrahmen besaß je ein einzelnes Rückgrat- und Sitzrohr und unter dem Motor Doppelrohre. Motor und Getriebe waren in ihren Lagerungen durch große Halteplatten und entsprechende Haltenasen befestigt, und unter der Ölwanne saß eine Schutzabdeckung. Von der Rückseite des Motors zum Rahmen verlief ein Versteifungsträger.

Die eingebaute Parallelogrammgabel war berüchtigt und diente als Leistungsbegrenzer. Es war zwar möglich, auf der Geraden die Maschine auf über 60 mph (100 km/h) zu bringen, doch waren die meisten Fahrer nach der ersten holprigen Ecke so klug, unter 45 mph (70 km/h) zu bleiben. Die Federung besorgte eine Zentralfeder, Reibungsdämpfer in Gabel und Lenkung verbesserten das Handling.

Auf die Speichenräder waren Reifen der Dimension 3,25 × 19 aufgezogen, die gewöhnlich ein Universal-Blockprofil aufwiesen. Die Radnaben trugen 7 Zoll (175 mm)-Simplex-

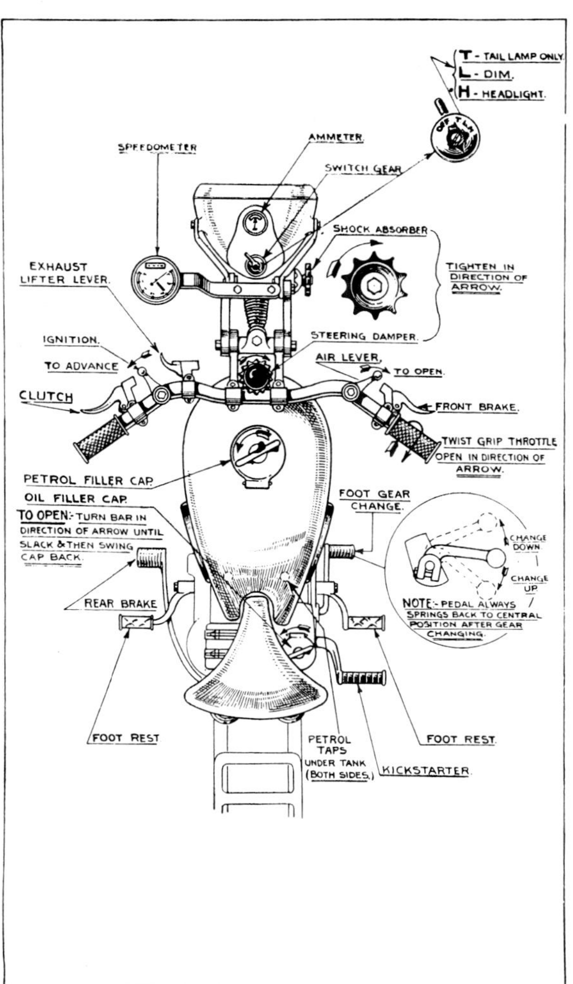

Oben: Italienischer Umbau der M20 auf hängende Ventile. Die Ventilfedern wirken auf beide Ventile.

Links: Die Abbildung aus dem „Handbuch für den M20-Fahrer“ zeigt die Instrumente der Maschine und die Bedienungselemente.

Eine Scheinwerferstellung im Western Command, in der ATS – („Auxiliary Transport Service" = Transporthilfsdienst, mit fast ausschließlich weiblichen Angehörigen) – Offiziere ausgebildet wurden, sowie ein M20-Fahrer, der eine Meldung überbringt.

Trommelbremsen, die man kräftig betätigen mußte, um die ziemlich schwere Maschine zu stoppen. Der Tachometerantrieb saß links im Vorderrad, der Tacho hing an der gleichen Seite in einer Konsole, die an der Gabel befestigt war.

Kleine Bügel trugen den Scheinwerfer mit der obligatorischen Verdunklungsblende sowie hinten einer kleinen Konsole für Amperemeter und Lichtschalter. Dieser hatte die gewohnten vier Schaltstellungen Off, T, L und H.

Stabile Kotflügel umfaßten die Räder, die jedoch für Geländeeinsatz zu eng anlagen. Im Schlamm setzten sie sich bald zu und brachten damit Maschine und Fahrer zum Stillstand. Auf dem hinteren Kotflügel war noch ein Gepäckträger angebracht, der die Klapprahmen ergänzte, die beidseitig saßen und als Halterung für je eine Segeltuchpacktasche dienten. Auf dem Gepäckträger konnte ein kleiner, unbequemer Beifahrersitz montiert werden. Die dazugehörigen Fußrasten kamen in Nasen unmittelbar vor der Hinterradachse. Gummiüberzüge gab es hier ebensowenig wie bei den Fußrasten des Fahrers; eine entsprechende Profilierung sollte Abrutschen der Füße verhindern.

Die WB30 wird an den Hängen von Bagshot erprobt. Dieser 350-cm³-Prototyp wurde dann zu der Nachkriegs-B31, die dem abgebildeten Modell weitgehend entsprach.

Diese Vorkehrungen für die Beförderung von Fahrgästen scheinen bei einer unhandlichen Maschine, die Pisten mit tiefen Schlaglöchern entlang hoppeln sollte, kaum ausreichend gewesen zu sein. Man munkelte, daß dies aus der Absicht des War Office herrühre, die Subalternoffiziere auf Vordermann zu bringen (nur höhere Dienstgrade bekamen einen Dienstwagen gestellt) und die Herren Kradmelder davon abzuhalten, junge Damen mitzunehmen.

Die hintere Halterung des Vorderradschutzblechs konnte auch als Ständer benutzt werden, was damals weitverbreitet war, außerdem gab es noch zwei weitere Ständer. Einer war eine massive Seitenstütze, die neben der Sattelfederhalterung nach links ausgeklappt werden konnte und in eine scharfe Spitze auslief, über der eine kurze Querstange saß, um Einsinken im Schlamm zu begrenzen. Für die Verwendung in der Nähe des Hauptquartiers, wo es als ungehörig galt, Löcher in die Straßendecke des Generals zu graben, gab es hinten noch einen Ständer. Für dessen Gebrauch benötigte man Übung, aber mit dieser Kunst waren die Vorkriegsfahrer wohlvertraut. Der Kniff war, daß man die Maschine genau lotrecht stellen, dann den Ständer mit der rechten Zehe herunterdrücken, nochmals prüfen, ob die Maschine immer noch richtig stand, sich vorsichtig hinter die Maschine begeben, mit beiden Händen den Aufbockgriff packen und mit aller Kraft nach oben reißen mußte. Wenn die Maschine immer noch senkrecht stand, dann blieb sie jetzt auch auf dem Ständer stehen. Hatte der Fahrer aber sie sich etwas nach einer Seite neigen lassen, dann war er schon viel zu weit weg, um ihr Umfallen verhindern zu können.

Das elektrische Signalhorn wurde von der oberen vorderen Motoraufhängungsschraube auf der linken Seite der Maschine mit gehalten, hinter der Batterie, deren Halterung ebenfalls links war. Der Signalknopf befand sich auf dem Lenker, der schon mit Armaturen reichlich gespickt war: Neben den Hebeln für Luft und Zündung sowie dem Ventilausheber noch die üblichen für Kupplung, Vorderradbremse und Gas.

Rechts saß ein Werkzeugkasten zwischen den Rahmenstreben vor dem Hinterrad, der – laut Fahrerhandbuch – in einer Werkzeugtasche eine reichhaltige Ausstattung barg; insgesamt 20 verschiedene Dinge, darunter eine Tecalemit-Fettpresse, Fühllehren und ein Prüfgerät für das Fluchten der Räder. Ferner war an Zubehör aufgeführt: Montierhebel, Reifenflickzeug, Ersatzkettenglieder und eine Wesco-Ölkanne. Falls alle Stricke rissen, war noch eine Rolle Isolierband da.

Also marschierte BSA mit seinem Hängeventil-Arbeitstier in den Krieg, und die 126 334 Maschinen, die die Firma baute und an die Streitkräfte lieferte, waren größtenteils M20er. Trotzdem hielt man bei BSA selbst von diesem Modell für den Einsatz beim Heer nicht allzuviel, da man es als zu schwer, ziemlich plump und in der Bodenfreiheit ungenügend ansah. Den Vorstellungen entsprach eine Maschine, die von etwas Leichterem abgeleitet war und mehr sportlichen Ansprüchen genügte. Mit den Erfahrungen, die BSA in Wettbewerben gesammelt hatte, hätte sie diese dann weiter verbessern können, so daß eine gute Maschine für Straßen und Wege herausgekommen wäre.

Anfangs des Krieges hatte die Firma Gelegenheit, ihre Vorstellungen zu verwirklichen, als das War Office die Motorradhersteller um Vorschläge für eine neue Maschine bat. Es sollte eine 350er sein, sehr leicht und fähig, auch mit schwierigem Gelände fertigzuwerden. Als Ausgangsbasis für diese Maschine wählte BSA die B29, das Silver-Sports-Modell, das 1940 vorgestellt worden war. Obwohl es zur B-Baureihe gehörte, hatte es das robustere Kurbelgehäuse der M-Reihe und besaß damit die Basis für einen guten, starken Motor. Rahmen und Gabel stammten dagegen von der B-Reihe, so daß das Modell nicht zu schwer ausfiel. Ein ungewöhnliches Merkmal war im Zylinderkopf verborgen, wo die hängenden Ventile nicht von den gewohnten Schraubenfedern, sondern von Haarnadelfedern geschlossen wurden. Für deren Ausbau war dem Zubehör ein Sonderwerkzeug beigepackt worden.

Diese Maschine entwickelte BSA dann zur WB 30 weiter, die viele Grundzüge des Zivilmodells übernahm. Der Motor behielt seine Haarnadelventilfedern, das Getriebe war vom leichteren B-Typ, und der Rahmen besaß die für diese Baureihe charakteristische offene Form. Vorn wurde eine ziemlich kleine Bremse eingebaut und der Schalldämpfer vom Velocette-Stil mit Fischschwanz in einen einfachen Zylinder wie bei der M20 abgeändert.

Am stärksten wurde die elektrische Anlage verändert. Die Zündung besorgte zwar nach wie vor der getreue Magnet, doch auf seinem Rücken war jetzt eine Wechselstromlichtmaschine aufgesattelt. Diese versorgte die Beleuchtungsanlage direkt mit Strom, für das Parken war noch eine Trockenbatterie im Scheinwerfer eingebaut. Warnsignale gab eine Ballhupe.

Mit den gewohnten Packtaschen und Scheinwerferblende ausgerüstet, entsprach die

Das Triebwerk der WB30 zeigt den auf den Zündmagneten aufgesetzten Wechselstromgenerator und die große Zylinderkopfhaube für die Haarnadel-Ventilfedern.

WB 30 im Khakianstrich viel eher den Vorstellungen von BSA, was für eine Maschine das Militär eigentlich benutzen sollte. Die Richtigkeit dieser Auffassung bestätigte sich nach dem Krieg, als dieser Entwurf zur B 31 und damit zum Ausgang einer ganzen Baureihe wurde, deren Wettbewerbsversionen sich im Gelände ausgezeichnet bewährten.

Das War Office schien das auch so zu sehen und schloß mit BSA einen Beschaffungsvertrag ab. Es ist von Stückzahlen von 150 bis 200 die Rede, da aber die Numerierung nur von WB 101 bis WB 150 geht, beweist das, daß es nur 50 Maschinen waren, da alle BSA-Nummern mit 101 anfingen. Die Maschinen wurden gebaut und zur Erprobung dem Heer übergeben, das sich begeistert zeigte; kein Wunder, wenn der Vergleichsmaßstab die M 20 war. Ein weiterer Auftrag über 10 000 WB 30 wurde erteilt, dann aber in M20 geändert, als das War Office es sich noch einmal überlegte und dabei auch an Ersatzteile und mögliche Wartungsprobleme dachte.

Alle weiteren Gedanken an eine leichte 350er gingen mit der Bombardierung von Coventry und den Verlusten bei der Evakuierung von Dünkirchen unter. Nach diesen Ereignissen wurde die Situation recht ernst, und es zählten nur noch Fertigungsstückzahlen.

Zusätzlich zum Modell M20 lieferte BSA den Streitkräften noch die 250-cm^3-C10. Sie wurde vor allem für die Fahrschulausbildung und den Dienst in rückwärtigen Gebieten eingesetzt. Die Maschine stellte ein einfaches, zweckmäßiges Gerät mit sanftem, seitengesteuertem Motor und fußgeschaltetem Dreiganggetriebe dar. Für die tägliche Fahrt zur Arbeit gedacht, waren die Maschinen leicht gehalten worden, deshalb setzte ihnen der Truppenalltag ganz schön zu, wenn sie schneller und weiter gejagt wurden, als man sich ursprünglich vorgestellt hatte. Im großen und ganzen steckten sie aber die Prügelei gut weg, obwohl es auch gewisse Schwachpunkte gab: Den Lichtmaschinenregler, die Getrie-

Motorradparade der Polizei auf C10 im Jahr 1941. Im Krieg wurde auch die recht ähnliche ohv C11 eingesetzt.

beaufhängung und das Hinterrad, das Probleme hatte, die vielen Meilen auf Rüttelstrecken zu verkraften.

Neben der C10 wurde noch eine Anzahl ohv C11 für den Dienst bei den in Indien stationierten Truppen gebaut. Abgesehen von Änderungen an der Zündanlage – anstelle der üblichen Batteriezündung wurde ein Lichtmagnetzünder eingebaut – entsprach das Modell in Armaturen und Anbauteilen voll seinen seitengesteuerten Geschwistern.

Bei Kriegsende wurde die Masse der M20, die überlebt hatten, zusammen mit den

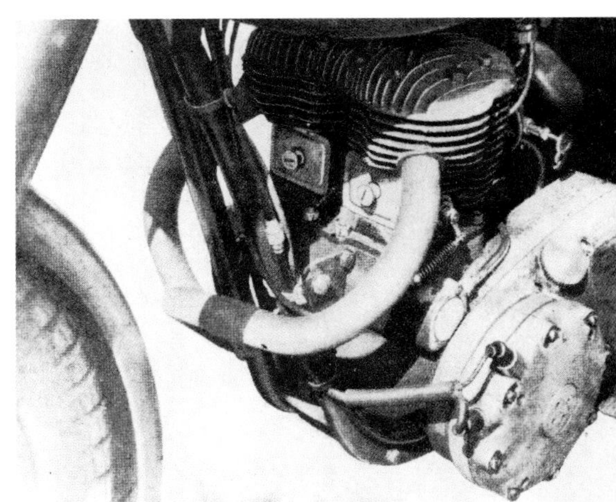

Der Triebwerksblock eines Prototyps mit seitengesteuertem Parallel-Twin, den BSA nach dem Krieg für das Militär entwickelte.

meisten Ersatzteilen verkauft. Deren Vorrat war so üppig, daß noch heute, vierzig Jahre später, Versorgungsengpässe unbekannt sind.

Für das Heer war nun die Zeit gekommen, sich nach einer neuen Maschine umzusehen, und BSA baute der Ausschreibung entsprechend eine Zweizylinder, die entfernt von der BSA A7 abgeleitet war.

Wie bei diesem Modell standen die beiden Zylinder nebeneinander, der zahnradgetriebene Magnet war dahinter versteckt. Der Unterschied lag darin, daß jetzt seitengesteuerte Ventile verwendet wurden, die vor dem Einstück-Zylinderblock standen. Zwei Verkleidungen verbargen sie. In deren Seite war ein Ventilausheber eingebaut, der eigentlich mehr für den Einsatz in schwierigem Gelände gedacht war denn als Starthilfe, da die Verdichtung nur bescheidene 5,8:1 betrug. Im Gegensatz zur A7 lag die Nockenwelle quer vor der Kurbelwelle im Kurbelgehäuse und der einteilige Zylinderkopf bestand aus Leichtmetall.

Auf dem Kettenkasten des Primärantriebs saß außen ein Wechselstromgenerator, der den Scheinwerfer unmittelbar versorgte. Später wollte man noch einen Gleichrichter und eine Batterie hinzufügen, um die elektrische Ausrüstung zu vervollständigen. Der staub- und spritzwassergeschützte Solex-Vergaser war hinter dem Zylinderblock verborgen, von wo aus ein eingegossener Ansaugkanal zu den Ventilen führte.

Das fußgeschaltete Getriebe besaß drei Gänge und war – wie schon bei der älteren Zweizylinder – hinten an das Kurbelgehäuse angeflanscht. Der Kettenantrieb zum Hinterrad war im Achsabstand festgelegt, die Spannung der voll gekapselten Kette besorgte ein Spannrad im Getriebegehäuse, das in einer Bogenführung verstellt werden konnte.

Der Doppelschleifenrahmen besaß vorn eine Teleskopgabel. In den Drahtspeichenrädern saßen 7 Zoll (175 mm)-Trommelbremsen. Beide Räder hatten ungekröpfte Speichen und waren mit Reifen der Dimension 3,25 × 19 Zoll bestückt. Der Kraftstofftank faßte 2,5 Gallonen (11 Liter). Er war in seinem Fassungsvermögen etwas eingeschränkt, weil auf ihm sowohl der Tacho – der auf einem Tunnel saß – wie eine Werkzeugbox – die in einer Aussparung lag – montiert waren. Der Öltank befand sich am gewohnten Platz rechts, der Sattel konnte in Höhe und Längsrichtung verstellt werden.

Auch das nötige Zubehör war bis ins Letzte vorhanden. Die Maschine fuhr 1948 bei der JSDT mit, wo sie eine Medaille errang. Trotz dieses guten Abschneidens wurde sie jedoch dann nicht weiterentwickelt, und das Heer blieb noch viele Jahre bei seinen M20. Als es dann seine BSA-Maschinen erneuerte, stürzte es sich auf eine militärische Version der B40, eine 350-cm³-Einzylinder mit Blockmotor. Die Firma konnte bei diesem Typ ihre Wettbewerbserfahrungen verwerten.

Nach dem Krieg verblieben viele M20 auf dem Kontinent, und es entstand als Nebeneffekt ein Bausatz der Firma »La Mototecnica Velox« in Turin zur Umrüstung auf hängende Ventile. Diese Firma fertigte für italienische seitengesteuerte Modelle jede Menge solcher Umbausätze, so daß der für die BSA keine besondere Herausforderung darstellte. Er bestand aus Leichtmetallzylinder und -kopf (wobei die Stoßstangenschächte gleich mit eingegossen waren), einem anderen Kolben, Auspuffrohr und verschiedenen Kleinteilen.

Wie bei der C11 kreuzten sich die Stoßstangen, die nach oben zu einteiligen Kipphebeln führten, die an den Enden Einstellschrauben trugen. Bemerkenswert war die Auslegung der beiden Ventilfedern. Sie waren als Haarnadelfedern ausgeführt, aber so gewickelt, daß ihre Enden auf Einlaß- und Auslaßventil unter je einer Klemmschelle auflagen. Die Feder verlief also von der einen Klemmschelle zu einem mittigen Querbolzen, um den sie dreimal gewunden war, und weiter zur anderen Klemmschelle. Die zweite Feder war ein Spiegelbild der ersten, die Grundidee war ähnlich bereits in einem 500-cm^3-JAP-Motor verwirklicht worden, den Cotton 1939 eingebaut hatte.

Bis auf die Stehbolzen am Zylinderfuß und den eingebauten Stoßstangenschacht sah das Ganze der Nachkriegs-B31 recht ähnlich. Es sollte für 70 mph (über 110 km/h) gut sein, für eine 500er Tourenmaschine, die mit dem miesen Benzin jener Zeit lief, eine beachtliche Geschwindigkeit.

Gut 35 Jahre später tauchte einer dieser umgebauten Motoren in Australien auf, der damit wieder das Motto der M20 »weltweite Verbreitung« unter Beweis stellte.

Cotton

1939 stellte Cotton ein Modell vor, in das ein neuer 500-cm^3-ohv-JAP-Motor eingebaut war, den Doug Marchant entworfen hatte.

Er sah merkwürdig aus; denn die waagerechten Zylinderrippen setzten sich bis in den Kopf fort, deshalb und wegen der Unterbringung der Stoßstangen in eingegossenen Schächten sah er wie ein besonders hoch geratener Zweitakter aus. Der Ventiltrieb war etwas ungewöhnlich insofern, als zwei Haarnadel-Ventilfedern verwendet wurden, deren Enden man nach vorn und hinten herausragen ließ. Die Windung kam auf einen Mittelbolzen und die Enden hakten unter Klemmen an Ein- und Auslaßventil.

Die gleiche Idee griff nach dem Krieg eine Turiner Firma auf, um für das Modell M20 von BSA einen Bausatz zur Umrüstung auf ohv zu schaffen. Der JAP-Motor war durchzugskräf-

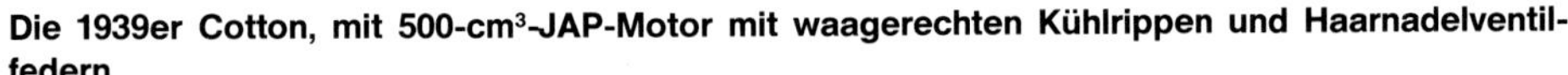

Die 1939er Cotton, mit 500-cm^3-JAP-Motor mit waagerechten Kühlrippen und Haarnadelventilfedern.

tig mit einem Leerlauf wie eine Gichtgasmaschine und mit genug Leistung, um die Cotton bis auf 75 mph (120 km/h) zu bringen. Er wurde in dem berühmten Dreiecksrahmen geliefert, der der Maschine ihre ausgezeichnete Straßenlage verlieh und dessen Steifheit sie auch für Verwendung mit einem Seitenwagen geeignet machte.

Daher wurden einige für die Gemeindeverwaltungen mit einem Kastenwagen versehen und ähnliche Maschinen dem Ministry of Supply (Wirtschaftsministerium) für den Einsatz auf den Ölfeldern des Mittleren Ostens verkauft. Daneben gingen noch einige wenige an das War Office für ähnliche Frachtdienste, die dann teilweise mit gewaltigen Nutzlasten dahintuckerten.

Douglas

Die Kriegsgeschichte der Douglas-Motorräder spielte sich 1914 – 1918 vor dem Hintergrund des ersten Weltkriegs ab, als viele Tausende dieser Modelle mit Zweizylinder-Boxermotor in Flandern und sonstwo dabei waren. Das Durchhaltevermögen dieser Maschinen war ganz außerordentlich, wenn man sich ihre zerbrechliche Bauweise vor Augen führt und bedenkt, unter welchen Bedingungen sie ihre Arbeit verrichten mußten. Hitze, Regen, Kälte und Schlamm mit Granattrichtern, denen man ausweichen mußte, Gewehrkugeln und häufiges Trommelfeuer machten den Dienst der Kurierfahrer zum russischen Roulette. Die Maschinen selbst waren aber recht zuverlässig, und selbst die Reifen zeigten sich den Belastungen gewachsen.

Die Douglas neigte bei Nässe zu Masseschlüssen an der vorderen Zündkerze, und die Gabel zeigte sich den Prügeln, die sie einstecken mußte, nicht gewachsen, was übrigens für alle an der Westfront eingesetzten Maschinen galt. Um einen schweren Sturz zu vermeiden, schnürten die Fahrer die Gabel so zusammen, daß falls – oder vielmehr, sobald – die Feder brach, die Gabel nicht zusammenklappte. Die andere Vorsorgemaßnahme war eine große Kiste, die auf den Gepäckträger geschraubt wurde und in der Ersatzteile für alle nur denkbaren Notfälle verstaut waren.

Als der zweite Weltkrieg ausbrach, steckte die Firma Douglas wieder einmal in einer ihrer regelmäßig wiederkehrenden Krisen. Die Produktion von Motorrädern war praktisch zum Erliegen gekommen, und viele der für die Fertigung benötigten Sonderwerkzeuge waren verkauft worden. Daher war die Firma, obwohl sie in den Kriegsjahren sehr aktiv war, hauptsächlich mit Arbeiten für das Ministry of Aircraft Production (Ministerium für Flugzeugproduktion) beschäftigt. Die Fertigung von Flurförderzeugen lief weiter, daneben wurden noch verschiedene stationäre Industriemotoren hergestellt, so daß die Verbindung zum Verbrennungsmotor nicht abriß.

Sobald das Ministry of Supply das Lastenheft für die neue Maschine veröffentlicht hatte, beschloß man bei Douglas, ein entsprechendes Motorrad zu bauen. Dafür griff man auf die Kriegserfahrung und auf Nachkriegspläne zurück. Das Ergebnis war der Prototyp der DV60 mit querliegendem Zweizylinder-Boxermotor.

Die Motorabmessungen waren 74 × 70 mm, was 602 cm^3 Hubraum ergab. Die Verdichtung war mit 6,25:1 für einen Motor mit seitengesteuerten Ventilen recht hoch. Dies ergab in Verbindung mit dem kurzen Hub einen erfreulich schmal bauenden Motor. Zylinder und -köpfe bestanden aus Leichtmetall, wobei in erstere gußeiserne Laufbuchsen eingezogen

Die Douglas DV60, die kurz nach dem Krieg gebaut wurde, mit geschobener Schwinge und voll gekapselter Kette zum Hinterrad.

wurden. Die Ventile lagen über den Zylindern, weshalb die Stoßstangen unter einem Deckel, den eine einzige Flügelschraube hielt, gut zugänglich blieben.

Eine zentrale Nockenwelle, die oberhalb der Kurbelwelle im ungeteilten Kurbelgehäuse rotierte, betätigte die Ventile. Darüber saß der Magnet, der die Zündfunken lieferte, und auf dem vorderen Ende der Kurbelwelle ein Wechselstromgenerator, der die Beleuchtung versorgte. Ein Gleichrichter sollte später noch dazukommen.

Eine Einscheibenkupplung leitete den Antrieb in ein Dreiganggetriebe, das hinten an den Motor angesetzt war. Rechts lagen Fußschalt- und Kickstarthebel. Im Getriebe sorgte ein Kegelradpaar für die notwendige Umlenkung des Antriebs, so daß eine Kette das Hinterrad antreiben konnte. Diese war in einem Leichtmetall-Ölbadkettenkasten voll gekapselt, wobei unteres und oberes Kettentrum jeweils in einem eigenen Kettenschacht liefen. An den vorderen Enden wurden diese durch Faltenbälge mit dem Kettenradgehäuse am Getriebe öldicht verbunden. Dadurch ließ sich die erforderliche Längenänderung beim Kettenspannen verkraften und die notwendige Beweglichkeit beim Rad-Ein- und Ausfedern ermöglichen.

Das Bild der rechten Seite der DV60 zeigt die Aufhängung des Sattels und den gut geschützten Kraftstofftank.

Die Kraftstoffversorgung übernahm ein einfacher Solex-Vergaser mit Kaltstarteinrichtung. An die Rückseite des Kurbelgehäuses war oben eine Art Öse mit integriertem Ansaugkrümmer angegossen worden. Daran wurde der Vergaser geschraubt. Von den jeweiligen Seiten des Hosenrohres führten dann Rohre das Gemisch zu den Zylindern und bewirkte damit deren Versorgung. Der Vergaser atmete durch ein Luftfilter. Beide Auspuffkrümmer führten abwärts unter den Motor und mündeten schließlich in einen gemeinsamen Schalldämpfertopf.

Dieses Triebwerk saß in einem starren, geschweißten Doppelrohrrahmen. Die Rahmenoberrohre verliefen geradlinig vom Lenkkopf zur Hinterachse, während die Unterrohre den Motor umfingen und nach dieser zusätzlichen Kurve dann dem gleichen Punkt zustrebten. Waagerechte Rohre verbanden auch Unter- und Oberrohr unterhalb des Sitzes. Das resultierende Dreieck nahm den Tank auf und gewährte ihm einen gewissen Schutz, auch wenn es dem Aussehen der Maschine nicht gerade dienlich war. Dieses Erscheinungsbild wurde vom Sattel und dessen Halterung noch weiter verunstaltet. Der Sitz war ein normaler Rahmen mit Bezug, der aber nicht auf den gewohnten Federn saß, sondern auf einem massivem Teleskopfederrohr, das ihm einen senkrechten Federweg von etwa acht Zentimetern gestattete.

Ein Längslenker verband Sattel und Rahmenrohre, versteifte das Ganze und verhinderte, daß Sattel samt Fahrer unerwünschte Bewegungen ausführten.

Die Vordergabel war die Douglas-Radiadraulic mit geschobener Schwinge und hydraulischer Dämpfung. Beide Räder konnten rasch ausgebaut werden und besaßen spezielle Naben, da die Speichen auch hier nicht gekröpft waren. Die beiden Bremsen hatten jeweils 8 Zoll (20 cm) Durchmesser und die Felge 19 Zoll (47,5 cm). Der Vorderradreifen hatte 3,25 Zoll Nennbreite, über den hinteren ließ man mit sich reden: Der Freiraum zwischen Kotflügel und Rahmen ließ Querschnitte bis 5 Zoll Breite zu.

Der vordere Kotflügel gehörte zu den gefederten Massen und war weit heruntergezogen, um den Spalt zwischen ihm und dem Reifen zu verkleiden. Lange Streben verbanden ihn mit den unteren Gabelenden. Der hintere Kotflügel war eher alltäglich und wurde von einem mächtigen Gepäckträger überragt, der direkt mit dem Rahmen verschraubt war. Man konnte ihn mit den Rahmen für die Satteltaschen behängen und oben einen Polstersitz für den Beifahrer aufmontieren. Dessen Füße ruhten auf ungewöhnlichen Fußrasten: Um eine senkrechte Stange drehbar, wurden sie bei Nichtgebrauch nach vorn geschwenkt und für den Beifahrer seitlich herausgeklappt.

Alles in allem war die Maschine rein auf Zweckmäßigkeit getrimmt und sah recht eigenartig aus. Sie war aber wohl nicht zweckmäßig genug: Insgesamt wurden nur drei Prototypen gebaut, von denen der 1948 an der »Schottischen« teilnehmende ausfiel.

James

Die Fabrik in Greet baute während des Krieges für die Streitkräfte nur ein einziges Modell, da ein Gutteil ihrer Fertigungskapazitäten mit der Herstellung von Geschossen, Flugzeugarmaturen und anderen Rüstungsgegenständen ausgelastet war. Dazu kam noch, daß sie durch deutsche Bombenangriffe in ihrem Ausstoß beeinträchtigt wurde; 1940 wurde der größte Teil des Werkes zerstört.

Rasch war es aber wieder aufgebaut, und 1943 ging das ML Modell (Military Lightweight = Militärleichtkrad) in Serie. Die Maschine war tatsächlich ein Leichtgewicht und mußte, da sie für den Einsatz bei den Fallschirmjägern gedacht war, Abwürfe mit dem Fallschirm verkraften können. Ihre Aufgabe war, sobald die Männer gelandet waren, deren rasches Sammeln, Auflockern oder Verlegen zu unterstützen; wie sich bald herausstellte, ein ausgezeichneter Gedanke und Einsatzzweck.

Die Maschinen waren leicht genug, um sie über Hindernisse tragen zu können, die sich nicht umgehen ließen. Das machte sie für Männer ideal, die nach der Landung sich schleunigst einige Meilen weiter begeben und dort angekommen, treffsicher schießen mußten. Sie kamen rascher und keineswegs außer Atem am Ziel an. Die Maschinen waren auch so billig, daß man sie bei entsprechenden Schäden zurücklassen konnte, wenn ihre Bergung unmöglich erschien. Bei Bedarf konnten sie eine ansehnliche Last befördern.

Die ML beruhte auf einem Vorkriegs-Kleinkraftrad und wurde mit dem Villiers 9D-Motor mit 122 cm³ ausgerüstet. Dieser hatte die Zylinderabmessungen 50 × 62 mm und war als Blockmotor konzipiert, d. h. das Dreiganggetriebe war mit dem Motor in einem gemeinsa-

Der Villiers 9D-Blockmotor mit handgeschaltetem Dreiganggetriebe, wie er in der James Verwendung fand.

Eine Anzeige der Firma James wirbt für die „Clockwork Mouse“ (Uhrwerkmaus), wie die 125er bezeichnet wurde. Nach dem Krieg lief sie weiter, erst als ML und dann als Cadet-Baureihe.

THE FAMOUS JAMES "Go anywhere Lightweight"

These James Motor Cycles are being used by our Airborne Forces for the toughest, roughest work a motor cycle can be put to. That in itself speaks volumes for the post-war James models, which will be a delight to ride and provide the world's most economical motoring.

JAMES
C.
5831114

THE
JAMES
125 c.c.
MILITARY
LIGHTWEIGHT

AS USED BY OUR AIRBORNE FORCES

Die James Military Lightweight, die sich als handlich erwies und auch unter Gefechtsbedingungen leicht zu handhaben war.

men Gehäuse zusammengebaut. Das Gußgehäuse war vertikal geteilt, die Konstruktion war typisch Villiers – mit zusammengepreßten Kurbelwellen-Hubscheiben, Ausgleichsgewichten, käfiglosen Stahlrollen als Pleuellager, Graugußzylinder mit Stehbolzen verschraubt und einem Leichtmetall-Zylinderkopf, in dem auf der einen Seite das Dekompressionsventil, auf der anderen die Zündkerze saßen.

Der Zylinder hatte an beiden Seiten einen Gußkrümmer angeschraubt, besaß also zwei Auslaßschlitze sowie vier Überströmkanäle, je zwei vorn und hinten, während der Einlaßschlitz links unter dem Auspuff lag. Vom Einlaßschlitz führte ein Leichtmetallkrümmer zur Rückseite des Zylinders zur Aufnahme des Villiers-Vergasers. An diesem saß eine Kaltstart-Klappe, die von einem Hebel links in zwei Stellungen geschaltet werden konnte. Das Ende des Ansaugtrakts bildete ein zylindrisches ölbenetztes Luftfilter.

Kurze, gebogene Rohre verbanden die beiden Auspuffkrümmer mit einem walzenförmigen Schalldämpfer, der quer vor dem Motor hing. Von diesem zog sich dann links ein Rohr zum Nachschalldämpfer mit Endrohr.

Die Zündung besorgte ein Schwungmagnetzünder, rechts auf dem Kurbelwellenende; sein außenliegender Anker lief ohne jede Abdeckung. Dahinter war an das Kurbelgehäuse der Stator geschraubt. Außer der Wicklung für die Zündung trug er auch noch Spulen für die Beleuchtung. Diese Lichtanlage – die nur aus einem Scheinwerfer mit Abdeckblende und einem Rücklicht bestand – war damit vom Lauf des Motors abhängig. Sie wurde durch einen Schalter an der Scheinwerferrückseite eingeschaltet.

Der Primärantrieb erfolgte über eine einfache Kette und saß links hinter einem Leichtmetalldeckel. Er wirkte auf ein ganz normales Dreiganggetriebe. Die Gangwahl erfolgte von Hand über eine Mechanik mit viel Spiel zwischen Schaltgabeln und deren Betätigungshebel.

Dieser wieder war über Gestänge mit dem Schalthebel verbunden, der in einer Kulisse rechts am Kraftstofftank geführt wurde. Der Endantrieb erfolgte linksseitig über Kette.

Den Triebwerkblock nahm ein starrer Rahmen mit angeschraubtem Dreieckshinterteil und einfacher Blechpreß-Parallelogramm-Vordergabel auf. Die Federung besorgte eine mittig angeordnete Tonnenfeder. Eine Dämpfung war nicht vorgesehen, das System mußte sich mit der Reibung zwischen den Bolzen und den Buchsen begnügen. Die Räder besaßen Drahtspeichen und winzige Simplex-Trommelbremsen. Sie waren mit Reifen der Dimension 2,75 × 19 Zoll auf WMO-Felgen bestückt. Zur Ausstattung gehörten einfache Blechpreß-Schutzbleche, ein Sattel, der Kraftstofftank und ein Mittelständer.

Die Maschine wurde unter dem Namen die »Uhrwerksmaus« bekannt. Während des Krieges wurden fast 6 000 Stück von ihr gebaut. Danach wurde sie von James bis 1948 weiter erfolgreich angeboten; in dieser Zeit wurden noch weitere 20 000 gebaut, die außer im Finish nur in Kleinigkeiten verändert waren.

Norton

Als der Krieg ausbrach, steckte Norton schon mitten in der Arbeit an Armeeaufträgen, die sie sich vorher an Land ziehen konnten, weil Gilbert Smith dem War Office pausenlos die Türen einrannte.

Die Maschine, die Norton in gewissen Stückzahlen baute, war das seitengesteuerte Modell 16H, das in seiner 1937er Form eingefroren wurde und nur ein paar kleine Änderungen erhielt, um es dem Militäreinsatz anzupassen. Für solchen war es eine höchst nützliche Maschine, einfach, leicht zu warten und so billig, daß man sie stehen lassen konnte, wenn nichts mehr ging.

Am schwersten wog indessen der Ruf der Zuverlässigkeit und einer Ahnenreihe, die sich mit nur geringen Änderungen über viele Jahre zurück erstreckte. Der seitengesteuerte Motor stammte aus den Anfangstagen des Unternehmens, als er noch eine Maschine mit Direktantrieb über Flachriemen bewegt hatte, und das Modell von 1937 war wirklich noch sehr eng mit seinem kaum der Vintage-Periode entwachsenen Ahnherrn von 1931 verwandt.

In diesem Jahr hatte Norton seinen Modellen eine der wenigen echten Änderungen angedeihen lassen und sie auf Trockensumpfschmierung umgestellt, den Zündmagneten hinter den Zylinder verlegt und den Rahmen modernisiert. Mit dem Fortschreiten der dreißiger Jahre reifte die Kraftübertragung zu Norton-Kupplung, -Getriebe und -Kettenkasten, die Vordergabel erhielt eine Dämpfung, die Lichtmaschine einen Regler, und außerdem gab es noch ein paar Detailverbesserungen.

1938 wurde der Ventiltrieb gekapselt. Das War Office hielt sich allerdings hinsichtlich dieser bis dahin noch nicht bewährten Neuerung bei seiner Bestellung zurück und begnügte sich mit dem Konstruktionsstand von 1937: Ein Stahlblechdeckel und Schmiernippel für die Ventilführungen.

Der Motor war so schlicht und traditionsgemäß, wie es nur ein seitengesteuerter Norton sein konnte. Seine Abmessungen waren die berühmten 79 × 100 mm, Hubraum 490 cm^3. Die Konstruktion war einfach und englischer Standard mit gußeisernem Zylinder und -kopf, gebauter Kurbelwelle im vertikal geteilten Kurbelgehäuse und kettengetriebenem Licht-

67
43
67

Oben: Nur wenige konnten sich für Kurierdienste eine „International“ leisten.

Norton-Fahrer bei „Übungen“, wie es 1941 hieß. Trotz der staubigen Straße haben nur wenige ihre Schutzbrille aufgesetzt.

magnetzünder. Das Gemisch lieferte ein Amalvergaser, der Auspuff lief unter der rechten Gehäuseseite entlang, wo er seit 1932 seinen Platz hatte.

Das Getriebe war eine Viergangversion, die man aus einem Sturmey-Archer-Konzept entwickelt hatte, als dessen Produktion eingestellt wurde. Die Fußschaltung war außen mit der Kurvenscheibe verbunden. Falsche Einstellung oder Verschleiß führten dazu, daß die Gänge heraussprangen oder übersprungen wurden; man konnte aber immer einen finden, der die Maschine am Laufen hielt. Die Kupplung am Getriebe entstammte dem gleichen Stall, und in ihrer Fähigkeit, die Lamellen stets sauber voneinander zu trennen, lag das Geheimnis des guten Schaltverhaltens der Norton.

Zur Unterbringung dieser bewährten Baugruppen erkor Norton einen bereits vorhandenen Rahmen für Trial-Maschinen, der sich durch größere Bodenfreiheit auszeichnete. Es war immer noch ein offener Rahmen mit ungefedertem Heck, an das der typische Kippständer jener Zeit geschraubt war. Zum Rahmen gehörte eine Schutzplatte für die Ölwanne. Die Vordergabel war eine Parallelogrammgabel vom Typ Trial mit beiderseitigen Anschlagpuffern. Ansonsten war es die Norton-Seriengabel mit Dämpfern für Federung und Lenkung.

Der Rest der Maschine wurde im wesentlichen aus Serienteilen zusammengebaut. Die Bremstrommeln der Simplexbremsen, bei denen jeder Bremsbacken seinen eigenen Drehzapfen besaß, waren an den Naben mit drei langen Stehbolzen befestigt, die sich hinten gern lockerten. Die Räder waren normal eingespeicht. Die Schutzbleche waren aus Stahlblech, beim vorderen fungierten die Haltestreben gleichzeitig als vorderer Kippständer.

Der Öltank war klein und rechteckig und sein Verschlußdeckel wie eine Flügelmutter geformt. Auf dem Kraftstofftank fehlte das Instrumentenbrett der Zivilmaschinen. Die Werkzeugbox war entweder das Serienstück, rechts unten am Rahmen befestigt, oder eine Neuanfertigung, die – ebenfalls rechts – am Gepäckträger hing. Das friedensmäßige Schloß verschwand und wurde durch einen Rändelknopf oder durch eine Flügelschraube ersetzt.

Auf dem Gepäckträger konnte für den Beifahrer ein Sitzkissen befestigt werden. Der hinterste Schutzblech-Haltebügel, der mit zur Lastaufnahme von Passagieren herangezogen wurde, war so verlängert, daß er gleichzeitig als Griff beim Aufbocken der Maschine auf dem hinteren Kippständer dienen konnte. Das Horn hing mit einer Lasche an der Vordergabel, den großen 8-Zoll (20 cm)-Scheinwerfer stützte nach klassischer Nortonmanier eine Gabel. Lichtschalter und Amperemeter saßen in einem kleinen Instrumentenbrett, das hinten ins Scheinwerfergehäuse eingesetzt war.

Der Tachometer war oben in Gabelmitte angebracht und erhielt seinen Antrieb von einem an der Bremsankerplatte angebrachten Getriebe. Die Batterie saß links, dem Öltank gegenüber, und der Lichtmaschinenregler rechts auf einem Unterzug. Die Kleinteile stammten aus der Serie, daher behielt der Fußschalthebel seinen Gummibelag sowie die Ganganzeige und die Fußrasten hatten die gewohnten kleinen Endscheiben und Profilgummis. Mit der Zeit verwandelten die Gesetze der Kriegswirtschaft sie in die trialmäßigen Rohrstummel mit einer Scheibe am Ende, die das Abrutschen des Fahrerstiefels verhindern sollte.

Als Lenkergriffe wurden Schlauchstücke verwendet, der Scheinwerfer schrumpfte und der Tacho wanderte auf eine Konsole auf der linken Seite, damit seine Antriebswelle nicht mehr in der Gabel eingeklemmt werden konnte.

So also wurde die 16H bloß gebaut, und das in einer Stückzahl von annähernd 100 000 Maschinen. Die Schwachstellen, mit denen die Fahrer leicht fertig wurden, waren Spiel im Schaltgestänge, Überschwemmungen in der Zündanlage und Lösen der Hinterradmuttern. Mit all dem konnte man sich im Felde abfinden, wenn die Alternative »Marschieren« hieß –

Die Norton 16H, wie sie in großen Stückzahlen gebaut wurde, außer daß diese die Teleskopgabel besitzt, die nach dem Kriege für so ausgezeichnete Straßenlage sorgte.

also wurden die Kräder tunlichst am Rollen gehalten.

Dagegen war die Getriebeaufhängung eher eine Werkstattangelegenheit. Sie wurde in Mitleidenschaft gezogen, sobald sie sich lockerte. Dann vergrößerte sich nämlich noch das Spiel, und zog man die Befestigungsschrauben nach, dann mochten zwar eine oder auch beide Nasen abbrechen, aber die Maschine blieb fahrbereit.

Das geht mit einer 16H so leicht nicht, aber die Kombination von kanadischem Fahrer und steilem Hügel ergab dieses Foto.

Vom Serienmodell gab es Sonderausführungen für den Übersee- oder Wüsteneinsatz. Für solche Einsatzzwecke erhielt das Krad ein gewaltiges Luftfilter, das rechts über der Beifahrer-Fußraste hing und über einen Schlauch mit dem Vergaser verbunden war. Die Anstrichfarbe war unterschiedlich, je nachdem, für welche Teilstreitkräfte die Maschine bestimmt war, und da die meisten im Laufe ihrer Nutzungszeit mindestens einmal grundüberholt wurden, verloren sie häufig ihre einstige Identität und kamen aus den Werkstätten in völlig anderem Gewand zurück.

Sobald Norton einen Vertrag über die 16H-Maschinen hatte, begann Gilbert Smith wieder, das Ministerium zu bearbeiten, damit er den nächsten bekäme: Für die motorisierte Kavallerie ein Gespann zu entwickeln und zu bauen. Dies gelang ihm, und wieder konnte Norton auf ein Serienmodell zurückgreifen und es auf der Basis ihrer Wettbewerbserfahrungen weiterentwickeln. In der Zeit vor dem Krieg hatte Denis Mansell, der Sohn des damaligen Generaldirektors, wann immer er durfte, bei Gelände-Veranstaltungen zu Werbezwecken ein Gespann mit Beiwagenrad-Antrieb an den Start gebracht. Aufgrund dieser Tatsache besaß die Firma jetzt eine gute Vorstellung von den damit verbundenen Problemen und von ihrer Lösung.

Die Basismaschine, von der sie ausgingen, war die Big 4 (große Vier) mit 82 × 120 mm Bohrung und Hub und 634 cm^3 Hubraum. Wie die 16H lief ihr Seitenventilmotor mit sehr bescheidener Verdichtung und besaß gewaltige Schwungräder. Diese Kombination verlieh ihr eine Bärenstärke zum »Baumstubbenausreißen«, wozu noch all die gewohnten Norton-Konstruktionsmerkmale kamen.

Ein belgischer Pilot der RAF fährt 1944 durch Lille auf einer 16H. Er ist unterwegs zu seinen Eltern, die er vier Jahre lang nicht gesehen hat. Man beachte den Reservekanister!

Als Motor wurde der des Modells 1938 verwendet, dessen Ventile voll gekapselt waren. Der Rest der Maschine entsprach weitgehend der 16H. Der Hauptunterschied lag in dem angebauten Seitenwagen, der auf einem Norton-Serienfahrgestell saß und in den Änderungen, die erforderlich waren, um beide Räder anzutreiben. Das Ergebnis präsentierte sich als eine Antriebs-Hinterachse, bei der der Antrieb des Seitenwagenrades über eine Welle durch das Fahrgestell erfolgte. Dieser Antrieb enthielt noch eine einfache Klauenkupplung, mit der der Fahrer bei Bedarf von Hand den Seitenwagenantrieb zu- und abschalten konnte.

Für die Unterbringung dieser Mechanik wurden die hinteren Rahmenenden vergrößert, damit sie die Lager für die Achse aufnehmen konnten. Im Zuge dieser Maßnahme wurden auch gleich Rahmen und Gabel so geändert, daß grobstollige 4-Zoll-Gelände-Reifen nicht nur hineinpaßten, sondern auch noch ausreichenden Freiraum besaßen.

Den Seitenwagen trug das Norton-Serienfahrgestell, bei dem das Rad mittels der durchgeführten Welle auf beiden Seiten abgestützt war. Dadurch vermied man die einseitige Belastung, die ein Achsschenkel gebracht hätte und verlieh daneben noch durch das äußere Fahrgestellrohr dem Rad ein gewisses Maß an Schutz und Verankerung für sein Schutzblech.

Das Motorradfahrwerk wurde an der Hinterachse geändert und die Lagerung des Zapfantriebs in die Rahmenenden eingebaut. Das Rad für den Seitenwagen war vom gleichen Drei-Schrauben-Typ wie die beiden anderen und daher mit ihnen und mit dem Ersatzrad austauschbar, das an der Rückwand des spartanisch ausgestatteten Seitenwagenbootes mitgeführt wurde. Letzteres war von einfachster Bauart mit Sitz, Staukasten hinten und einem Bug im Stil eines Gelände-Seitenwagens. Vorn und hinten waren Hebegriffe angebracht, die Bugplatte war so großzügig bemessen, daß sie dem Fahrgast einen gewissen Wetterschutz bot. Auf- und Absitzen waren leicht, was recht nützlich sein konnte, besonders dann, wenn ein Hechtsprung in den Straßengraben die letzte Rettung darstellte.

An der Maschine selbst gab es vorn und hinten zusätzliche Handgriffe für Schiebehilfe, wenn das Gespann festsaß. Hinten liefen zwei Rohre von der Sattelnase zum hinteren Schutzblech, wo sie sich zu einem Griff vereinten. Vertikale Rohre vom Durchmesser der Rahmenendrohre, die sich zur Hinterachse erstreckten, hielten den Griff und trugen das Gewicht des Passagiers.

Das Luftfilter auf dem Tank, wie es mit seiner primitiven Vergaserverbindung in die 16H eingebaut wurde.

Vorn wurde ein überbreites Schutzblech angebracht, mit einem Hebegriff, der zugleich als vordere Verstrebung diente. Dieser Kotflügel war breiter als die Gabel; damit diese hineinpaßte, war er ungefähr in der Mitte durchbrochen und besaß dort eine Stützplatte zur Versteifung. Es war gängige Praxis, ihn mit beidseitigen Verkleidungen bis zur Radmitte nach unten zu verlängern.

Die Gespanne wurden in dieser Grundversion und in Sonderausführungen eingesetzt. Gewöhnlich wurde ein Maschinengewehr in einer Schwenklafette aufgebaut, doch konnten sie auch andere Waffen tragen. Eine davon war ein Granatwerfer, wobei in diesem Fall der Beiwagenaufbau verschwand und an seiner Stelle eine Ladefläche das Granatwerferrohr, sein Zweibein und zwei Munitionskästen trug.

Sobald die Big 4 in die Erprobung ging, zeigte sich sehr bald, daß sie eigentlich der Aufgabe, dieses ganze Gewicht mit ihren grobstolligen Reifen durch den Schlamm zu ziehen, nicht gewachsen war. Die Traktion wäre dagewesen, aber es fehlte an der Leistung. Also wurde der Motor in der klassischen Seitenventilart »getunt«, indem man einfach den Hubraum vergrößerte. Damit war es zwar nicht mehr der 1938er Motor, aber dies war der Armee gleichgültig, die lediglich die neuen Teile und die 16H-Ersatzteile in die Versorgungskette nehmen mußte.

Von diesem Gespann wurden einige Tausend gebaut und in den ersten Jahren in der Hauptsache für Aufklärungszwecke eingesetzt. Viele von ihnen wurden nach Nordafrika verschifft. Die Erfahrungen, die man dort mit ihnen sammelte, ließen einige Verbesserungen ratsam erscheinen, weshalb vom War Office eine zweite Version in Prototypform in Angriff genommen wurde. Zwar wurde von der Big 4 der Beiwagen übernommen, die Maschine aber baute AMC mit einem 1 000-cm³-kopfgesteuerten Matchlessmotor. Dadurch sollte das Gespann jenes Maß an Leistung und Durchzug erhalten, das es benötigte, um mit schwerem Gelände fertig zu werden. Gleichzeitig wurde empfohlen, eine Hinterachse in PKW-Bauart zu verwenden, die den freiliegenden Mechanismus schützen sollte, der in seiner

Eine Ladung Norton-Maschinen wartet 1936 in den Lagerhallen des Hafens von Southampton auf die Verschiffung nach Palästina.

bisherigen Version an vorzeitigem Verschleiß litt. Die Maschine (sie ist unter »AMC« beschrieben) erhielt auch einen Rückwärtsgang, damit der Fahrer sich aus brenzligen Situationen und Sackgassen nach hinten absetzen konnte.

Dann kam der Leih-Pacht-Vertrag und mit ihm der Jeep, der fast überall hin kam, mehr Nutzlast trug, von jedermann gefahren werden konnte und bei Witterungsunbilden ein schützendes Dach bot. Zwar konnte in den Händen eines wirklich versierten Fahrers ein Gespann selbst dort noch weiterkommen, wo ein Jeep aufgeben mußte, doch waren solche Könner rar in jeder Armee. Unter einem Durchschnittsfahrer aber konnte das Gespann eine Katastrophe auf Rädern darstellen, wobei es auch nicht gerade hilfreich war, daß infolge des konstruktiven Aufbaus dem Seitenwagen jeglicher Radversatz fehlte. Daher segnete das War Office den Jeep ab und lagerte die Gespanne ein.

Einige von ihnen gelangten nach dem Krieg auf den zivilen Markt, da war aber der Beiwagenantrieb mit dem Schweißbrenner entfernt worden, um sicherzustellen, daß es keine Regreßansprüche wegen Unfällen geben würde. Die Armee wußte nur zu gut, daß man sich großen Ärger einhandelte, wenn man vergaß, beim Verlassen des Geländes auf dem Asphalt sofort den Beiwagenantrieb auszuschalten. Mit ihren schweren Reifen (und ohne Differential, wie bei den deutschen Gespannen!) fuhr die Maschine gleich bei der ersten Kurve geradeaus weiter, auch bei vollem Lenkeinschlag.

Es gibt noch eine weitere Norton aus der Zeit des Krieges. Sie erblickte das Licht der Welt als Antwort auf eine Ausschreibung des War Office für eine sehr leichte 350er. Um das Gewicht herunterzubekommen, baute Norton einen Ganzleichtmetallmotor mit seitengesteuerten Ventilen und hängte ihn in einen geschweißten Rahmen mit leichten Rädern. Weiteres Zubehör, wie Lenker und Hebel, waren ebenfalls aus Leichtmetall. Die Firma erhielt den Auftrag, 50 Maschinen für eine Erprobung unter Einsatzbedingungen zu bauen.

Diese kamen fast alle nach Frankreich und wurden beim Rückzug nach Dünkirchen stehengelassen. Danach wurden die Dinge sehr ernst, interessante Experimente mußten abgebrochen und so schnell wie möglich die 16H produziert werden. Erst viel später war wieder Zeit, in Ruhe nachzudenken und als ein Ergebnis davon entstand die 16H mit Teleskopvordergabel. Sie wurde aus den Vorkriegsbaumustern entwickelt, die die Werksrennmaschinen verwendet hatten, und erhielt zusätzlich hydraulische Dämpfung. Nach dem Krieg wurden sie für ihre Straßenlage berühmt.

Natürlich gelangte sie nicht in die Hände eines normalen Kradschützen, aber auch die 16H mit Parallelogrammgabel fuhr sich in der straffen typischen Nortonart, bis die Buchsen ausgeschlagen waren. In anderer Beziehung eignete sich die 16H besser für ihre Arbeit als manches Konkurrenzmodell; denn sie war schnell genug, besaß ausreichende Bremsen, eine bessere Bodenfreiheit als die Mehrzahl der anderen und konnte je nach Bedarf auf einem Schienenstrang an einer Kolonne entlang oder durch Schlamm ziehen.

Kein Wunder, daß sie in so hohen Stückzahlen gebaut wurde und fast ein Viertel der englischen Nachkriegsproduktion darstellte.

Nach dem Krieg fuhr Norton mit dem Bau ihrer zivilen Straßenmodelle und ihrer berühmten »Manx« fort. Später kam die »Dominator«-Zweizylinder, und dieser Motor – um einen Zylinder amputiert – wurde zur Ausgangsbasis für eine Konkurrentin zur Triumph TWR als neue Militärmaschine.

Der Norton-Motor verwendete die serienmäßige untere Hälfte, die vorn eingebaute Nockenwelle lag ideal für den mit stehenden Ventilen bestückten Zylinder, der dort verwendet wurde. Der Motor wurde in einem starren Rahmen zusammen mit serienmäßigen

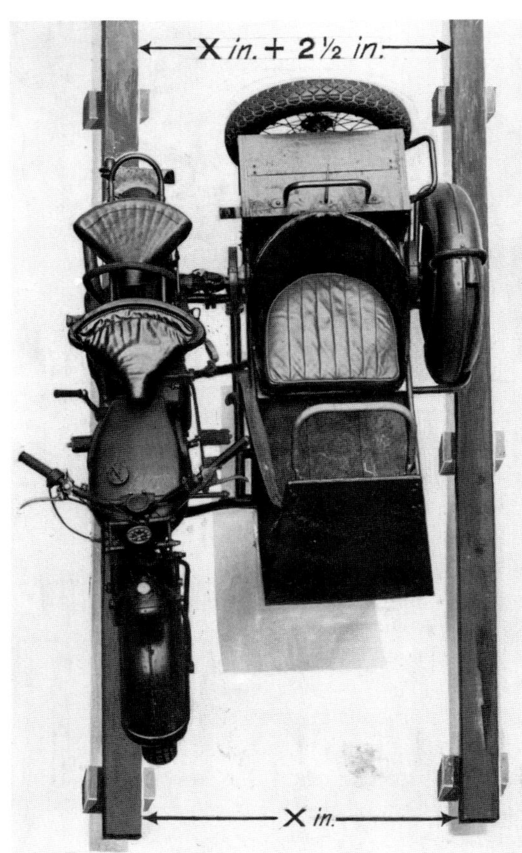

Oben: Sieben Maschinen vom Typ 16H werden im Werk in eine solche Versandkiste verpackt. Beachte auf dem Kistenboden die Halterungen für die Satteltaschen.

Links: Die Big 4 mit Beiwagen. Das Foto zeigt, wie die Vorspur gemessen wird.

Unten: Die Rückansicht der Big 4 zeigt den Antrieb für das Seitenwagenrad und die Klauenkupplung, die ihn mit dem Hinterrad verbindet.

Anbauteilen gesteckt, dieser mattoliv gespritzt, und schon war die Maschine fertig. Das War Office zeigte sich davon jedoch nicht beeindruckt, und so hörte man von dem Modell nichts mehr.

Royal Enfield

Mit ihrem Wahlspruch »Built like a gun« (gebaut wie ein Präzisionsgewehr) bot sich Royal Enfield den Streitkräften im Kriege sozusagen von selbst an. Die Wurzeln der Firma reichten in die viktorianische Ära zurück. Sie hatte ihre erste angetriebene Maschine, einen »Quad« (Quadricycle, vierrädriger Kleinwagen) 1898 gebaut und war daher beim Ausbruch des ersten Weltkriegs bereits etabliert. Trotzdem wurde sie fast ausschließlich mit Munitionsfertigung ausgelastet. Daneben baute sie eine kleine Anzahl von Sondergespannen, die entweder als Maschinengewehrträger oder als Verwundetentransporter konzipiert waren.

Danach durchlebte die Firma in den nächsten zwei Jahrzehnten die gleichen Hochs und Tiefs wie die andere Industrie auch. Nach 1930 konzentrierte sie sich auf einfache Einzylinder, für die die Leute auch bereit waren, sich von ihrem Geld zu trennen.

Das hielt die Firma gut im Geschäft, weshalb es keine Überraschung war, daß sie im zweiten Weltkrieg zu einem der Hauptmotorradlieferanten wurde. Daneben stellte sie noch eine Menge anderer Kriegsgeräte her, darunter stationäre Motoren und andere Rüstungsgüter.

Ihre kleinste Maschine verdankte sie den Deutschen. In den Vorkriegstagen wurde die 98-cm³-DKW, Modell RT 100, in Holland von einer Firma vertrieben, die Juden gehörte, denen 1938 die Konzession entzogen und jemand anderem übertragen wurde. Entschlossen, sich nicht unterkriegen zu lassen, brachte dieser Händler eine DKW RT nach England und landete schließlich bei Enfield, die er beauftragte, eine Kopie herzustellen, aber mit 125 cm³. Und es kam auch ein Zwilling heraus, der – abgesehen von der Hubraumvergrößerung – vollkommen identisch mit dem Original war, bis hin zum Tankemblem. Das Modell sollte »Royal Baby« getauft werden, so daß auch die Initialen »RB« ähnlich sein würden.

Einige Maschinen wurden 1939 ausgeliefert, aber mit Kriegsausbruch wurde die Fertigung eingestellt, die Fertigungseinrichtungen in Redditch eingelagert. 1942 griff die Armee den Gedanken auf, ein wirklich leichtes Motorrad für frontnahen Einsatz und Fallschirmabwurf mit Luftlandetruppen einzuführen. Für diese Aufgabe bot sich die Enfield an, und da ihre Entwicklung abgeschlossen war und die Sonderwerkzeuge bereits vorhanden waren, ging sie in Produktion. Bei den Fallschirmspringern erwarb sie sich bald ihren Spitznamen, »The Flying Flea«, der fliegende Floh.

Der Flohmotor war in Blockbauweise ausgeführt. Ein vertikal geteiltes Kurbelgehäuse nahm neben der Kurbelwelle noch das Dreiganggetriebe auf. Bohrung und Hub betrugen 54 × 55 mm, der Hubraum 126 cm³. Die Kurbelwelle lief in drei Kugellagern und einem Stützlager, das Gehäuse wurde auf beiden Seiten mit Bronzebuchsen abgedichtet. Die Kurbelwelle besaß Ausgleichsgewichte, das Pleuellager keinen Käfig. Der Zylinder bestand aus Gußeisen, der Kopf aus Leichtmetall; bei ihm saß auf der einen Seite die Kerze und auf der anderen ein Dekompressionsventil.

Rechts sorgte ein Schwungmagnetzünder für Zündung und Beleuchtung, der Unterbrecher saß, von der Kurbelwelle betätigt, ganz außen. Links übernahm eine Einfachkette die

Kraftübertragung zu der Einscheibenkupplung. Ein Blechdeckel schützte sie. Die Gangstufen konnten von Hand gewählt werden, der Schalthebel wurde in einer Kulisse an der rechten Tankseite geführt. Der Kickstarthebel klappte weg, Auspuff und Schalldämpfer lagen rechts. Bei vielen Maschinen waren zwei Schalldämpfer montiert: Zuerst ein walzenförmiger quer vor dem Kurbelgehäuse und dann noch der gewohnte rohrförmige rechtsseitig. Der Motor wurde über Kraftstoff/Öl-Mischung geschmiert.

Der Triebwerkblock hing in einem einfachen starren Rohrrahmen mit einer Parallelogrammgabel mit Gummibandfederung. Die Räder besaßen Drahtspeichen, kleine Bremstrommeln und knapp bemessene Schutzbleche. Zur Ausstattung gehörte ein Sattel, ein Gepäckträger hinten, eine zylindrische Werkzeugbox unter dem Sattel und die Beleuchtungsanlage. Der Scheinwerfer war entweder von gewohnter Größe und durch eine Blende abgedeckt, oder ein viel kleinerer vom Fahrradtyp.

Die ganze Maschine paßte in eine Packkiste aus Rohrstücken, an der der Lastenschirm befestigt wurde. Als Hilfe beim Verlasten konnten die Lenkerhälften weggeschwenkt werden, da sie lediglich von einem fahrradtypischen Spannbolzen mit aufgesetzter Flügelmutter gehalten wurden. Die Tankdeckelbelüftungsöffnung besaß zur Abdichtung ein Schraubventil. Es war daher auf dem Boden eine Augenblickssache, die Maschine aus dem Packkäfig zu befreien und einsatzbereit zu machen. Dank ihres geringen Gewichts konnte sie über Hindernisse gehoben werden, was die Beweglichkeit der Truppe weiter erhöhte.

Kurierfahrerinnen des ATS laufen zu ihren Royal Enfields. Die Maschinen sind 250 cm³ D/D-Modelle, die zur Fahrerausbildung dienten und die Zeit ist April 1941.

Der Floh kam auch per Lastensegler zum Einsatzort, wurde auf Kampfpanzern als »Beiboot« für Notfälle mitgeführt und bewährte sich in Landungsköpfen, um Menschen und Material zu dirigieren. Nach dem Krieg wurde er ins Zivilleben entlassen, schwarz angestrichen, und blieb bis 1962 in verschiedenen Ausführungen in Produktion.

Die Masse der restlichen Weltkriegzwei-Maschinen von Royal Enfield besaß 346 cm^3 und war von Vorkriegsmodellen abgeleitet. Sie wurden in zwei Versionen gebaut. Das Modell C mit seitengesteuerten und das Modell CO mit kopfgesteuerten Ventilen; sie waren ansonsten – abgesehen von Kopf und Zylinder – identisch.

In der für Enfield charakteristischen Bauform enthielt das vertikal geteilte Kurbelgehäuse auch den Öltank für die Trockensumpfschmierung. Dort drin war die Kurbelgehäusewandung und darin rotierte auch die zusammengepreßte Kurbelwelle und das auf einer einfachen Buchse gelagerte Pleuel. Ein Zahnradsatz im Steuergehäuse drehte die Nocken und trieb den Lichtmagnetzünder an, während Ölpumpe und Filter unter dem Kurbelwellenrad lagen.

Kopf und Zylinder bestanden aus Grauguß, der Ventiltrieb war bei beiden Modellen vollgekapselt. Beim ohv-Motor wurden die einteiligen Kipphebel von geteilten Spannklammern geführt, die auf Zapfen unter einem Leichtmetalldeckel saßen. Eine Platte in der Zylinderseitenwand ermöglichte den Zugang zu den Stößeleinstellschrauben am unteren Ende der Stoßstangen, unter denen wiederum Pilzstößel mit flachem Kopf saßen.

August 1940. Eine Royal Enfield Modell C bei Manövern in Mittelengland, einer gemeinsamen Übung von Armee und Polizei.

Das Getriebe war separat in Halteplatten eingebaut und wurde vom Motor über Kette angetrieben. Bei allen C- und den meisten CO-Modellen wurden Albion-Getriebe verwendet, doch wurden beim Auftrag 294/C/19870 Burman-Konstruktionen benutzt. Jedenfalls besaßen beide vier Gänge und Fußschaltung rechts; doch fehlte dem Burman der Antriebswellen-Schwingungsdämpfer des Albion-Getriebes. Die elektrische Anlage von Lucas umfaßte einen Regler unter dem Sattel, eine Batterie links, einen Scheinwerfer mit Amperemeter und Schalter, die in einem Instrumentenbrett am Scheinwerfergehäuse saßen, und ein Horn, das an die vordere Motoraufhängung geschraubt war. Der Vergaser war der gewohnte Amal-Typ mit getrenntem Schwimmergehäuse, der Auspuff verlief rechts.

Der Rahmen war starr; zwei Rohre führten unter Motor und Getriebe entlang und boten dem recht groß geratenen Kurbelgehäuse guten Schutz. Die Gabel war vom Parallelogrammtyp mit zentraler Tonnenfeder und Dämpfern für Federung und Lenkung. In den Drahtspeichenrädern saßen Trommelbremsen, das vordere trieb den auf der Gabel befe-

Rechts: Wenn die Werkzeugtasche so gepackt ist, erfreut sie das Auge des Prüfenden beim Appell.

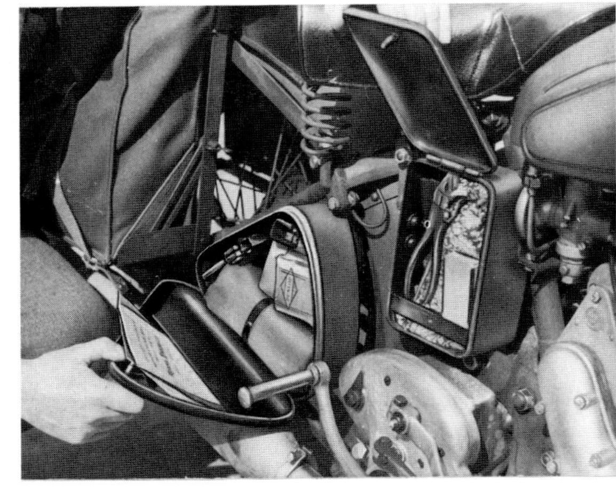

Unten links: Der Vogelkäfig für den „Fliegenden Floh“, um ihn mit dem Fallschirm abzuwerfen.

Unten rechts: Zwei „Flöhe“ sind für einen Übungsabwurf April 1944 in einem Horsa-Lastensegler verzurrt. Wenige Wochen später wurde es dann über der Normandie ernst.

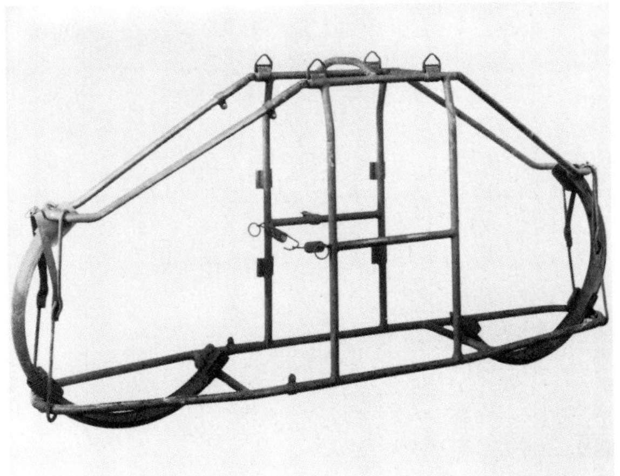

„Flöhe“ im Einsatz bei den Fallschirmjägern, die, wenn es sein mußte, auch mit einem Klapprad fuhren.

stigten Tacho mittels eines Getriebes an, das hinten an die Ankerplatte der Bremse geschraubt war.

Das Zubehör entsprach der normalen Truppen-Standardausrüstung: Sattel, Gepäckträger hinten, abgedeckter Scheinwerfer und ein stabiler Seitenständer mit Spitze für den Gebrauch bei schlammigem Boden. Der Anlenkpunkt dieses Ständers links an der Aufnahmeplatte für die Hinterachse lag bei weitem zu weit hinten, um eine gute Funktion des Ständers zu gewährleisten. Das Modell C besaß außerdem noch einen Mittelständer, und das Modell CO sowohl Vorder- als auch Heckständer, wobei ersterer auch noch als Schutzblechstrebe fungierte.

Zusätzlich zu diesen beiden 350ern baute Enfield noch einen Posten seitengesteuerter 570er für die Marine und etwa 1 000 Stück des 250 cm^3 seitengesteuerten D/D-Modells für Ausbildungszwecke. Beide folgten der Auslegung des C-Modells, obgleich die 250er allgemein leichter gehalten war, was zu ihrer friedlichen Verwendung ja auch paßte. Einige wenige 350-cm^3-G-Modelle und 500-cm^3-J-Maschinen wurden auch noch gebaut; möglicherweise, um vorhandene Ersatzteile aufzubrauchen.

Die restlichen im Krieg gebauten Enfields waren Prototypen sowie einige CO-Modelle, die Teleskopgabel und seitlich weit heruntergezogene vordere Schutzbleche hatten. Sie erschienen bereits 1941, offensichtlich bereitete es der in Redditch beheimateten Firma keine Schwierigkeiten, mit den zukunftsweisenden Trends Schritt zu halten. Einer der Prototypen war eine leichtgewichtige seitengesteuerte 350er, die dem älteren Lastenheft des War Office genügte und die nach der Bombardierung von Coventry zusammen mit allen anderen in Vergessenheit geriet.

Der andere Prototyp war als Antwort auf die jüngere Ausschreibung gedacht. Es war eine seitengesteuerte 350-cm³-Zweizylinder, eine Parallel-Twin von etwas ungewöhnlichem Aussehen; denn die in einem Block gegossenen beiden Zylinder waren etwas nach hinten geneigt, obwohl ihre Kühlrippen waagerecht lagen, während die Kopfrippen entsprechend der Zylinderneigung abgewinkelt waren. Vergaser, Auspuffrohre und Ventile lagen vorn, die Rohre vereinigten sich auf der rechten Seite und mündeten in enem gemeinsamen Schalldämpfer.

Das fußgeschaltete Getriebe lieferte Albion. Beide Ketten, Primär- und Sekundärantrieb, waren in einem einzigen großen Kettenkasten untergebracht, in dem ein Spannrad die Hinterradkette gespannt hielt. Der Öltank war nicht in das Kurbelgehäuse integriert, die Schmierung erfolgte vielmehr über Trockensumpf. Die Zündung besorgte ein Standmagnet, auf dessen Rücken ein Generator befestigt war, der die einfache Lichtanlage versorgte. Der starre Rahmen besaß eine Parallelogrammgabel, hinten konnte nach dem Lösen einiger Muttern der Sitz und ein Großteil des Schutzblechs abgenommen werden. Der Hinterreifen wies die üppigen Dimensionen 4,50 × 17 Zoll auf.

Diese Zweizylinder stellte einen interessanten Entwurf dar, aber gebaut wurde nur dieses eine Exemplar, und das gleiche Los traf eine andere, größere Zweizylindermaschine. Deren Zylinder standen in V-Form, die Maschine war als Gespann konzipiert, wobei der Antrieb des Beiwagenrades nach Art der Norton Big 4 und der deutschen BMW- und Zündapp-Modelle erfolgen sollte.

In der Hauptsache konzentrierte sich Royal Enfield auf den Bau der beiden 350er und des 125er »Floh«. Nach Kriegsende bauten sie die CO weiter als G und den »Floh« als »RE«, während viele Kriegsmotorräder hergerichtet und einer transporthungrigen Öffentlichkeit verkauft wurden. Enfield machte da auch mit und bot in den Katalogen die C- und CO-Modelle – immer noch mit Parallelogrammgabel – in Schwarz und Gold an. Nach etwa einem Jahr konzentrierten sie sich auf ihre neueren G- und J-Modelle, während der Strom der werkstattüberholten ehemaligen Kriegsministeriums-Modelle noch etliche Jahre anhielt.

Triumph

Bei Ausbruch des Krieges stürzten sich die Behörden auf die Triumph-Werke in Coventry und beschlagnahmten den gesamten Motorradbestand. Daher erhielten einige glückliche Fahrer nagelneue »Speed Twins« und »Tiger 100« für den Dienstgebrauch zugeteilt, während die weniger glücklichen auf einer schlichten »2H« oder »3S« landeten.

Um der Wahrheit die Ehre zu geben – die Twins konnten zuviel des Guten sein, wenn sie erst einmal richtig eingefahren waren; denn die Triumph-Parallelogrammgabel war alles andere als gut, sobald der Verschleiß einsetzte, während ein schön freigeblasener Tigermotor schnell war. War er erst einmal so lange gelaufen, daß eigentlich eine Überholung fällig wurde, dann brachte er sogar noch mehr Leistung. Das Öl tropfte zwar aus allen Nähten, und das Fahren wurde ausgesprochen aufregend, wenn die Maschine bei hohem Tempo zuckte und schlingerte.

Die Behörden gaben sich daher mit der 3SW zufrieden, einer seitengesteuerten 350er, die den Anforderungen der Armee und des Personals noch am ehesten entsprach, und bestellten diese. Sie beruhte auf der zivilen 3S und war typisch für die Einzylindermaschinen von Triumph Ende der dreißiger Jahre. Die gesamte Baureihe hatte 1932 Val Page entworfen; weitgehend nach dem Grundentwurf seiner früheren Einzylinder-Ariel und in einer Konfiguration, die er dann 1937 bei BSA wiederholte.

Mittlerweile leitete Edward Turner die Firma Triumph. Er hatte der Baureihe seine stilistischen Vorstellungen aufgedrückt, die beim zahlenden Publikum gut ankam. Hinter den sportlichen Tiger-Modellen rangierten die normalen ohv-Modelle und für die nüchterne Alltagsarbeit die Seitenventilserie, wobei die 350er ganz unten lag. Genau richtig für die Streitkräfte, meinten die Ämter, obwohl Turner den Twins den Vorzug gab.

Das 3SW-Modell war in seinem Aufbau sehr englisch. Der Motor verwendete die gleiche untere Hälfte wie die 500er und wurde daher als 350er zum Langhuber mit den Abmessungen 70 × 89 mm.

Die Kurbelwelle war gebaut. Die Wellenstümpfe saßen mit einem genuteten Konussitz in den beiden schweren Schwungscheiben. Das Pleuel lief auf dem Kurbelzapfen, den Muttern in seinen Konussitz zogen, in doppelten käfiglosen Rollenlagern. Für diese Rollen war in den Pleuelfuß eine Stahl-Laufbuchse eingezogen worden, oben besaß es eine Buchse für den Kolbenbolzen.

Der Kolben lief in einem Graugußzylinder, bei dem das Steuergehäuse, das den Ventiltrieb umschloß, gleich mit eingegossen worden war. Jedes Ventil wurde von seinem eigenen Nocken und Stößel geöffnet, und jede Nockenwelle wurde von der Kurbelwelle über Zahnräder angetrieben. Dieses Räderwerk setzte sich an der Rückseite des Motors fort, wo es den Lichtmagnetzünder antrieb, der die Zündenergie und Beleuchtungs-Strom lieferte.

Das Kurbelgehäuse war entlang seiner Mittellinie vertikal geteilt, ein einzelner Deckel verbarg die Steuerräder. An ihm war die Doppel-Tauchkolbenölpumpe angeschraubt, die von der Auslaßnockenwelle hinter einem weiteren runden kleinen Deckel ihren Antrieb bezog. Das Schmiersystem arbeitete mit Trockensumpf, mit dem Öltank rechts unter dem Sattel und links als Gegengewicht der Batterie. Dazwischen saß der Spannungsregler.

Die Kraftübertragung erfolgte per Ketten. An der linken Kurbelwellenaußenseite milderte ein Schwingungsdämpfer die Ungleichförmigkeiten. Primärantriebskette und Kupplung wurden von einem flotten Leichtmetallgehäuse umschlossen und trieben auf ein fußgeschaltetes Vierganggetriebe, bei dem es sich um die serienmäßige Triumph-Baugruppe von konventionellem englischen Aufbau handelte.

Der geschlossene Rahmen war verschraubt, mit einem Rückgratrohr oben und einem Rohr, das sich nach unten zog, dann teilte und unter dem Motor zum Hinterrad führte. Die Gabel in Parallelogrammbauweise besaß eine tonnenförmige Druckfeder und Reibungsdämpfer für Lenkung und Federung. Sie trug den Scheinwerfer mit seiner Maske und dem kleinen Instrumentenbrett für Amperemeter und Lichtschalter, den vom Vorderrad angetriebenen Tachometer und starr festgeklemmte Lenkergriffe. Auf die sonst bei Triumph übliche

1940 nach Dünkirchen aufgenommen, zeigt das Bild eine Seitenventil-Triumph, die es mit den Männern zusammen zurück nach Hause geschafft hat.

Gummilagerung hatte man verzichtet, da sie unter schwierigen Fahrverhältnissen zu unerwünschten Bewegungen neigte; außerdem war sie teurer, Gummi war knapp, und wen kümmerte es schon, ob der Soldat auf dem Motorrad gegen Vibrationen geschützt wurde!

Der Rest der Maschine war im wesentlichen serienmäßig mit den üblichen militärischen Zutaten, wie Packtaschen, Hebegriffen, Mattlack und dem Verzicht auf Chrom. Es war keine sehr aufregende Maschine.

Anfang 1940 erhielt die 3 SW eine große Schwester, die 5SW. Die Franzosen hatten sie bestellt, und die Hubraumvergrößerung resultierte aus einer 84-mm-Bohrung, die – in Verbindung mit dem beibehaltenen 89-mm-Hub – 493 cm³ lieferte. Sonst war sie in fast allem eine Kopie der 350er, nur daß sich die Übersetzung durch Hinzufügen von je zwei Zähnen an Motor- und Getriebezahnrad erhöht hatte.

In den ersten Kriegstagen arbeitete Triumph hart an ihrem Prototyp, der dem Lastenheft des Ministeriums für eine Einzylinder-Dienstmaschine genügen sollte. Edward Turner sparte an Entwicklungszeit für sein Modell, indem er die Tiger 85 modifizierte, deren Herausbringen der Kriegsausbruch verhindert hatte. Es handelte sich dabei um eine sportliche 350er Twin, die die Einzylinder Tiger 80 in der gleichen Weise ablösen sollte, wie die Tiger 100 von der Tiger 90 übernommen wurde.

Die neue Twin stand so dicht vor dem Produktionsanlauf, daß bei den Fachzeitschriften schon die Ankündigung und die technischen Daten druckfertig lagen. Im allerletzten Augenblick mußten die Artikel dann als verfrüht zurückgezogen werden, obwohl ein Magazin auf der Titelseite die neue britische Twin ankündigte. Bei diesem Vorlauf war es leicht, die Maschine abzuändern und einen Prototyp zu bauen, der 3 TW getauft wurde.

Der Parallel-Twin-Motor wies zahlreiche Züge auf, die nach dem Krieg in einer ähnlichen Zivilmaschine wieder aufgegriffen wurden. Die Auslegung war die gleiche wie bei den Vorkriegstwins: Einteiliger Block, vertikal geteiltes Leichtmetall-Kurbelgehäuse, Nockenwellen vor und hinter der Kurbelwelle und Zahnradantrieb für Nockenwellen und Magnet. Unterschiede bestanden beim Zylinderkopf, der mit dem Kipphebelgehäuse ein Gußstück bildete, und bei der Kurbelwelle. Diese bestand aus zwei fliegend gelagerten Kurbelzapfen, die in das in der Mitte liegende Schwungrad geklemmt waren, was die Verwendung von Gleitlagern für die Pleuel erlaubte. Im Gegensatz zur 500er wurden Kopf und Zylinder von durchgehenden Schrauben gehalten. Ein Einfach-Fallstromvergaser und Auspuffrohre, die sich links vereinten und oberhalb des Kettenkastens zum gemeinsamen Schalldämpfer führten, rundeten das Bild ab.

Die ersten Motoren bestanden ganz aus Leichtmetall, um das Gewicht niedrig zu halten, aber die folgenden benutzten Grauguß, als die Aluminiumvorräte dahinschmolzen. Die Zündung besorgte ein Standmagnet, die Beleuchtung wurde von einem Wechselstromgenerator gespeist, der im Steuergehäuse saß. Bei späteren Modellen wurde dieser in den Kettenkasten des Primärantriebs ausgelagert und vom linken Kurbelwellenende angetrieben.

Das dreigängige Getriebe war an die Rückseite des Kurbelgehäuses angeflanscht. Es wurde von einer Duplexkette angetrieben, bei der ein Gleitschuh unter dem unteren Kettentrum für die notwendige Spannung sorgte. Der Antrieb zum Hinterrad saß links unter einem Kettenschutz und beide Fußhebel rechts. Ungewöhnlich war der Kraftstofftank, der als tragende Verbindung zwischen Lenkkopf und Sattelnase geschraubt wurde. Innen nahm ein U-Profil die Kräfte auf, die äußere Wandung bestand aus je einer tiefgezogenen Blechhälfte rechts und links, die dann in der Mitte längs nahtgeschweißt wurden. Auf diese Weise war er einfacher zu fertigen und hatte ein größeres Fassungsvermögen.

Der Rest der Maschine war unkompliziert, mit Trommelbremsen, einem Sattel, Öltank rechts, Luftfilter daneben, Werkzeugbox darunter und kleinem Gepäckträger hinten. In der ursprünglichen Ganzleichtmetallversion wog sie 230 lb (105 kg) und mit dem Gußeisenmotor nicht über 263 lb (120 kg). Selbst die Fußrasten waren anfangs aus Leichtmetall.

Das erste Modell war ein Rennpferd; denn Leistung stellte sich erst oberhalb 3000 U/min ein, und das geringe Gewicht machte sie schnell und sorgte für Fahrvergnügen. Zu schnell und zu viel Vergnügen für das Militär nach Meinung des War Office, also mußten ein schwereres Schwungrad und ein kleinerer Vergaser eingebaut werden. Die machten dann den berühmten kleinen Unterschied aus, und die Maschine wurde als für die Streitkräfte geeignet befunden.

Eine Einzylinder Triumph, 1943 durch den ATS in Nordirland eingesetzt.

Die offizielle vierhunderttausendste britische WD-Maschine, eine 350er ohv-Triumph. Die Hersteller ließen das Los entscheiden, wessen Maschine diese Nummer tragen würde. Links steht Edward Turner.

Mit diesem Erfolg in der Hand konnte Triumph gut lachen, denn es war geplant, daß alle Firmen zukünftig dieses Modell als Einheitstyp bauen sollten. Dann kam im November 1940 der Bombenangriff auf Coventry und die diesbezüglichen Pläne wurden mit der Fabrik zu Asche. Die Firma rettete nach Kräften und arbeitete in Warwick in Behelfsquartieren solange weiter, bis sie wieder in Meridan in einer neuen Fabrik die Produktion aufnehmen konnte. Es dauerte aber bis 1942, bis dort die Bänder liefen.

Von 1941 an baute die Firma für die Streitkräfte 350-cm^3-Maschinen; einige davon als 3SW und sehr viel mehr von deren ohv-Variante, der 3HW. Dieses Modell war ebenso wie die Seitenventiler der Vorkriegstypenreihe entsprossen und verwendete an vielen Stellen die gleichen Teile. Von der 350-cm^3-Twin übernahm es eine Idee: Kopf und Kipphebelgehäuse waren ein einziges Graugußteil. Dadurch unterschied sich das Erscheinungsbild des Motoroberteils von dem der zivilen 3H. Anstelle der Kipphebelböcke zogen sich zwei Stößelstangenrohre bis zum Kopf hinauf, und an der Seite der Zylinderkopfhaube verschloß ein runder Deckel die Wartungsöffnung.

Ansonsten entsprach die ohv-Maschine den Grundsätzen der Seitenventilmodelle. Das Motorritzel hatte einen Zahn mehr als die 350-cm^3-Seitenventiler, sonst war aber die Übersetzung die gleiche. Wie bei Royal Enfield ist es schwer zu verstehen, worin denn der Nutzen liegen sollte, daß man zwei so ähnliche Maschinen verwendete, da der Leistungsvorsprung des ohv-Motors sich wohl kaum so gravierend auswirkte.

Die 3HW brachte jedoch gute Fahrleistungen und ging hauptsächlich an die Marine, die sie schätzte, während die 3SW zum Großteil bei der WRNS (Women Royal Navy Service = Weiblicher Marinehilfsdienst) eingesetzt war. Auf diese Weise wurde das Problem der Ersatzteilversorgung entschärft, da diese eine Teilstreitkraft leicht beide Modelle verkraften konnte.

Auch nach dem »Coventry-Blitz«, der Zerbombung, gab Triumph die Idee einer militärischen Twin nicht auf und baute schließlich die 5TW, eine von Bert Hopwood konstruierte

Die 350 cm^3 Triumph 3TW sollte das Einheitsmotorrad der Streitkräfte werden; bis Coventry bombardiert wurde.

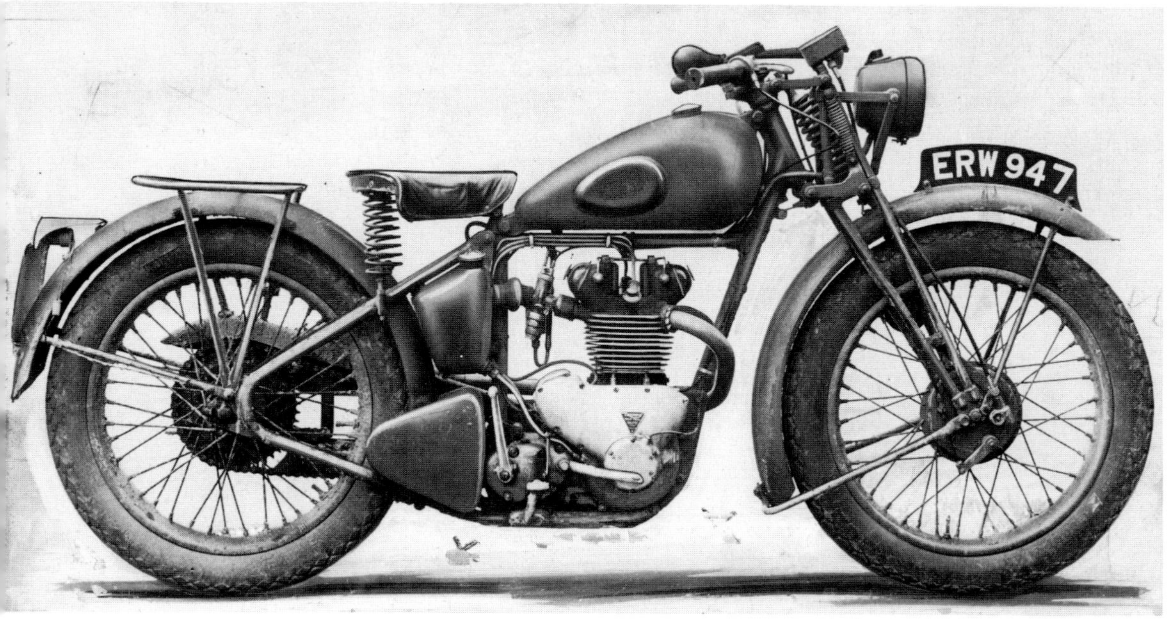

Links: Blockmotor der Einzylinder 3HW mit angegossener Zylinderkopfhaube und rundem Wartungsdeckel.

Der Motor der 3TW, von dem die Nachkriegs-Twin abgeleitet wurde. Zwei-in-eins-Auspuff, Luftfilter unter dem Sattel.

Reihenweise warten die eingezogenen Tiger 100-Maschinen auf ihren Einsatz. Das Finish ist schon militärisch, aber die Schalldämpfer sind noch die Megaphon-Ausführung von 1939.

Seitenventil-Twin mit 500 cm^3. Diese übernahm von der Speed Twin Kurbelwelle, Pleuel und Schwungscheibe, hatte aber die seitengesteuerten Ventile nebeneinander quer vor dem gußeisernen Block stehen. Eine einzige Nockenwelle hob sie über eine Reihe Stößel mit eingebautem Spielausgleich. Das Schließen besorgten doppelte Ventilfedern.

Nockenwelle und Kurbelwelle liefen beide in einem Triumph-Twin-typischen Kurbelgehäuse, das nur insoweit geändert war, als die – hintenliegende – Einlaßnockenwelle wegfiel. Anders war der Nockenwellenantrieb, der von der Kurbelwelle aus über Kette erfolgte, wobei dieser Antriebstrang auch gleich die Lichtmaschine einschloß, die hinten angebaut war. Ein Gleitschuh sorgte für Kettenspannung und die mit Motordrehzahl laufende Gleichstromlichtmaschine enthielt die Unterbrecherkontakte und die Zündverstellung für die hier verwendete Batteriezündung.

Auf dem Nockenwellenende trug eine Mutter einen seitlich versetzten Stift, der die im Steuergehäuse liegende Doppel-Tauchkolbenölpumpe antrieb, die das Trockensumpf-Schmiersystem versorgte. Der ganze Aufbau im Steuergehäuse entsprach dem der Ariel Square Four. Ein dreieckiger Deckel verschloß das Ganze.

Der Ventiltrieb wurde von einem Paar Stoßstangen-Schutzrohren umschlossen, und die Ausströmöffnungen führten von den Ecken des Motorblocks etwas schräg nach außen. In sie war ein Gewinde geschnitten, in das die Gewinderinge griffen, die die Auspuffrohre hielten. Diese wieder führten zu tiefgelegten Schalldämpfern auf beiden Seiten der Maschine.

Die Einlaßseite war etwas raffinierter gestaltet. Da der Vergaser (der von Amal kam) hinter dem Block saß, mußte der Frischgaskanal zwischen den Zylinderbohrungen durchgeführt werden, was zu einem stark elliptischen Querschnitt führte. Den Block krönte oben ein einteiliger gußeiserner Zylinderkopf, in dem die Verbrennungsräume über den Ventiltaschen eingearbeitet waren und der eine Verdichtung von 5:1 bewirkte.

Der Rest der Maschine war Triumph-Serie, ausgenommen die Vordergabel, die – zum erstenmal bei dieser Marke – Teleskopfederung aufwies. Ansonsten gehörten das normale Vierganggetriebe, ein starrer Rahmen und die üblichen Zutaten wie Sattel, Tank, Räder und Schutzbleche dazu.

Gebaut wurde davon nur eine einzige Maschine. Ihrem Konstrukteur zufolge war sie auch eher ein Politikum gewesen, mit dem man der Firma BSA eins auswischen wollte. Trotzdem war sie richtungweisend, und aus ihr wurde auch noch – als die Zeit reif war – eine in Serie gebaute Militärmaschine, aber erst nach dem Krieg.

Die konstruktive Auslegung tauchte 1946 wieder auf, als Antwort auf das jüngere Lastenheft des Ministeriums, es schien auf den ersten Blick bis ins Kleinste die gleiche Maschine zu sein. Jedoch obwohl der Motor immer noch 500 cm^3 und Seitenventile besaß, war die Kurbelwelle nach dem Prinzip der 3TW gebaut, mit fliegend gelagerten Kurbelzapfen, die in eine Mittenschwungscheibe geklemmt wurden. Die Nockenwelle lag immer noch quer vorn im Kurbelgehäuse, wurde jetzt aber zahnradgetrieben, wobei ein massives Zwischenrad die Zahnräder von Kurbelwelle, Nockenwelle und Magnet verband. Die Zündung erfolgte also wieder in der klassischen Weise und wie immer wurde die Ölpumpe vom Nockenwellenende angetrieben.

Es wurden Ventilausheber eingebaut, und die Ausströmöffnungen des Blocks waren noch wesentlich stärker nach unten geneigt als vorher. Die beiden Auspuffrohre wurden einfach in diese Öffnungen eingeschoben. Sie mündeten in einem Sammeltopf, der wie die Geldtasche eines Schaffners vor dem Kurbelgehäuse hing. Von diesem führte rechts unten

Die 5TW mit 500 cm^3-Seitenventil-Twin-Motor; das erste Mal, daß eine Triumph mit einer Teleskopgabel erscheint.

ein einzelnes Rohr zum Schalldämpfer. Die Einlaßseite blieb unverändert: Ein Amal-Vergaser lieferte das Gemisch über einen Tunnel, der durch den Block führte.

Um das Gewicht niedrig zu halten, waren Zylinder und Block aus Leichtmetall. Es gab keine Gleichstrom-, sondern eine Wechselstrom-Lichtmaschine, die auf dem linken Kurbelwellenende in einer Ausbuchtung des gegossenen Leichtmetallkettenkastens lief. Drinnen trieb eine Duplexkette die Kupplung und das Dreiganggetriebe an, das als eigene Baugruppe an die Rückseite des Motors geschraubt war. Ein Gleitschuh-Kettenspanner sorgte für

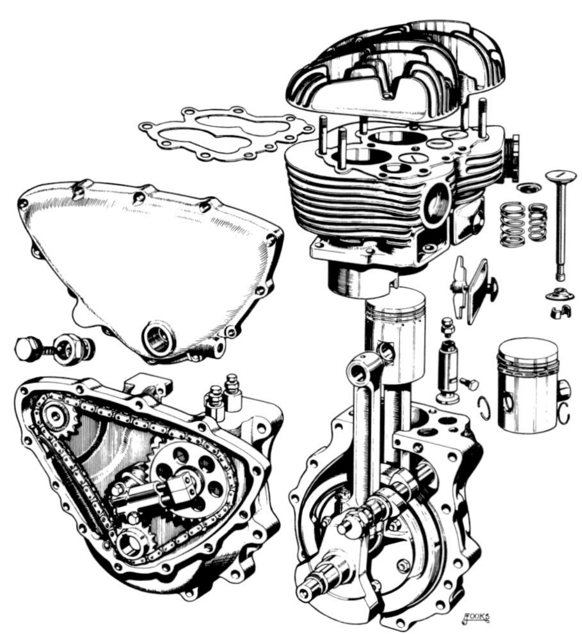

Der Motor der 5TW. Zu erkennen ist neben anderen Einzelheiten der Kettenantrieb der Nockenwelle.

Rechts: Der Motor der TWR mit seinem eigenartigen Vorschalldämpfer, der im Gelände kaum lange überlebt hätte.

Links: Die Antriebsseite des TWR-Prototyps zeigt die voll gekapselte Hinterradkette.

die richtige Spannung der Primärkette, und 1948 wurde der erste Prototyp mit einem Viergang-Radsatz versehen, während der zweite bei drei Gängen blieb.

Die Hinterradkette war voll gekapselt. Jedes Trum umschloß ein Rubberoid-Schlauch, der das Getriebe samt Primärantriebskettenkasten mit einem geteilten Gehäuse verband, in dem das Antriebszahnrad am Hinterrad untergebracht war.

Der Blockmotor hing in einem geschlossenen Rahmen mit Teleskopgabel. Der Kraftstofftank fungierte wie bei der 350-cm^3-Twin gleichzeitig als Rahmenstrebe; ein Luftfilter saß dem Öltank gegenüber. Dank der großzügigen Verwendung von Leichtmetall lag das Gewicht bei beachtlichen 280 lb (125 kg) und damit gut unter der vom Ministerium festgesetzten Grenze.

Im Laufe des darauffolgenden Jahres durchlief die Triumph eine ganze Reihe von Tests und wurde dabei auch in verschiedenen Varianten hinsichtlich der Ausschreibungsvorgaben untersucht. Beispielsweise änderte sich der Reifenquerschnitt von den normalen 3,25 Zoll bis zu dicken 5 Zoll, und auch andere Vergaser wurden erprobt.

Alles in allem stellte die Maschine genau das dar, was die Streitkräfte brauchten. Mittlerweile war aber der Krieg vorbei, und den Militärs standen Motorräder, die sie loswerden sollten, bis zum Hals. Auf keinen Fall wollte jemand den Ankauf eines neuen und ziemlich teuren Modelles billigen, solange Tausende von Maschinen auf Halde lagen und auf Käufer warteten. Also wurde weiter getestet, um das Projekt am Leben zu halten, und nach und nach verfiel das Modell der friedensmäßigen ministeriellen Verschleppungsstrategie.

Zur Kosteneinsparung wurde der Entwurf dahingehend geändert, daß so viele Teile wie möglich den Fließbändern entnommen werden konnten, und in unzähligen Besprechungen entstand endlich das Lastenheft der Nachkriegsmilitärmaschine, der Triumph TRW. Selbst dann blieben die Bestellungen spärlich, aber sie gingen von britischen und von Übersee-Streitkräften ein, und als 1964 der Bau der Maschine eingestellt wurde, waren rund 5 700 Stück vom Band gelaufen.

Die TRW verwendete den Motor des Entwurfs von 1946 mit nur geringen fertigungsbedingten Änderungen. Er blieb ein Ganzleichtmetalltriebwerk, aber mit getrenntem Triumph-

Der TRW-Serienmotor nutzte die Erfahrungen, die man mit Militär- und Ziviltriebwerken gesammelt hatte.

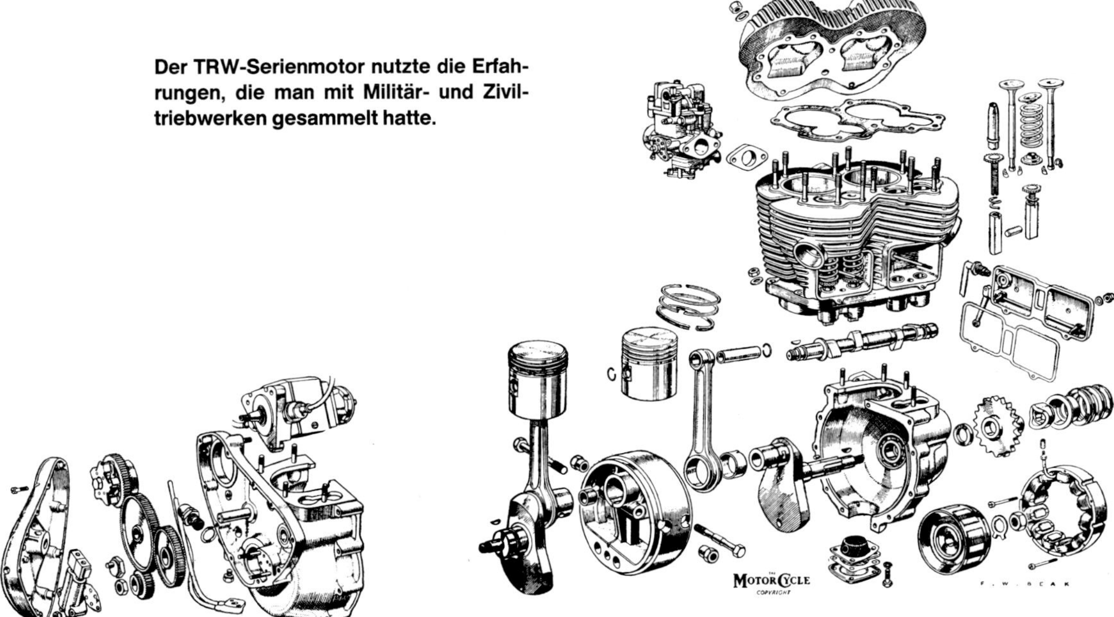

Serien-Vierganggetriebe, und erhielt einen Solex-Vergaser. Die Auspuffrohre vereinigten sich immer noch auf der rechten Seite, jetzt aber ohne den sonderbaren Vorschalldämpfer vor dem Kurbelgehäuse.

Die Bordelektrik wurde geändert: Wechselstromlichtmaschine – am früheren Platz des Zündmagneten saß ein Verteiler – und Batteriezündung. Das war einfach und ermöglichte einen Behelfsstart; denn die Maschine konnte auch ohne Batterie fahren, den Beleuchtungsstrom lieferte der Generator direkt. Aus der Sicht der Streitkräfte war zu diesem Zeitpunkt der Zündmagnet als überholt und zudem als Quelle möglicher Reparaturprobleme anzusehen.

Die für die TRW ausgewählten Fahrwerkteile entlehnte man bei der TR5, dem Trophy-Modell der Firma. Diese für den Wettbewerb ausgelegte Maschine wies den Rahmen, die Gabel und die Räder auf, die am besten in ein Modell paßten, das mindestens gelegentlich im Gelände fahren sollte, und war daher eine gute Ausgangsbasis. An die daraus entstandene Maschine wurden dann Packtaschenträger und weiteres Armeezubehör angebaut. Insgesamt war es eine erfolgreiche Maschine bis nach 1960, als sie durch ein Triumph ohv-Modell ersetzt wurde, das von dem Blockmotor-Modell abgeleitet war.

Während des Kriegs war der Triumph-Twin-Motor auch noch in anderen Bereichen eingesetzt. Die wichtigste Aufgabe war, einen tragbaren Generator für die RAF anzutreiben. Die vollständige Anlage mußte so leicht sein, daß zwei Mann sie tragen konnten. Sie schleppten ihn aus dem Hangar zum Flugzeug, wo er gestartet wurde und dann den Strom für das Anlassen der Flugtriebwerke lieferte.

Auf den ersten Blick schien der für diesen Zweck ausgewählte Motor ein serienmäßiger Speed Twin zu sein, in Wirklichkeit paßten nur wenige Teile des Motorrades in das Generatortriebwerk. Als erste Änderung wurde der Zylinderkopf umgedreht, so daß die Nockenwellen jetzt die entgegengesetzten Ventile öffneten und der Magnet von der Auslaßnockenwelle angetrieben wurde.

Was Nachkriegsfahrer am meisten interessieren wird, sind der hier montierte Zylinder samt -Kopf, die aus einer Silizium-Aluminium-Legierung gegossen waren und eiserne Einsätze erhielten. Im Kopf bestanden sie aus Gußeisen mit großem Ausdehnungskoeffizienten und bildeten Ventilsitze und Kerzengewindebuchsen. Im Zylinderblock steckten Laufbuchsen mit angegossenen Nasen zur Aufnahme der Zylinderkopfschrauben.

Um die Montage zu erleichtern, zeigten beide Gasöffnungen – Einlaß wie Auslaß – senkrecht vom Kopf weg. Kopf und Block waren beide quaderförmig gegossen und normal verrippt. Mit dieser Form paßten sie sich einer Haube an, die am Zylinderblock auf jeder Seite von je zwei Schrauben gehalten wurde, die in kleinen angegossenen Gewindebuchsen saßen, was zum Kennzeichen der Nachkriegsmotoren werden sollte. Die Verkleidung des Kopfs war mit Muttern an der Befestigung der Zylinderkopfhaube festgemacht.

Diese Haube umschloß ferner einen Lüfter aus einer Magnesiumlegierung, der auf der Kurbelwelle außerhalb des Steuergehäuses saß. In der Mitte trug er einen Mitnehmer für die Andrehkurbel, die normalerweise zum Starten benutzt wurde. Der Lüfter setzte etwa 11 m^3 Luft in der Minute bei seiner normalen Arbeitsdrehzahl von 4 000 min^{-1} durch, wovon mehr als die Hälfte über den Motor geleitet wurde. Der Rest ging an die Gleichstromlichtmaschine, wo er durch Belüftungsöffnungen zwischen Läufer und Wicklungen geführt wurde.

Zur Erhöhung der Kühlleistung wurde eine Ölpumpe eingebaut, deren Durchsatz fast das Doppelte der Pumpe beim Motorrad betrug, wobei das Rücklauföl auf seinem Weg zum Tank noch ein Vokes-Filter passierte; eine Einrichtung, die nach dem Kriege beim Grand-Prix-Modell anzutreffen war. Das Öl selbst wurde dadurch gekühlt, daß der Öltank das Unterteil des Kraftstofftanks darstellte, mit einem Fassungsvermögen von 5 pint (2,8 l) bzw. 3 Gallonen (13,6 l).

Auslaßseitig vereinigten sich die beiden Rohre in eines und mündeten in einem rohrförmigen Schalldämpfer, der sich längs des Aggregates erstreckte. Der Einlaß war etwas komplizierter, da er einen Regler einschloß, der nach Art der Motorradlichtmaschine von der Einlaßnockenwelle angetrieben wurde. Der Regler verwendete Kugellagerkugeln, die als Fliehgewichte gegen die Rückholkraft einer Regelfeder arbeiteten, um die vorgegebene Drehzahl in engen Grenzen einzuhalten. Im Gasgestänge war noch ein Dämpfer eingebaut, der mit der Drosselklappe des Steigstrom-Zenith-Vergasers verbunden war. Letzterer lieferte beiden Zylindern das Gemisch, für dessen Sauberkeit ein Vokes-Luftfilter sorgte.

Zwischen Motor und Generator war eine elastische Kupplung zwischengeschaltet und in diese ein Ratschenmechanismus samt Klinkenrad integriert. Diese konnten zusammen mit

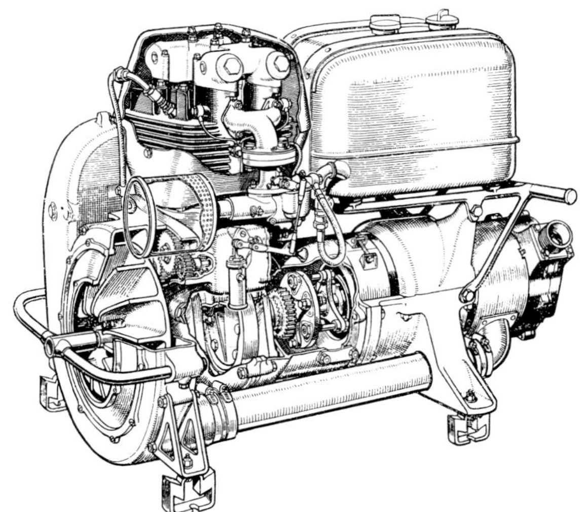

Der Triumph-Generator, dessen Zylinder samt -Kopf zu den Nachkriegsmodellen GP und TR5 führten.

einem Kickstarter – und dessen bei Bedarf rasch angeschraubter Halterung – ebenfalls zum Anlassen benutzt werden.

Das vollständige Aggregat hatte 805 mm Länge, 627 mm Breite und 462 mm Höhe. Es wog 80 kg trocken, weshalb es mit Kraftstoff und Öl für zwei Mann ein ganz schönes Gewicht darstellte, um es überhaupt von der Stelle zu bewegen; selbst wenn ihnen der Werkstattfeldwebel dabei Beine machte. Meist wurde es daher auf einem Zweiradanhänger verlastet, gemeinsam mit Schaltgeräten und Kabeln für den Anschluß ans Flugzeug.

Einige wurden auch in ganz ummantelter Ausführung gebaut. Sie wurden an Bord von Flugzeugen zur Stromversorgung eingesetzt. Auch hier war wieder das geringe Gewicht von Vorteil, und nach dem Krieg wurden die Leichtmetallgußteile der oberen Hälfte für die Trophy- und die Grand-Prix-Modelle verwendet. Letztere blieben gegenüber dem Prototyp – der den GP von Manx gewann – unverändert, aber die TR5 bekam später den Druckguß-zylinder und -kopf, der auch für die Tiger 100 verwendet wurde.

Die Aggregate konnte man bei der RAF noch in den fünfziger Jahren sehen, doch traute ihnen mittlerweile das Werkstattpersonal nicht mehr. Im Gegensatz zu den normalen, niedrigtourigen stationären Motoren, die eingeführt waren, besaß dieser Generator Pfeffer. Er ging hoch, als ob er es ernst meine und wenn der Gashebel nur angetippt wurde, drehte er sofort so hoch, daß der Unteroffizier angerannt kam, um ihn abzustellen.

Gleich nach dem Krieg waren die 3HW-Militär-Triumph sehr beliebt; denn es gab Ersatzteile in Hülle und Fülle, die Maschine war stark gebaut und der Motor ein dankbares Frisierobjekt. Viele wurden auf die Schnelle für Wettbewerbe hergerichtet und zeigten sich etliche Jahre lang erfolgreich, bis dann speziell gebaute Wettbewerbsmaschinen auftauchten.

Velocette

Der Gedanke, die Velocette-Kupplung mit ihrem eigenartigen Aufbau und den ganzen Mythen und Sagen, die sich um ihre Einstellung ranken, den Händen von Soldaten anzuvertrauen, ist geeignet, jeden Liebhaber dieses Fabrikates schaudern zu lassen. Als ob das nicht schon genug wäre, kam auch noch die erste Bestellung von den Franzosen, so daß das gesamte Ritual für die Bedienungsanleitung übersetzt werden mußte.

Man könnte es für einen Akt der Vorsehung halten, daß das erste Los auf dem Weg nach Frankreich verloren ging und daß, bevor noch irgendwelche weiteren Maschinen fertiggestellt waren, dieses Land gefallen war und die Motorradfertigung in Hall Green eine Zeitlang eingestellt wurde. Abgesehen von der Kupplung wies die Einzylinder-Velocette nämlich noch andere Eigentümlichkeiten auf, die ihre Besitzer mit Freude, alle anderen Fahrer aber mit tiefem Mißtrauen erfüllten.

Bei Ausbruch des Krieges hatte Velocette gerade mit der Produktion seiner 1940er Modelle begonnen, wurde aber bald auf Heereslieferungen umgestellt; in der Hauptsache für Präzisionsteile. Etwas weniger Können velangte ein Auftrag, Stahlhelme zu lackieren. Vom War Office kam keine Bestellung von Motorrädern, aber eben von den Franzosen über 1 200 Stück.

Das Velocette MDD-Modell, wie es in den ersten Kriegsjahren gebaut wurde. Es beruhte auf der MAC.

Als die erste Sendung verloren und die Franzosen als Besteller ausgefallen waren, wandte sich die Firma an die englischen Behörden, damit diese den Löwenanteil der Maschinen übernehmen sollten. Es dauerte einige Zeit, bevor das auch geschah, und man war sich darin einig, daß ein Bedarf an weiteren Maschinen nicht bestünde. Später änderte sich die Situation und die Firma wurde – obzwar sie mittlerweile mit der Produktion von Rüstungsmaterial völlig ausgelastet war – aufgefordert, weitere Motorräder zu bauen.

Diese waren im Grunde wieder das gleiche Modell, doch bevor man die Fertigung aufnahm, nutzte man die Gelegenheit, einige Änderungen vorzunehmen, die den Gebrauchswert der Maschine für den Einsatz bei den Streitkräften erhöhten. Der Ausstoß war verglichen mit anderen Motorradherstellern nur gering und belief sich auf etwa 20 Maschinen wöchentlich. Insgesamt produzierte die Firma im Verlauf des Krieges etwa 5 000 Motorräder. Gegen Kriegsende wurde die Fertigung eingestellt, obgleich eine Zeitlang noch Ersatzteile benötigt wurden, und dann wurde die Gesellschaft an der Grundüberholung von Maschinen des War Department beteiligt.

Die Kriegsmotorräder waren alle vom Vorkriegsmodell MAC abgeleitet, mit einem Einzylindermotor von 68 × 96 mm und 349 cm^3 mit hochgelegter Nockenwelle. Die Bauform war Velocette-typisch: Ein recht schmales Kurbelgehäuse zog sich bis weit über den Zylinderhals und enthielt rechts das Steuergehäuse. Die Nockenwelle wurde von der Kurbelwelle über ein Zwischenzahnrad angetrieben und trieb ihrerseits den Zündmagnet an. Über den Nocken lagen ein Paar Schlepphebel und diese bewegten die Stößelstangen, die beide von einem einzigen Schutzrohr umschlossen waren, das bis zu der Leichtmetall-Zylinderkopfhaube reichte, die den Ventiltrieb umschloß. Die Ventile wurden von Schraubenfedern geschlossen.

Zylinder und Kopf bestanden beide aus Gußeisen und wurden mit Stehbolzen auf dem Gehäuse befestigt. Im Unterteil rotierte eine gebaute Kurbelwelle mit käfiggeführtem Pleuel-

Links: Die Antriebsseite der späteren Velocette MAF, mit geänderten Rahmen, Bremspedal und Fußraste.

Rechts: Die Steuerseite der MAF zeigt das Schaltgestänge und den eingeklappten Kickstarthebel.

rollenlager. Der Antrieb der Ölpumpe kam über Zahnräder vom rechten Kurbelwellenende. Sie lag unter dem Steuerkasten, den ein Deckel abschloß, der normalerweise in Leichtmetall gegossen wurde; als dieses im Verlaufe des Krieges knapp wurde, aber auch in Gußeisen.

Der Standmagnet war hinter dem Zylinder versteckt und dafür die Gleichstromlichtmaschine vorn auf das Kurbelgehäuse aufgesetzt, ein Keilriemen trieb sie vom linken Ende der Kurbelwelle aus an. Binnenbords der Riemenscheibe steckte nahe der Kurbelgehäusewandung das Motorritzel, das die Kupplung über eine Kette in einem Blechpreßgehäuse antrieb. Zu dem schmalen Kurbelgehäuse paßte die auf der Innenseite des Kettenritzels montierte Kupplung, und aus dieser Anordnung ergaben sich Aufbau und Anordnung der Ausrückvorrichtung, die das Ganze so besonders machten. Das Getriebe selbst war eine ganz normale fußgeschaltete Viergangkonzeption, deren einzige Besonderheiten darin lagen, daß die Gänge alle nach oben geschaltet wurden und daß – im Gegensatz zur englischen Praxis – die Antriebsenergie über die Hauptwelle in das Getriebe floß und der Ausgang in der Antriebswelle lag.

Das erste Los, das ursprünglich für die Franzosen bestimmt gewesen war, erhielt die Typbezeichnung MDD. Es verwendete Serienrahmen und -gabel und erhielt zusätzlich lediglich eine unter dem Kurbelgehäuse angeschraubte Schutzplatte. Weitere Änderungen waren eine kürzere Gesamtübersetzung – wobei der erste Gang noch zusätzlich niedriger übersetzt wurde –, eine stärkere Kupplung und niedrigere Verdichtung, die der minderwertigen Qualität des zur Verfügung stehenden Kraftstoffs entsprach.

Das Folgemodell war die MAF, eine passende Nomenklatur, wie sich herausstellte, da die RAF etliche dieser Maschinen erhielt. Das Motorrad war inzwischen weiter geändert worden, dabei hatten auch Schalthebel und Getriebe eine wesentlich geschicktere Verbindung erhalten, durch die die Gangfolge jetzt nach unten geschaltet wurde. Damit hatte die Maschine mit den übrigen Fabrikaten gleichgezogen, die bei den Streitkräften eingesetzt

Eine Serien-Velocette, die in Australien von Kurierfahrerinnen des „National Emergency Service", des nationalen Notdienstes, gefahren wird.

waren, und unzählige Vorgelegewellen wurden vor vorzeitigem Ende bewahrt, die sonst, wenn der Fahrer auf gewohnte Weise »falsch« schaltete, brachen.

Zur Einsparung von Leichtmetall wurde der Getriebeenddeckel außer einigen Kleinteilen in Eisen gegossen. Der Kickstarthebel wurde umkonstruiert: Anstelle des Klappedals wurden die jetzt einteilige Kurbel samt Hebel weggeschwenkt. Sie drehten sich in einer massiven Buchse auf der Welle und neigten so weniger zum Klappern.

Der Rahmen erhielt als Neuerung einen kräftigen Unterzug unter dem Kurbelgehäuse, der sich weit nach hinten erstreckte und dem Boden eine glatte Berührungsfläche bot. An den hinteren Holmen der Gabel wurden Gummi-Anschlagpuffer so angebracht, daß beim vollen Einfedern das untere Querhaupt anschlug. Bei dieser Überarbeitung des Rahmens wurde gleich die Gelegenheit genutzt, dem Fußhebel für die Hinterradbremse seine eigene Anlenkung zu geben und ihn gut geschützt innerhalb der Fußraste zu verbergen.

Beim Serienmodell war die Klemmschraube zur Aufnahme des Bremsgegenmoments am Hinterrad ein stark beanspruchtes Bauteil gewesen, das man unbedingt fest angezogen halten mußte. An ihre Stelle trat daher eine Bremsmomentstütze, die sich von der Unterkante der Ankerplatte bis zum Aufnahmeblock für die Mittelständerbefestigung erstreckte. Dieser Ständer war kurz aber wirksam und ergänzte Vorder- und Hinterradständer, wobei letzterer von einem Federbügel gehalten wurde.

Die Hinterradkette war oben und unten gut gekapselt, und im übrigen war die Maschine mit dem üblichen Armeezubehör versehen: Packtaschen, Gepäckträger hinten, gelegentlich Beifahrersitz und Scheinwerferblende. Der Auspuff war nach Velocette-Maßstäben eine dürftige Angelegenheit, da er rund war (statt wie gewohnt flach), aber wenigstens behielt er das traditionelle Fischschwanzende.

Alles in allem war dies ein Motorrad, das die Glücklichen, die eines fahren durften, sehr hoch einschätzten, aber es gab ihrer, verglichen mit BSA oder Norton, nur sehr wenige. Davon überlebten wiederum nur eine geringe Anzahl, einige von denen, die zur Grundüberholung in das Werk zurückkehrten. Im Zuge dieser Wiedergeburt verloren sie ihre Identität als MAF und tauchten als MAC wieder auf, in den normalen Velocette-Farben Schwarz und Gold. So wurden die Reihen der MAF-Maschinen noch weiter gelichtet, was sie zu einem seltenen Modell machte.

Welbike

Von allen Maschinen, die die Luftlandetruppen benutzten, war das Welbike die am stärksten spezialisierte Konstruktion, da eine der Auflagen war, daß es in einen zylindrischen Behälter von nicht mehr als 15 Zoll (38 cm) Durchmesser hineinpassen müsse. Dieser wurde dann mit dem Fallschirm abgeworfen, und das Krad mußte sofort einsatzbereit dem Packgefäß entnommen werden können.

Lieutenant-Colonel (Oberstleutnant) J.R.V. Dolphin löste das Problem, indem er ein geeignetes Modell entwarf, mit kleinen Rädern und in vielen Teilen abklappbar, damit es in den Behälter passen konnte. Ausgesprochen winzige Räder wären auf den Trampelpfaden und Feldwegen in Frontnähe keine so gute Idee gewesen, daher wurde der größte sinnvolle Reifen gewählt, der noch in den verfügbaren Raum paßte, und der verlieh der Maschine dann auch einen brauchbaren Rollhalbmesser.

Der Name des Modells stammte von der Heimatstadt des Konstrukteurs, Welwyn und von bike (Zweirad). Die Maschine war wirklich auf das absolut Unerläßliche beschränkt. Sie war ausschließlich für kurzen Gebrauch gedacht, nachdem sie entbehrlich wurde. Bequemlichkeit spielte daher überhaupt keine Rolle, insbesondere, da sie nur von austrainierten, jungen Männern aus Fallschirm- oder Kampftruppen-Regimentern benutzt werden sollte, die sportlich fit waren. Von ihnen glaubte man voraussetzen zu können, daß sie zäh wären und sich mit der elementaren Natur dieses Zweirades abfinden würden.

Passend zum niedrigen Bau der Maschine brauchte man einen Motor mit liegendem Zylinder und den fand man im Villiers »Junior De Luxe«-Triebwerk, das gewählt wurde, weil es sowohl passend wie auch verfügbar war. Es war ein einfacher Zweitakter mit 98 cm^3 bei 50 mm Bohrung und Hub, der gleich noch Kupplung und Untersetzungsgetriebe enthielt.

Die Bauweise des Motors war sehr einfach. Eine fliegend gelagerte Kurbelwelle lief in einem Kurbelgehäuse, das sich nach rückwärts als Kupplungsgehäuse verlängerte. Es nahm das eine Hauptlager auf und sein Deckel das andere. Zwischen ihnen war das Antriebskettenritzel aufgekeilt, außerhalb des Deckels lief ein Schwungmagnetzünder.

Das Pleuel lief mit Rollen auf dem Hubzapfen der Kurbelwelle und trug einen Flachkolben, der in einem gußeisernen Zylinder lief. Dieser besaß an den Seiten doppelte Auslaßschlitze, an die sich Leichtmetallguß-Krümmer anschlossen, die die Abgase nach unten in einen Leichtmetallschalldämpfer unterhalb des Triebwerks leiteten. Der Vergaser saß links auf dem Einlaßstutzen.

Welbike 1944 auf einem Flugplatz in Bengalen. Für solche Aufgaben war es ideal.

Der Zylinderkopf bestand aus Leichtmetall und war so auf dem Zylinder angeordnet, daß die Kerze nach rechts ragte, als Gegenstück der Dekompressor nach links. Den Kopf hielten Schrauben und den Zylinderfuß Muttern. Letzterer erstreckte sich bis ins Kurbelgehäuse, wobei ein rechts angeschraubter Deckel die Kurbelkammer gasdicht abschloß.

Hinter dem eigentlichen Kurbelgehäuse lief eine Welle quer durch das Triebwerk, die die Kupplung trug. Diese wurde von einer Kette angetrieben, durch einen links befestigten Ausrückhebel getrennt und trieb das Kettenradritzel, das links auf diese Welle aufgekeilt war.

Der Rahmen bestand aus vier Rohren, die sich jeweils paarweise oben und unten am Motor entlangzogen und an Lenkkopf und Hinterachse vereinten, um diese Teile zu tragen. Vorn wurde eine Fahrradgabel als ausreichend erachtet, die das nackte Vorderrad trug. Im Hinterrad saß dagegen eine Trommelbremse, die rechts von einem Fußpedal betätigt wurde. Abgesehen vom Abspringen war das die einzige Möglichkeit für den Fahrer, anzuhalten. Die Reifendimension war 12,5 × 2,5 Zoll.

Der Lenker klappte nach unten, die Fußrasten nach oben, während die Sitzträgersäule in einem mit dem Rahmen verschweißten Rohr verschwand. Zu beiden Seiten des Rahmens war vor dem Motor je ein Satteltank angeschraubt. Da deren Auslauf unter dem Niveau des Schwimmergehäuses lag, mußten sie unter Überdruck gesetzt werden, damit der Kraftstoff zum Motor gelangte. Das erfolgte mittels einer Handpumpe, die zwischen dem linken Tank und dem freiliegenden Schwungmagnetzünder saß.

Bei der Landung wurden die Behälterverschlüsse aufgeschlagen und die Maschine herausgehoben. Die Fußrasten fielen herunter und der Sitz wurde hochgezogen und verriegelt. Die Lenkgriffe klappten nach oben und wurden von Rändelmuttern festgehalten. Der Tank wurde aufgepumpt, der Vergaser geflutet. Jetzt den Dekompressor ziehen und strampeln – und schon gingen Mann und Waffe ab.

Das Welbike wurde von der Motorradfirma Excelsior gebaut und dadurch entstand nach dem Krieg einige Verwirrung, als das Modell Corgi herauskam. Dieses war eine Zivilausführung des Welbike und verwendete anstelle des Villiers-Triebwerkes der Kriegsjahre einen Excelsior Spryt-Motor. Es wurde aber nicht von der Firma in Tyseley gebaut. Das Corgi wurde vielmehr bei Brockhouse in Southport gefertigt, wo auch der Motor in Lizenz nachgebaut wurde.

Links oben: Das Welbike in seinem Abwurfbehälter, passend zusammengeklappt.

Links unten: Auf der rechten Seite der Maschine sieht man den Motor, den Schalldämpfer und die einzige Bremse.

Im Verlauf des Krieges wurde das Welbike in zwei Versionen gebaut: Serie 1 und 2; die Unterschiede waren aber nur minimal. Die erste Serie zählte etwa 1 200 Maschinen, während die zweite sogar über 10 000 umfaßt haben soll, von denen nach dem Krieg 8 000 verkauft wurden. Man behauptet, daß das Riesenkaufhaus Macy's in New York sie bekommen hat, vielleicht die kleinste Maschine für »das größte Kaufhaus« (Macy's Werbespruch), jedenfalls blieb es als Corgi noch bis 1954 in Produktion.

6. Frankreich – sechs oder mehr Hersteller

England und Frankreich waren vereint, um gemeinsam an Deutschland das (vergebliche) Ultimatum zu richten, sich aus Polen zurückzuziehen.

Sie zogen gemeinsam in den Krieg; schon in den ersten Wochen wurden britische Soldaten nach Frankreich verlegt.

Dieser Status quo blieb in den letzten Wochen des Jahres 1939 und in den ersten Monaten von 1940 erhalten. Dann wurden im April Norwegen und Dänemark von Deutschland besetzt, gefolgt von dem blitzartigen Vorstoß durch die Niederlande und nach Frankreich hinein. Der Juni brachte die Evakuierung von Dünkirchen, den Eintritt Italiens an der Seite Deutschlands in den Krieg und einen Waffenstillstand in Frankreich.

Dessen Bedingungen spalteten Frankreich in zwei Teile und ließen das nichtbesetzte Gebiet unter der Vichy-Regierung, zur Verzweiflung der Freien Französischen Truppen und aller französischer Patrioten. Das besetzte Gebiet wurde zu Arbeiten für die deutsche Kriegsmaschine eingespannt, und während der nächsten zwei Jahre wurden französische

Französische Terrot-Maschinen in Linie aufgefahren. Sie gehören zu einer polnischen Brigade, die von Syrien bis Palästina fuhr, um sich den britischen Truppen anzuschließen.

Facharbeiter angeworben, in deutsche Fabriken zu gehen. Das Ergebnis war nicht ermutigend. Ende 1942 wurde dann der Rest des Landes besetzt, obwohl dies auf den Lauf der Dinge kaum Einfluß hatte.

Genauso stand es bei den Motorrädern, wo die Maschinen der französischen Armee von der Wehrmacht übernommen und eingesetzt wurden.

Ende der dreißiger Jahre baute die französische Motorradindustrie eine Fülle verschiedener Modelle für den eigenen Markt, von denen kaum eines exportiert wurde. Darunter befanden sich Zweitakter von 100 bis 250 cm³ und Viertakter bis zu einem Liter Hubraum, von denen die größeren Zweizylinder in V- oder Boxerbauweise waren. Die Ventile standen entweder seitlich oder hingen im Kopf, und obwohl viele Maschinen in englischer Bauweise konzipiert waren, besaßen sie fast alle das gallische »gewisse Etwas«.

Eine Reihe von Gebrauchsmotorrädern wurde in der französischen Armee für den Alltagsdienst benutzt. Hier tauchten die Markennamen Terrot, Motobécane, Peugeot und Monet et Goyon auf. Bekannter waren die Gespanne von Gnôme et Rhone und René Gillet.

Das Modell von Gnôme et Rhone hatte als Ahnen zwei Boxermaschinen des Modelljahres 1938, einen Hubraum von 500 bzw. 750 cm³ und hängende Ventile. Für die Streitkräfte baute die Firma die »750 Armée«, die kräftiger dimensioniert war und von einem 804-cm³-Seitenventil-Boxermotor angetrieben wurde, der mit einem Vierganggetriebe gekuppelt war und über Kardanwellen Hinter- und Beiwagenrad antrieb.

Der Motoraufbau folgte den bewährten Grundsätzen mit der Nockenwelle über der Kurbelwelle und darüber die Elektrik. Die Schmierung arbeitete mit Naßsumpf, Einlaß- wie Auslaßseite entsprachen der damaligen Zeit. Das Getriebe wurde über eine Fußwippe rechts geschaltet, die mit dem Schaltautomaten auf dem Getriebegehäuse verbunden war. Die Antriebswelle zum Hinterrad lief frei auf der rechten Seite, während der quer zur Fahrtrichtung wirkende Kickstarter links angeordnet war.

Der Rahmen war aus Stahlblechteilen zusammengesetzt, wie es bei Gnôme et Rhone üblich war, wobei der Kraftstofftank zwischen den oberen Rahmenstreben hing. Hinten gingen die beiden Seitenteile in runde Flächen über, an deren rechte das Kegelradgetriebe geschraubt war. Die Vorderradgabel war aus Stahlblech gepreßt und über Gummizugbänder gefedert. Beide Räder enthielten Bremstrommeln von beträchtlichem Durchmesser.

Für den Fahrer war ein Sattel vorgesehen und dahinter saß auf dem Schutzblech ein Gepäckträger. Auf beiden Seiten waren Packtaschen montiert, die sich der Linienführung von Schutzblech und -streben anpaßten. Der Scheinwerfer ragte weit vor die Gabel, so daß er kaum vor Beschädigung geschützt war. Der Tachometer saß vorn im Tank und dahinter der Einfüll-Verschluß. Die Lenkerenden waren lang und weit zurückgezogen. Trittbretter und Fußrasten erlaubten dem Fahrer, die Fußhaltung zu verändern und dadurch die Füße zu entspannen.

Der Seitenwagen, der an die AX2 – wie dieser Boxertyp hieß – angebaut wurde, war ein Einsitzer mit einem Ersatzrad am Heck. Eine Windschutzscheibe gab es nicht, aber Spritzdecke und Türverkleidung boten dem Passagier etwas Schutz vor der Witterung. Die Beiwagenfahrgestelle waren unterschiedlich, wobei die stärker dimensionierten für Anhängelasten gedacht waren. Die Aufbauten unterschieden sich ebenfalls hinsichtlich Anbaudetails, da einige Maschinengewehre samt Munitionskästen beförderten, andere Handgranaten oder Kraftstoff oder sonstige Nachschubgüter.

Das französische Heer benutzte auch die René-Gillet-Zweizylinder V-Maschinen mit 750 und 1 000 cm³, um Soldaten und Beiwagen zu befördern. Sie waren von konventioneller

Gnôme et Rhône-Boxermaschinen, die als Solokrad oder als Gespann verwendet wurden, im Mai 1940.

Gespanne, die Gnôme et Rhone hergestellt und die die Wehrmacht verwendet hatte, wurden 1944 wieder „befreit". Die Zensur hat alle taktischen Zeichen, die auf die Einheit hinweisen, übermalt.

Bauweise mit querstehenden Seitenventilmotoren und reinrassigem Kettenantrieb, den hinten ein Getriebe mit Winkeltrieb ermöglichte. Der starre Rahmen bestand aus Rohren, und die Vordergabel arbeitete mit einer kurzen, geschobenen Schwinge, wie sie diese Firma gern verwendete. Sie bestand aus einer starren Rohrgittergabel, an die unten die Schwingen als Radträger angelenkt waren. Von der Schwingenvorderkante aus übertrug ein fahrradgabel-ähnliches Teil die Radbewegungen auf eine am oberen Querhaupt abgestützte Feder.

Viele Gespanne, sowohl der Marken Gnôme et Rhone als auch René Gillet, wurden von den Deutschen erbeutet, umgespritzt, mit neuen taktischen Zeichen versehen und dann von der Wehrmacht recht intensiv benutzt. Die Erfahrungen mit ihnen und mit den belgischen Gespannen flossen zum Teil in die hochspezialisierten deutschen überschweren Gespannmodelle ein.

7. Deutschland nicht nur mit Boxermotoren

Die deutsche Motorradindustrie wurde mit typisch deutscher Gründlichkeit organisiert.

Schon lange vor dem Ausbruch des Krieges mühten sich Regierung und Staatspartei, Deutschland wieder Weltgeltung zu verschaffen und seinen Anteil am Weltmarkt zu vergrößern. Riesige Summen wurden für Propaganda aller Art eingesetzt, einschließlich des Motorsports mit Automobilen und Motorrädern.

Tatsächlich richteten sich die Augen der Welt auf die Rennwagen von Mercedes-Benz und Auto Union, die alle Konkurrenten hinter sich ließen, und waren tief beeindruckt. Bei den Zweirädern entwickelte sich die Situation nicht ganz so günstig, trotz hochgezüchteter Konstruktionen. Dabei waren drei Marken beteiligt: BMW, DKW und NSU. Die erste Firma startete in der Halbliterklasse und bestritt 1938 eine äußerst erfolgreiche Rennsaison, war aber im folgenden Jahr weniger glücklich, als sie zwar die TT (Tourist Trophy) gewann, bei zahlreichen anderen Wettbewerben aber von Gilera geschlagen wurde.

Die Viertelliterklasse war die Domäne von DKW. Die aufgeladenen Zweitakter beherrschten Ende der dreißiger Jahre ihre Klasse und nur ganz selten konnten ihnen die Italiener Guzzi und Benelli den Rang ablaufen, ausgenommen bei der TT (die allerdings Ewald Kluge mit der Drehschieber-DKW 1938 als erster Deutscher gewinnen konnte!). Die 350-cm^3-Klasse war NSU zugeteilt worden, und hier lief die Sache schief. Die komplizierten Kompressor-Zweizylinder waren weder ausreichend standfest noch schnell genug, weshalb DKW den Auftrag erhielt, sich auch dieser Klasse anzunehmen. Die DKW konnte zwar 1938 Velocette nicht mehr einholen, zog aber im nächsten Jahr mit der englischen Marke im Verlauf der verkürzten Rennsaison gleich, so daß sie ihre Sache gut gemacht hatten.

Während die Propaganda in großem Stil ablief, wurde die deutsche Industrie im Interesse wirtschaftlicher Fertigung durchorganisiert. Im deutschen Reich sah man das Motorrad als wichtig an, da es höchst sparsamen Gebrauch von Material bei seiner Fertigung und Kraftstoff bei seinem Betrieb machte. Also wurden große Mengen kleinerer Maschinen gebaut und ihr Gebrauch gefördert. Dies verlieh dem Volk Beweglichkeit zu geringen Kosten. Dem Staate war dabei noch wichtiger, daß eine große Zahl von Menschen mit dem Fahren eines Motorrades und mit dessen Reparatur vertraut wurde.

Die deutsche Wehrmacht hatte das Kraftfahrzeug für den Transport von Menschen und Waffen an die Front entdeckt und konnte auf diesen Erfahrungsschatz zurückgreifen, als die Mobilmachung die Männer zu den Waffen rief.

Die Industrie wurde Ende 1938 durch Oberst (späteren General) Schell rationalisiert. Er erhielt dafür Vollmachten, wie sie nur in einem totalitären Staat möglich sind. Seine Aufgabe war, die Industrie zweckmäßig so neu zu gliedern, daß sie im Fall eines Krieges dem Land von höchstmöglichem Nutzen sein könne. Er beschnitt daher wohlüberlegt die Zahl der Fahrzeugtypen von Automobilen, Nutzfahrzeugen und auch Motorrädern. Aus 150 verschiedenen Motorradtypen wurden 30, die von neun Firmen gebaut wurden.

Die größte Einsparung erzielte man in bezug auf die Typenvielfalt der Einzelteile: Von 25 elektrischen Hörnern, 10 Nummernschildern, 20 Hilfspedalen und annähernd 60 verschiede-

Kradfahrer einer deutschen Sanitätseinheit fährt durch die britischen Linien, nachdem er hinter diesen in einer Stadt in Holland Sanitätsdienste geleistet hat. Die Maschine scheint eine alte Rudge vom Anfang der dreißiger Jahre zu sein.

nen Soziussitzen blieb jeweils nur noch ein einziger Typ übrig. Es gab je zwei Arten von Kupplungsbelägen und Reifenpumpen und drei Sättel anstatt zweiundzwanzig. Im Motorinneren schrumpften 57 Kolbenbaugruppen auf acht.

Die Zahl der Radnaben sank von 25 auf 9, die der Räder von 200 ebenfalls auf 9, die der Speichen von 40 auf 13 und die der Fußrasten von 150 auf 9.

Alles in allem war es eine bemerkenswerte Verringerung mit sehr beträchtlicher Kostenersparnis und von großem Nutzen für die militärische Ersatzteilbevorratung.

Im Verlauf des Krieges zeigten die militärischerseits eingesetzten deutschen Maschinen nicht nur ein und dasselbe Konstruktionsprinzip. Sie begannen bei Solomaschinen, die von kleinen Zweitakt-Einzylindern bis zu großen Viertakt-Boxermaschinen reichten, an die noch ein Seitenwagen angehängt wurde. Diesen fehlte aber zunächst der Beiwagenradantrieb, den dann erst die bereits vor Kriegsbeginn in Entwicklung genommenen aufwendigen Gespanne von Zündapp und BMW hatte. Diese waren jedoch sehr teuer in der Herstellung. Und etwa Mitte 1944 wurde ihre Produktion eingestellt, denn die Deutschen hatten herausgefunden, daß ihr Militär-Volkswagen besser, billiger und viel leichter herzustellen war – was auch die Alliierten schon vorher bezüglich des Jeeps entdeckt hatten. Daher beschränkte sich in den letzten Kriegsmonaten die deutsche Motorrad-Produktion auf die 125er und 350er DKW.

Als man gut beraten war, „Heil“ zu rufen. Es wehen auch eine ganze Menge Fahnen . . .

1942 und die rauhe Wirklichkeit im Schlamme Rußlands während des Vorstoßes nach Stalingrad. Die Maschine ist eine BMW.

Nach Kriegsende lag ein Teil der Industrie in Ruinen, in anderen Gebieten dagegen konnte sie wieder anlaufen. Die Zeiten waren sehr schwer; denn das Land war in Besatzungszonen geteilt, alles war knapp und die Motorradindustrie unterlag Beschränkungen; zuerst durfte sie überhaupt keine fremdangetriebenen Zweiräder herstellen und dann nur mit Hubraumbegrenzung.

Dann kam der Marschallplan, die Berliner Luftbrücke und die Aufspaltung des Landes in Ost und West. Östlich der Zonengrenze lagen die früheren DKW-Werke, aus denen MZ (Motorradwerk Zschopau) wurde und ein Werk von BMW (in Eisenach). Im Westen schufen die Deutschen ihr Wirtschaftswunder.

Ardie

Diese Firma wurde bald nach dem ersten Weltkrieg in Nürnberg gegründet. Anfangs baute sie ihre eigenen Zweitaktmotoren, spätere Modelle verwendeten JAP-Triebwerke. In den dreißiger Jahren stellte sie sich auf deutsche Motoren um und baute kurz vor dem zweiten Weltkrieg eine Reihe von Zweitaktern, für die sie ihre eigenen oder Bark- bzw. Fichtel & Sachs-Triebwerke verwendete.

Für die Wehrmacht baute sie zwei Maschinen, beide Zweitakter und beide beruhten auf zivilen Serienmaschinen. Sie besaßen 125 und 200 cm^3 Hubraum und einen Motor mit nach vorn geneigtem Zylinder mit Doppelauspuff. Der Entwurf war fortschrittlich: Der Motor besaß schon Quetschkanten, Leichtmetallkopf und Leichtmetallzylinder mit gußeiserner Laufbuchse. Der verrippte Teil des Zylinders war kurz, denn der Zylinderhals reichte weit in das Kurbelgehäuse. Die Anordnung der Kanäle sah die Auslaßschlitze auf beide Seiten und je einen Überströmkanal vorn und hinten vor.

Aus den beiden Auslaßöffnungen strömten die Gase in rückwärts gekrümmte Rohre, mit hochgelegten Schalldämpfern bei der zivilen 125er und tiefgelegten bei der 200er. Der Einlaß mündete kolbengesteuert in die Zylinderseitenwand bei der 200er und in die Rückseite bei der 125er.

Das Dreiganggetriebe war mit dem Motor in Blockbauweise integriert. Bei der 125er wurde es von einer Kupplung auf der Kurbelwelle angetrieben. Dieses Modell hatte die Hinterradantriebskette auf der rechten Seite, dagegen lag sie bei der 200er links.

Beide Modelle wiesen einen starren Rohrrahmen mit Preßstahlfedergabel auf. Sie besaßen Trommelbremsen und waren ansonsten von üblicher Bauweise. Die Batterie hing hinter dem Zylinder, und zu der üblichen Kradausstattung kamen noch Wehrmachtsanbauteile hinzu.

Zwischen 1939 und 1943 wurden von der 125er über 9 000 Stück gebaut, die meist an die Wehrmacht gingen. Gegen Ende des Krieges wurde ein großer Teil des Maschinenparks der Firma im Raum Nürnberg in Keller verlagert, um dort Flugzeugteile herzustellen.

Sie wurde nach dem Krieg wieder aufgenommen. Eine Zeitlang wurde die 125er für das Ordnance Department (das Zeugamt) der US Army gebaut, später aber verlegte sich die Firma wieder auf ihre Zweitakterfertigung für zivile Abnehmer.

BMW

BMW ist in erster Linie und vor allem als Hersteller von Motorrädern mit Zweizylinder-Boxermotoren und Kardanantrieb bekannt. Auch das bekannteste Kriegsmodell dieser Marke wies diese beiden Merkmale auf, die R75, die u. a. durch Vorgelege-Getriebe mit Gelände- und Rückwärtsgang, sperrbares Differential und Seitenwagenrad-Antrieb gekennzeichnet war.

Der R75 ging die R12 voraus, und diese beiden Boxermaschinen wurden von Einzylinder-Solomaschinen begleitet, die ebenfalls bei Wehrmacht und Luftwaffe eingesetzt waren. Neben diesen Hauptmodellen verwendeten die Streitkräfte noch andere Versionen der Boxermaschinen, von denen zahlreiche aus Zivilbesitz beschlagnahmt worden waren.

Das älteste noch eingesetzte Modell war die Einzylinder R4, die aus dem Jahre 1932 stammte. Wie alle BMW war sie in Blockbauweise ausgelegt: Die längsliegende Kurbelwelle trieb die Kupplung, dahinter kam das Getriebe und aus diesem der Wellenantrieb auf der rechten Seite zum Kegelrad-Winkeltrieb am Hinterrad.

Der 398-cm³-Motor besaß hängende Ventile, deren Stößelstangen in getrennten Tunneln auf der linken Seite arbeiteten. Die elektrische Anlage saß vorn am Motorblock und der Vergaser hinten. Der Auspuff mündete auf der linken Seite in einen Schalldämpfer.

Die Vereinigung von Motor und Getriebe in einem gemeinsamen Gehäuse schuf einen gefälligen Triebwerksblock. Geschaltet wurde von Hand mit einem oben aus dem Getriebe ragenden PKW-artigen Schalthebel, der nach oben durch das rechte Kniekissen führte, in das die Schaltkulisse für die Viergangschaltung eingesetzt war. Man konnte von jedem Gang aus direkt in den Leerlauf schalten.

Die Antriebswelle lief völlig frei und trug vorn eine Hardy-Scheibe als Gelenk. Das Kegelradgetriebe war mit einem Ring von Schrauben am Rahmen befestigt. Es trug auch gleich die hinteren Bremsbacken, deren Bremshebel rechts und damit passend für den Anschluß an das natürlich auf der gleichen Seite montierte Bremspedal saß.

Der Rahmen war altmodisch, er bestand aus verschweißten Blechpreßteilen mit U-Profil. Es war ein geschlossener Doppelschleifenrahmen, der sich aus zwei parallel nebeneinander liegenden Schleifen aufbaute, die durch Querstreben und Lenkkopf verbunden waren. Sie umschlossen unten den Triebwerkblock und oben den Tank.

Die Vordergabel war ebenfalls veraltet und arbeitete nach dem gleichen Prinzip einer gezogenen Kurzschwinge, wie sie bereits der allererste BMW-Boxer 1923 besessen hatte.

Die altmodische BMW R4 mit Stahlblechpreßrahmen, gezogener Schwinge und Schalthebel wie beim PKW.

Die Schwinge, die das Rad trug, hing an einer gekrümmten Stahlblechpreßgabel. Die Federungsarbeit oblag einer kurzen Viertelliptikfeder, die an der Unterseite des Lenkkopfs so angeschraubt war, daß sie nach vorn zeigte. Von ihrer Vorderseite zog sich ein Bügel nach unten zur Vorderradachse und übertrug die Radbewegungen, die durch einen rechts angebrachten Reibungsdämpfer gemildert wurden, auf die Feder.

Was den Rest betrifft, so saß der Tank im Rahmen und der Sattel, ein recht kleines Ding, stützte sich nach Veteranenart auf Schraubenfedern ab, die auf Zug beansprucht wurden. Ein Mittelkippständer klappte unter den Rahmen, und vorn hing noch eine Schutzplatte unter dem Kurbelgehäuse. Hinten war gewöhnlich ein Gepäckträger angebracht und an beiden Seiten hingen Satteltaschen. Bei Bedarf konnten ein Beifahrersitz und die Fußrasten dazu angebaut werden.

Der zweite Einzylinder war die R35, die 1937 als Nachfolgerin der R4 vorgestellt wurde. Sie war dieser sehr ähnlich, doch betrug der Hubraum durch verringerte Bohrung nur 342 cm^3. An der Elektrik waren Kleinigkeiten geändert, aber Motor und Kraftübertragung glichen weitgehend denen der Vorgängerin.

Das Fahrwerk blieb auch so wie es war, aber mit einer bemerkenswerten Ausnahme: Der Vordergabel. Diese erhielt Teleskopfederung und Vorderrad, Schutzblech und Scheinwerfer wurden entsprechend geändert. Die Gabel besaß nicht das eindrucksvolle Format der

Die nachfolgende R35, die die R4 ablöste und mit einer leichten Teleskopgabel ausgerüstet war.

Zweizylindermaschinen, sondern war eine leichtere Ausführung ohne hydraulische Dämpfung und mit Schutzmanschetten am unteren Ende.

Die Militärversion erhielt anstelle der normalen schwarzen Lackierung mit weißen Streifen einen feldgrauen Anstrich. Zur Ausstattung gehörten eine Maske für den Scheinwerfer und die unvermeidlichen Satteltaschen. Der massive Schutz für die Ölwanne wurde beibehalten.

Die erste der Boxermaschinen – die in nennenswerten Stückzahlen herauskam – war die R12. Dieses Modell wurde 1935 herausgebracht und stellte mit seiner Vorderradfederung einen gewaltigen Fortschritt dar, da diese durch eine Teleskopgabel mit hydraulischer Dämpfung erfolgte. Es war die Weltpremiere für diese Bauart, obwohl die dänische Nimbus dichtauf gelegen haben muß.

Das übrige bestand aus einem aus Stahlblechpreßteilen zusammengesetzten Rahmen ohne Hinterradfederung und mit einem Tank, der zwischen den Obergurten saß. Die Wehrmacht behielt anfangs noch die zivilen Trittbretter bei und ließ später das recht voluminöse vordere Schutzblech durch ein einfacheres ersetzen. Packtaschen wurden angeschnallt und ein gefederter Beifahrersattel auf den Gepäckträger geschraubt. Ein Griff zum Festhalten gehörte zu diesem Sitz, der den Beifahrer etwas über den Fahrer plazierte, so daß er von diesem »Hochsitz« aus gleich als Beobachter fungieren konnte.

Das Triebwerk hatte 745 cm^3 Hubraum, seitengesteuerte Ventile und eine mit 78 × 78 mm quadratische Motorauslegung. Ein einziger Vergaser versorgte beide Zylinder, die Auspuffrohre wurden beidseits nach unten geführt. Der Aufbau von Motor und Getriebe entsprach der BMW-Tradition: Magnet und Gleichstromlichtmaschine oben auf das Kurbelgehäuse aufgesetzt, Umlaufschmierung und mit Motordrehzahl umlaufende Kupplung. Das Gehäuse des Wechselgetriebes enthielt vier Gänge und verwendete die PKW-ähnliche kulissengeführte Handschaltung, während die Welle des Hinterradantriebs sich auf der rechten Seite drehte. Der Sattel behielt seine Veteranenfederung.

Die meisten R12 wurden mit angebautem Beiwagen und entsprechend geänderter Übersetzung genutzt. Der Seitenwagen war ein karger Einsitzer, der mehr für die Anforderungen des Krieges als für die Bequemlichkeiten des Friedens ausgelegt war. Der Aufbau war daher funktionell und ohne Plane oder Tür, die beim Auf- oder Absitzen behindert hätten. Vor dem Beifahrer ragte ein Haltegriff, und hinter dem Sitz konnte auf dem Heck ein Ersatzrad angebracht werden. Im Heck befand sich auch ein Stauraum für Verpflegung oder Munition.

Die R12 hatte in der Einvergaserausführung nur eine begrenzte Leistung von 18 PS. Im Schlamm Flanderns fanden die Deutschen heraus, daß das entweder nicht ausreichte, das Gewicht des Gespanns samt Besatzung zu schleppen – oder daß das Hinterrad durchdrehte. Während dieses Feldzugs wurde die Notwendigkeit, Gespanne mit angetriebenem Seitenwagenrad der Truppe zur Verfügung zu stellen, besonders deutlich.

Mit der Entwicklung wurden die beiden Firmen BMW und Zündapp beauftragt. Die ursprüngliche Entwicklung von BMW wurde nach der Truppenerprobung verworfen, und das Konzept, das Zündapp entwickelt und zur Erprobung präsentiert hatte, sollte den Zuschlag erhalten, BMW überhaupt nicht beteiligt werden.

Daraufhin bot Zündapp an, BMW könne – ohne Gegenleistung an Zündapp – deren Konzept sozusagen in Lizenz bauen. Das wurde, begreiflicherweise, von BMW abgelehnt, und nach Intervention von höchster Stelle wurde entschieden, daß BMW sein Konzept dahingehend umarbeiten solle, daß sich die Maschinen beider Hersteller weitgehend ähnelten, um auch das Ersatzteilproblem zu vereinfachen, nachdem Zündapp seinerseits gewis-

Die erste BMW mit Teleskopgabel, die R12 mit Boxermotor im Militärgewand. Man beachte die Trittbretter für Fahrer und Sozius.

Eine erbeutete BMW R75 wird 1945 in England untersucht.

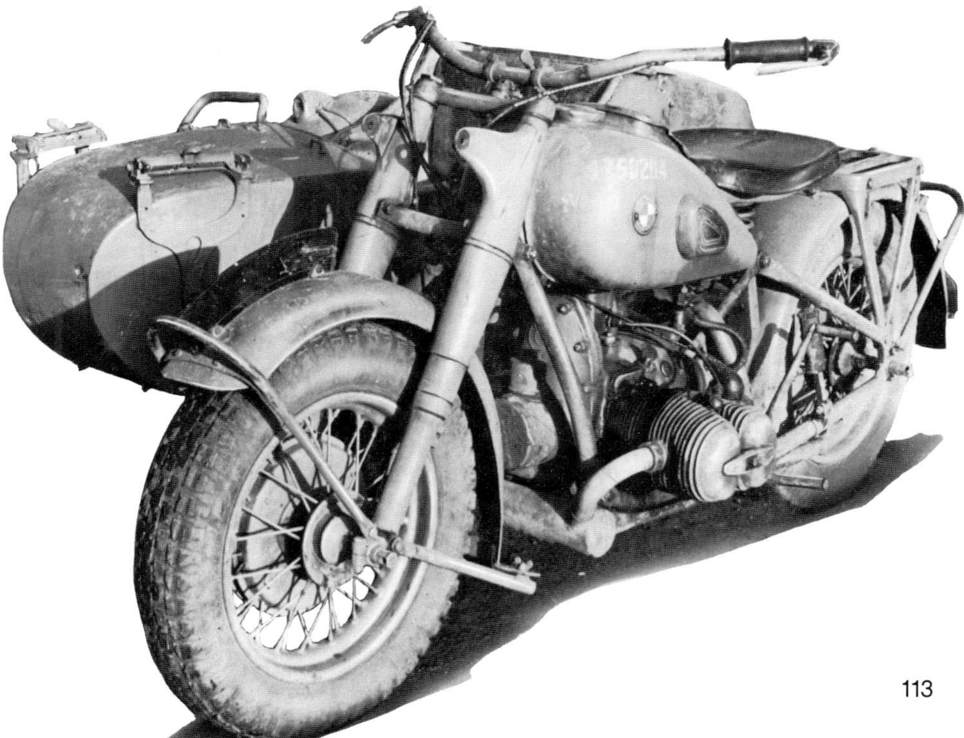

Die Heckansicht der R75 zeigt den Antrieb zum Beiwagenrad und das große Getriebegehäuse am Hinterrad.

se Bauteile bzw. -gruppen vom BMW-Konzept übernehmen sollte. So entstanden die beiden »überschweren Gespanne« von BMW und Zündapp schließlich parallellaufend. Bis zur Einstellung der Produktion 1944 lieferten BMW und Zündapp je über 18 000 dieser Gespanne.

Das Baumuster von BMW war die R75, deren Motor nach den Grundsätzen der Seitenventil-R71 konzipiert war, jedoch mit einigen Veränderungen und ohv-Köpfen. Das Verdichtungsverhältnis betrug 5,8:1 und aus dieser bescheidenen Zahl entwickelte der ohv-Motor bei 4 000 Umdrehungen 26 PS. Zwei 24-mm-Greatzin-Vergaser lieferten das Gemisch, sie waren mit einem gemeinsamen Luftfilter verbunden. Dieses stand im ersten Fertigungsjahr auf dem Getriebegehäuse, aber der Ärger mit dem russischen Schlamm, der das Filter völlig überzog, brachte dann ein größeres Luftfilter, das oben auf dem Kraftstofftank saß. Der gewölbte Deckel enthielt ein auswechselbares Filzbalg-Filterelement und eine Startanreicherung (einen Choke), die durch ein unter dem Deckel herausragendes Hebelchen ein- und ausgeschaltet wurde.

Der Auspuff war auch eine Sonderkonstruktion. Die beiden Zylinder waren mit einem zylindrischen Vorschalldämpfer verbunden, der vor der Ölwanne quer lag. Von ihm führte ein Rohr rechts unten am Rahmen entlang bis hinter den Radantrieb und dann nach oben in

Eine R75 fabrikfrisch in blitzblankem Zustand. Im Einsatz trugen sie bald ein Lehmgewand.

R75 von rechts. Der Beiwagen ist abgebaut, um Einzelheiten der Maschine zu zeigen.

Der Heckraum des Steib-Seitenwagens, der an die BMW R75 und die Zündapp KS750 angebaut wurde; hier mit ersterer Maschine.

die Mitte eines hochgelegten Auspufftopfes. Dieser besaß den Auslaß hinten und war zum Schutz von Fahrer – und besonders Beifahrer – mit einem geschlitzten Wärmeschutzblech verkleidet.

Für die Ostfront wurde 1943 der Auspuff geändert. Er führte durch einen Wärmetauscher und die darin erwärmte Luft wurde über Füße und Hände des Fahrers geleitet und in den Beiwagen. Das half ein bißchen, die bittere Kälte zu lindern.

Die Zündung erfolgte durch einen Magnetzünder, der ebenso wie die Nockenwelle durch Zahnräder von der Motorstirnseite aus angetrieben wurde. Auf dem Kurbelwellenstumpf saß eine flache Gleichstromlichtmaschine und auf ihr der Spannungsregler. Das Schmiersystem war – wie gewöhnlich bei BMW – eine Umlaufschmierung mit Zahnradpumpe.

Die Kupplung war vom gewohnten trockenen Einscheibentyp, von dort ab aber wurde die Kraftübertragung ungewohnt. Das Getriebegehäuse enthielt vier Gänge und dazu eine Zweigang-Vorgelegeübersetzung, um eine hohe oder niedrigere Gesamtübersetzung (für Straßen und Gelände) zu ermöglichen, sowie einen Rückwärtsgang. Geschaltet wurde dies alles durch einen links sitzenden Fußschalthebel und zwei Handhebel, die innerhalb bzw. neben einer an die rechte Tankseite geschraubten Kulisse arbeiteten.

Vom Getriebe leitete eine freilaufende Welle die Kraft zum hinteren Kegelradantrieb, der diesmal eine wesentlich kompliziertere Baugruppe darstellte als sonst. Zusätzlich zu dem normalen Kegelradpaar liefen hier noch zehn Stirnräder, von denen acht in einem Ausgleichsgetriebe vereint waren. Dieses teilte die Vortriebskraft zwischen Hinterrad und Seitenwagenrad in einem Verhältnis auf, das durch die unterschiedlichen Radlasten und den Gespanngesamtschwerpunkt bestimmt wurde. Dadurch lief unter normalen Umständen das Gespann einwandfrei geradeaus.

Wenn es ganz toll kam, konnte das Differential über einen unterhalb des Sattels liegenden Hebel gesperrt werden. Er schob eine Schaltklaue an der Beiwagenantriebswelle zum Eingriff in die Gegenklaue am Ausgleichsgetriebegehäuse, das an der Rückseite des Tellerrades befestigt war.

Das letzte Zahnradpaar im Ausgleichsgetriebe lag zwischen Tellerradwelle und Hinterradantrieb, um das Seitenwagenrad nach vorn zu versetzen. Der Antrieb quer durch den Seitenwagenrahmen lief über ein weiteres Stirnradpaar im Seitenwagenantriebsgehäuse, das den Seitenwagenradversatz nach vorn weiter vergrößerte.

Das Radgehäuse konnte um die Antriebswelle schwenken und das Wellenrohr wirkte als Torsionsstab, um die Radbewegung zu federn. Ein Gummianschlagpuffer am Seitenwagenrahmen begrenzte mit Hilfe von zwei Anschlagnasen an der Radgehäuserückwand den Federweg.

Ein Anschlußpunkt am Kegelradgehäuse ermöglichte das Trennen des Antriebsstranges, so daß der Beiwagen bei Bedarf abgebaut werden konnte. Die letzte Besonderheit in der Kraftübertragung war der Anwerfhebel (Kickstarter), der über einen Kegelradsatz mit dem Motor verbunden war und sich daher in einem Kreisbogen längs der Maschine bewegte. Darin unterschied er sich von dem querbewegten Kickstarthebel der Serienmaschinen.

Der Rahmen war robust und aus Rohrstücken und Preßteilen zusammengesetzt. Diese Teile vereinten sich zu einem geschlossenen Schleifenrahmen, der vor und unter dem Motor doppelt geführt war. Eine Hinterradfederung fehlte, da sie den Antrieb noch weiter kompliziert hätte, vorn war eine schwere Teleskopgabel angebaut. Bis 1943 war sie durch Dichtringe abgedichtet und erhielt dann Gummifaltenbälge.

Zwei zivile BMW-Boxer im Einsatz bei der britischen Army. Die nähere Maschine ist eine R51, die andere eine R66.

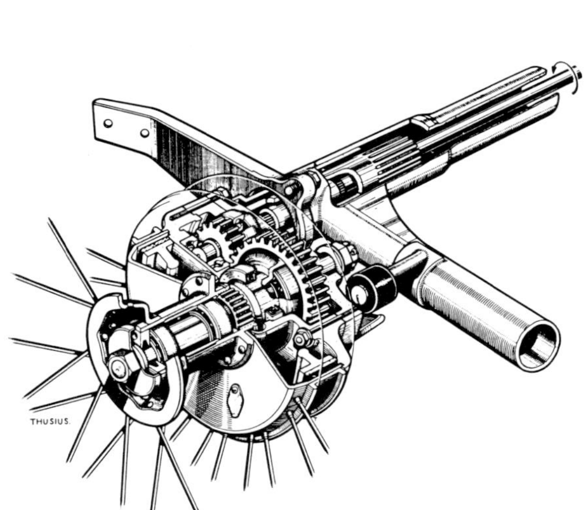

Oben: Der bei der R75 verwendete Seitenwagenantrieb; er ist so angelegt, daß er dem Rad Vorlauf und Einfederungsweg verleiht.

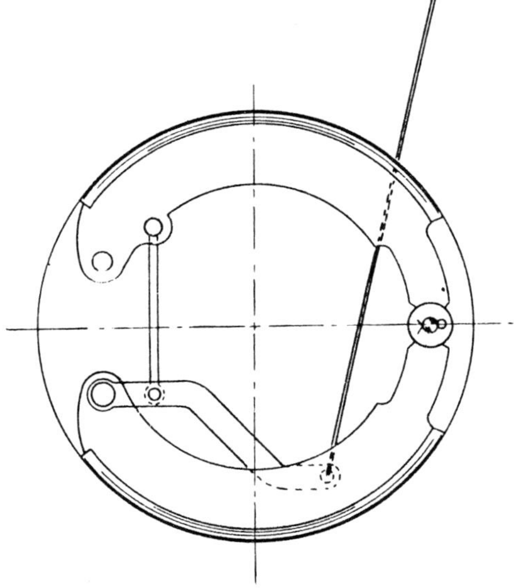

Sowohl BMW wie Zündapp verwendeten diese Vorderradbremskonstruktion ohne Bremsnocken.

Alle drei Räder besaßen sehr starke gerade Speichen, um die Gewichtsbelastung und die Biegekräfte beim Kurvenfahren aufzunehmen. Sie waren untereinander austauschbar, und auf dem Heck des Beiwagenbootes wurde noch ein Ersatzrad mitgeführt. Die Reifengröße war 4,50 × 16 Zoll mit Blockprofil und alle drei Räder waren gebremst. Hinter- und Beiwagenradbremse waren miteinander hydraulisch verbunden und wurden durch ein Bremspedal links gemeinsam betätigt. Dieses bewegte den Kolben eines Geberzylinders, der an die Unterseite einer Auskragung des Getriebegehäuses geflanscht war. Die Vorderbremse war seilzugbetätigt, wobei der Drahtzug durch die Ankerplatte geführt wurde und über einen Hebel und eine Kuppelstange beide Bremsbacken betätigte. Es gab daher außen keinen Mechanismus, der sich an Büschen hätte fangen können und innen keine Nocken.

Sowohl Vorder- wie Hinterrad wurden von großen Schutzblechen mit Hebegriffen beschirmt, wobei eine der Vorderrad-Schutzblechstreben außerdem als Ständer dienen konnte. Hinten war das Schutzblech geteilt; die untere Hälfte konnte hochgeklappt werden, um das Rad herausrollen zu lassen. Die Sitze waren im deutschen Stil, der große Sattel war an seiner Nase angelenkt und ruhte auf einer einzigen vertikalen Schraubenfeder. Der Beifahrersitz und sein Haltegriff bildeten eine Baugruppe, die bei Bedarf vom Gepäckträger abgenommen werden konnte.

Der Kraftstofftank faßte 24 Liter und hatte – bevor das Luftfilter dorthin verpflanzt wurde – in seiner Oberseite eine Werkzeugbox enthalten; bei BMW lange Jahre üblich. Die Batterie saß tief unten hinter dem linken Zylinder, das Scheinwerfergehäuse trug Lichtschalter und Tacho.

Das Fahrgestell des Seitenwagens mag anspruchsvoll gewesen sein; der Aufbau war aber rein funktionell. Er ruhte auf Blattfedern und glich einem ISDT-Typ – nur in schwererer und robusterer Ausführung. Ein Schutzbügel bewahrte das Seitenwagenrad vor Schaden. Sein Gegenstück war links am Rahmen befestigt, um den linken Zylinder zu schützen.

Dem Fahrgast wurde ein Sitz recht einfacher Art gestellt und dazu ein Griff zum Festhalten. Eine Windschutzscheibe gab es natürlich nicht, aber wenigstens eine Verdeckplane und aus dem gleichen Segeltuch eine Tür. Beide halfen, den Innenraum und etwaige darin beförderte Dinge wenigstens etwas zu schützen. Im Heck des Bootes war ein Gepäckraum, der nach dem Anheben seines Deckels – samt Ersatzrad, falls eines aufmontiert war – zugänglich wurde.

Am Bug des Seitenwagenbootes waren weitere Halterungen angebracht und gewöhnlich hingen auf beiden Seiten Packtaschen. Sie enthielten Munition, Ersatzteile, ein Funkgerät oder – an der Ostfront – Kälteschutzbekleidung. Auf dem Bugdeck wurde evtl. ein Maschinengewehr aufgebaut, hinter der Front aber eher eine Leuchte für Kolonnenmärsche. Für den Langstreckeneinsatz wurde zusätzlicher Kraftstoff in Kanistern mitgeführt, die dann in England und den USA unter dem Namen »Jerrycan« (von Jerry = German, Deutscher und can = Blechbehälter) bekannt wurden. Mit vollem Tank und zwei Ersatzkanistern betrug die Reichweite des Gespanns rund 800 km.

Das vollständige Gespann wog leer 420 kg und noch etliches mehr, sobald es aufgetankt, bewaffnet und fahrbereit war. Es brauchte daher auch wirklich seinen Rückwärtsgang – beim Einparken, in dichtem Verkehr, auch im Gelände.

Die R75 diente an vielen Fronten und war in erfahrenen Händen ein ausgezeichnetes Transportmittel, um auch im Gelände gut voranzukommen. Sie war aber auch teuer in der Herstellung, und es bedurfte einer besonderen Ausbildung, um ihre Möglichkeiten voll

Eine gefechtsbereite R75, die zeigt, wieviel Gerät sie schleppen konnte. Eine einwandfrei restaurierte Maschine.

ausschöpfen zu können. In den Händen eines normalen Soldaten konnte sie eher zum Risiko werden; deshalb wandten sich 1944 die Deutschen von ihr ab und hin zu leichten Solomaschinen und ihrem Kübelwagen, so wie die Alliierten den Jeep verwendeten.

Zusätzlich zu den BMW-Militärmaschinen setzten die deutschen Streitkräfte auch eine Anzahl serienmäßiger Boxermaschinen verschiedener Größen ein. Die älteste und kleinste war die R5, die 1936 als erstes Modell der Zweizylinder-Typenreihe vom Preßstahlkasten- zum Rohrrahmen übergegangen war. Das veränderte in Verbindung mit der bereits ein Jahr früher eingeführten Teleskopgabel das Erscheinungsbild, das dann zwei Jahrzehnte lang praktisch unverändert blieb.

Die R5 war eine typische BMW-Maschine mit kopfgesteuertem Boxermotor. Der Triebwerksblock besaß eine glatte Linienführung, bei der Deckel die elektrische Anlage umschlossen und die Linien dann in die Kupplung und das Vierganggetriebe zurückfließen ließen. Zwei Vergaser halfen, 24 PS bei 5 800 Umdrehungen zu erzeugen. Schalthebel für Fuß- und Handbedienung erlaubten mit dem Verkaufsschlager zu werben: »Kombinierte Gangwahl durch Fuß- oder Handschalthebel«.

Die Fahrwerkbestandteile waren weitgehend neu konzipiert, um zu dem Rohrrahmen zu passen, und waren vom Zweckmäßigkeitsdenken geprägt, wie es der Marke BMW entsprach. Im Jahre 1938 wurde daraus dann die R51, die durch die Einführung einer Hinterrad-Geradwegfederung und einer dem Federweg entsprechend geänderten Kardanwelle gekennzeichnet war. In dieser Bauform wurde sie auch bei den Streitkräften eingesetzt, für die sie feldgrau gespritzt und mit Packtaschen und Scheinwerferblende ausgestattet wurde.

Neben diesen 500ern setzte die Wehrmacht noch zwei 600er und eine 750er ein. Das kleinere Paar waren die R61 und die R66. Erstere besaß einen Seitenventilmotor in dem hinten gefederten Rohrrahmen, während die zweite im gleichen Rahmen einen ohv-Motor hatte. Die R66 leistete 30 PS bei 5 300 min^{-1} und war daher eine recht schnelle Maschine, für die rund 145 km/h angegeben wurden.

Schließlich gab es noch die R71, die an die Stelle der R12 trat. Sie besaß den 745-cm^3-Seitenventilmotor, der in der Leistung geringfügig auf 22 PS bei 4 600 min^{-1} angehoben war und der in dem gleichen hinten geradweggefederten Rahmen wie bei der R51 und R61 hing. Dies war das letzte Seitenventilmodell, das BMW baute. Ungewöhnlich war an ihr, daß man an der veralteten Kulissenhandschaltung an der rechten Tankseite festhielt.

Damit hatte BMW eine der kompliziertesten und interessantesten Maschinen jener Zeit gebaut, am Ende erwies sich aber die einfache Einzylindermaschine als das nützlichere Motorrad.

DKW

In den dreißiger Jahren war DKW, schon 1928 größte Motorradfabrik der Welt, führend hinsichtlich der Leistungsausbeute aus seinen Ladepumpen-Doppelkolben-Rennmotoren und errang mit diesem Konzept zahllose Rennsiege. Gleichzeitig hatte man aber auch die Schnürle-Umkehrspülung in Alleinlizenz übernommen und mit ihr Leistung, Verbrauch und Zuverlässigkeit der Einkolben-Zweitaktmotoren in den serienmäßigen Straßenmaschinen entscheidend verbessern können, ohne auf den komplizierten Aufbau der Rennmotoren zurückgreifen zu müssen.

Von allen Modellen, die DKW für die Wehrmacht baute, sollte ausgerechnet die kleinste die am meisten kopierte Maschine von allen werden; denn nach dem Krieg entstanden nach und nach aus der RT125 die BSA-Bantam, die Harley-Davidson Hummer, die Yamaha-YA 1 oder auch Red Dragonfly (rote Libelle) und die 125er Moskwa (aus Rußland). Letztere, weil sich die Fabrik 1945 in Mitteldeutschland befand, wo aus ihr im Lauf der Jahre das »Motorradwerk Zschopau« (MZ) wurde. Noch viele Jahre lang führte dieses Werk weltweit mit konstruktiven Neuerungen und technischer Überlegenheit im Straßenrenn- und Gelände-(Enduro-)Sport.

Für die Wehrmacht war im Jahre 1939 die RT125 ein hübsches, leichtes Transportmittel für einen Soldaten und ideal für den Dienst in der Etappe, etwa um Meldungen von Ort zu Ort zu bringen. Die Maschine wurde von einem 125-cm³-Zweitaktmotor angetrieben, der mit Kraftstoff/Öl-Mischung im Verhältnis 25:1 lief. Der Zylinderkopf war aus Leichtmetall und der Einzelzylinder, dessen Kolben den Gaswechsel steuerte, aus Grauguß. Der Zylinderhals ragte in das vertikal geteilte Kurbelgehäuse, in dem die zusammengepreßte Kurbelwelle mit rollengelagertem Pleuel lief.

Das Dreiganggetriebe befand sich mit dem Motor im Gehäuseblock. Die Kraftübertragung erfolgte über Primärkette zum Getriebe, quer durch dieses hindurch und von der rechten Seite zum Hinterrad. Fußschalthebel und Kickstarter saßen links auf konzentrischen Wellen.

Die RT 125 (die nach dem Kriege mit anderem Namen auf dem Tank so populär wurde), wie sie von ihrem Schöpfer DKW gebaut wurde.

Der Triebwerksblock hing in einem einfachen Rohrschleifenrahmen, vorn mit einer Preßstahl-Parallelogrammgabel und hinten ohne Federung. Die Speichenräder enthielten kleine Bremstrommeln und waren vorn und hinten in der Dimension 2,50 × 19 Zoll bereift. Den Sattel stützten hinten zwei Federn und dahinter kam ein kleiner Gepäckträger. Die Batterie steckte unter dem Sattel, das Horn rechts daneben.

Für die Wehrmacht wurden rechts und links des Hinterrades Metallbehälter angebracht. Diese waren kleiner als die üblichen und daher weit genug von Hinterachse und Auspuffanlage, die sich rechts unten entlangzog, entfernt. Am vorderen Rahmenrohr war eine Reifenluftpumpe angeklemmt.

Die RT 125, die erst 1939 in Serienfertigung gegangen war, wurde zwar auch bei der Wehrmacht eingesetzt – aber zunächst nur in geringen Stückzahlen für mehr nebensächliche Dienste. Erst mit dem Afrika-Feldzug bekam dieses Modell verstärktes Gewicht und wurde nun von der Wehrmacht in beträchtlichen Stückzahlen geordert und in Zschopau von DKW gebaut. Man hatte große Pläne mit dieser nun als ungewöhnlich handlich erkannten leichten Maschine und wollte ganze Schützenregimenter mit ihr motorisieren. Zur Realisierung dieser weitergehenden Pläne kam es aber dann mit den Rückschlägen an allen Fronten nicht mehr.

Tatsächlich war ja auch die RT 125 zunächst nicht das eigentliche DKW-Krad für die Wehrmacht gewesen. Außer der in großen Stückzahlen auch aus Privatbesitz eingezogenen DKW SB 500 mit 15-PS-Zweizylinder-Zweitaktmotor (15 PS bei 4000 min^{-1}), mit handgeschaltetem Dreiganggetriebe und Kettenantrieb vom Triebwerksblock zum Hinterrad, Rahmen aus Stahlblech-Profilen und Stahlblech-Vordergabel, Trommelbremsen vorn und hin-

Das DKW-Modell NZ 350, das auch mit 250 cm³ gebaut wurde. Es besaß sowohl Hand- als auch Fußschaltung.

ten, ohne Hinterradfederung, die solo und als Gespann genutzt wurde, war es vor allem die DKW NZ 350 (größere Schwester der NZ 250), die in sehr großen Stückzahlen bestellt und in Zschopau bis Kriegsende gebaut wurde. Diese Maschine hatte einen 11,5 bei 4000 min^{-1} leistenden 343-cm^3-Einzylinder-Zweitaktmotor mit fuß- und handgeschaltetem Vierganggetriebe, sowie Kettenantrieb zum (ungefederten) Hinterrad. Der Rahmen bestand aus einem Mittelstück, das aus zwei spiegelbildlichen Preßblechhälften stumpf zusammengeschweißt ein leichtes, sehr steifes Rückgrat darstellte, an das der Hinterbau aus Preßstahlprofilen angesetzt war und der vorn die Parallelogramm-Vordergabel trug. Während bei der 4,75 PS leistenden RT 125 das B/H-Verhältnis 52/58 betrug, hatte die NZ 350 72/85. 1941 erfolgte bei beiden Modellen die Umstellung auf Graugußgehäuse, bei der NZ 350 zudem auf eine kleinere Lichtmaschine auf der Kurbelwelle, die letztere wurde nun als NZ 350–1 bezeichnet. Von ihr sind zweifellos mehrere 10 000 Stück an die Wehrmacht geliefert worden.

Viel seltener war die erst kurz vor Kriegsbeginn in Serie gegangene NZ 500 mit 18,5 PS aus 500 cm^3, die sowohl als Solomaschine als auch mit Seitenwagen eingesetzt wurde.

Der Blockmotor war ein Parallel-Twin, dessen leicht geneigte Zylinder die Abmessungen 64 × 76 mm hatten. Ein Einzelvergaser dahinter versorgte beide Zylinder, die jeder eine eigene tiefliegende Auspuffanlage besaßen. Das Vierganggetriebe war mit dem Motor verblockt (wie bei den großen Einzylindern) und konnte wieder per Fuß oder Hand geschaltet werden.

Das Fahrwerk war im wesentlichen wie bei den NZ-Einzylindern, mit dem Unterschied, daß das Hinterrad eine Schwingenfederung erhielt. Die Bremsen waren ebenfalls größer, genauso wie auch die Reifendimension, sonst war der Ausrüstungsstandard der gleiche.

NSU

NSU kann sicher den Ruhm beanspruchen, im zweiten Weltkrieg das ausgefallenste »Motorrad« gebaut zu haben, obwohl mancher behaupten mag, daß das Kettenkraftrad in Wirklichkeit nur ein kleiner Vollketten-Mannschaftstransporter war, der zufällig vorn eine Motorradgabel besaß. Um der Wahrheit die Ehre zu geben, muß eingestanden werden, daß auch eine Version ohne Vorderrad gebaut wurde, die nur auf den Gleisketten lief.

NSU baute für die Wehrmacht auch in großen Stückzahlen Motorräder, die auf der Vorkriegs-Modellreihe beruhten und in drei Hubraumklassen fielen. Die kleinste war ein Leichtgewicht mit einem 122-cm^3-Einzylinderzweitaktmotor, der mit dem Dreiganggetriebe verblockt war. Sie war von konventionellem Aufbau, obwohl sie – dem Stil der Zeit entsprechend – Doppelauspuff und -schalldämpfer besaß.

Diese 125er hatte einen einfachen Rohrschleifenrahmen mit Preßstahlgabel und war hinten ungefedert. Die Räder waren leicht, mit kleinen Trommelbremsen und Reifen der Größe 2,50 × 19 Zoll. Ein Schwingsattel und ein Gepäckträger halfen mit, aus der Maschine über kürzere Strecken ein nützliches Transportmittel für einen Soldaten zu machen.

Für härtere Arbeit lieferte NSU die Modelle 251 OSL und 601 OSL, beide mit Einzylinder-Stoßstangen-Motoren und mit getrennten Viergang-Getrieben. Die Baureihe wurde von Walter Moore entworfen, einem Engländer, der bei Norton die erste Maschine mit obenliegender Nockenwelle konstruiert hatte und der 1929 nach Deutschland gekommen war. Da er ein Gutteil seiner Norton-Arbeit in seiner Freizeit erledigt hatte, konnte er seine Entwürfe mitnehmen und wiederverwenden. Daher sahen sowohl die Straßen- als die Rennmaschinen von NSU den frühen Norton-ohv-Maschinen sehr ähnlich.

Die Linienführung dieser beiden Maschinen, mit 241 bzw. 562 cm³, war eher englisch als deutsch, mit modischem Zwillingsauslaß im Zylinderkopf und mit linksliegendem Primär- und Sekundärantrieb. Die 250er transportierte ihr Öl im Kurbelgehäuse, in einem Abteil vor der Schwungradkammer, während die 601 eine echte Trockensumpf-Schmierung hatte, mit separatem Öltank unter dem Sattel.

Auch besaß die 601 einen ganz aus Rohren gefertigten Schleifenrahmen, im Gegensatz zur 251, die sich mit einem offenen Rahmen begnügen mußte. Beide besaßen aber Parallelogrammgabeln, die leichtere in Preßstahl- und die andere in Rohrbauweise. Die Ausstattung war zeitgemäß: Schwingsattel, Speichenräder, Trommelbremsen und vollständige Beleuchtungsanlage. Beide Typen trugen beidseits des Hinterrads kleine Packtaschen für Werkzeug, die für den Einsatz bei der Wehrmacht gegen die normalen Einheitspacktaschen ausgetauscht wurden, wozu dann noch die Scheinwerferblende kam.

Einige Jahre lang wurde die 251 in größeren Stückzahlen an die Wehrmacht geliefert, dann aber durch die DKW ersetzt. Einige der 250er wurden während des Krieges an Zivilisten verkauft und nach dem Krieg wurden aus dem Teilevorlauf im Auftrag des War Office noch Maschinen zusammengestellt.

Wie Victoria und Ardie baute auch NSU für das Reichsluftfahrtministerium einen Startermotor für Flugtriebwerke, der einen Zweizylinder-Zweitaktboxermotor verwendete. Dieser konnte bis 10 000 min^{-1} hochdrehen und erreichte sein höchstes Drehmoment zwischen 6 000 und 7 000 Min^{-1}. Er lief mit Kraftstoff/Öl-Mischung im Verhältnis 20:1. Beim Einsatz wurde er auf 10 000 Touren hochgejagt und dann an das Flugzeugtriebwerk angekuppelt. Damit fiel die Drehzahl bis zu der des höchsten Drehmomentes ab, gerade richtig, um den Flugzeugmotor durchzudrehen, bis er ansprang.

Das Kettenfahrzeug war besser bekannt unter dem Namen »Kettenkrad«. Es wurde von einem 1478 cm³ wassergekühlten Vierzylinder-Opel-Motor angetrieben. Dieser gab seine Kraft über ein Dreigang-Getriebe mit Rückwärtsgang ab, das – in Verbindung mit einem Zweigang-Zwischengetriebe – dem Fahrer die Wahl unter insgesamt sechs Vorwärtsgängen in den Fahrbereichen Gelände und Straße sowie zwischen zwei Rückwärtsgängen bot.

Das Fahrzeug lief auf zwei Gleisketten mit jeweils 40 gummigepolsterten Gliedern, wobei jedes Kettenscharniergelenk der regelmäßigen Wartung mit einer Fettpresse zum Wohle seiner Nadellager bedurfte. Die Ketten liefen auf jeder Seite um insgesamt sechs Räder herum. Die Lenkung erfolgte mittels Lenkbremsen, die auf die Antriebszahnräder wirkten.

Vor dem Aufbau stand eine Motorrad-Rohrparallelogrammgabel mit einem Scheibenrad als Vorderrad und einem Reifen der Dimension 3,50 × 19 Zoll. Oben auf der Gabel saßen ein Scheinwerfer, ein Lenkungsdämpfer und ein Motorradlenker mit Gasdrehgriff. Der Einschlag des Lenkers betätigte die Differentiallenkung, wobei die Rolle des Vorderrades recht begrenzt war, da das Fahrzeug auf Ketten lief.

Der Fahrer saß im Aufbau und betätigte – abgesehen von Lenker und Gasgriff – eher PKW-mäßige Bedienhebel. Hinten konnten auf dem Aufbau zwei Fahrgäste mit dem Rükken zur Fahrtrichtung Platz nehmen, aber im Notfall konnten noch etliche Mann mehr sich irgendwie auf den Aufbau zwängen. Normalerweise zog das Kettenkrad einen leichten Anhänger, und mit diesem im Schlepptau überquerte es Gräben, durchfurtete Flüsse und watete durch Schlamm. Zughaken befähigten es, anderen in Schwierigkeiten geratenen

Eine erbeutete NSU im Dienst von Mechanikern, die Schadfahrzeuge zur Ersatzteilgewinnung ausschlachten.

Brennendes NSU-Kettenkrad in der Wüste Ägyptens (1942).

Eine Reihe erbeuteter Kettenkräder in der Wüste, lange nach El Alamein (1944).

Ein Kettenkrad zeigt bei Versuchen in England seine Fähigkeiten.

Nach der Schlacht von El Alamein wurde dieses Kettenkrad mit Anhänger von diesen Soldaten der Achsenmächte benutzt, um die britischen Streitkräfte aufzusuchen und sich ihnen zu ergeben.

Fahrzeugen beizustehen, und es konnte auch ein oder zwei leichte 2-cm-Flak oder eine leichte Pak samt Munition schleppen.

Es war in der Tat ein echter Tausendsassa, um andere Fahrzeuge wieder flott zu machen und um Lasten zu schleppen. Es diente an fast allen Fronten und bei den meisten Truppengattungen als Alltransportmittel. Es war so beeindruckend, daß 1945 die American Forestry Commission (US-Forstbehörde) 200 Stück davon in Auftrag gab.

Zweifellos schleppten sie wacker Baumstämme, ohne eine Kette abzuwerfen. Diese konnte übrigens von einem einzelnen Mann ausgewechselt werden, der die neuen Ketten hinten lang auslegte und dann nach vorn über das Leitrad zog, wozu ein Sonderwerkzeug in Hakenform diente. Unter dem Rücksitz befand sich ein gutbestückter Werkzeugkasten, der dabei half. Wenn man auf Asphalt arbeitete, war dies bestimmt nicht allzu schwer. In der Wüste dagegen muß es eine üble Schinderei gewesen sein.

TWN/Triumph

Die Triumph-Werke Nürnberg hatten bereits 1903 mit der englischen Triumph-Company in enger Verbindung gestanden. Anfang der zwanziger Jahre nahmen sie mit dem englischen Zweitaktmodell »Junior« die Fertigung wieder auf. Diese Bindung bestand bis 1929.

Die Firma baute dann eine Typenreihe von alltäglichen Einzylinder-Zweitaktern mit 125 bis 350 cm^3 Hubraum und von Viertaktern mit Schweizer MAG-Einbaumotoren. Für die Armee bauten sie aber etwas Besonderes: Die BD 250W. Diese Maschine besaß einen Doppelkolben-Zweitaktmotor, dessen Einlaßdrehschieber zahnradgetrieben war. Die Wehrmacht bekam davon über 12 000 Stück geliefert und dazu noch eine geringe Anzahl der serienmäßigen 350S, bei der der Kolben des Einzylinders den Einlaß steuerte.

Die beiden Kolben der 250er liefen nebeneinander in gußeisernen Laufbuchsen, die in den Leichtmetallblock eingegossen waren. Ihre Arbeit wurde durch die Montage eines Zwillingsauspuffsystems – auf jeder Seite eines – auch nicht gerade erleichtert. Um das Äußere wohlgefällig und symmetrisch zu halten, traten die Abgasrohre an den Zylinderekken aus. Dies bedeutete, daß durch den Block vorn ein Kanal führte, der – voll heißer Abgase – die beiden Auspuffrohre mit dem Zylinder verband, in dem die Auslaßschlitze saßen.

Dieses Problem wurde durch die Oktanzahl des verwendeten Kraftstoffes nicht gemildert, da sie nur niedrige 64 OZ betrug. Dazu kam noch die im Heer weitverbreitete Unsitte, lange Strecken im kleinen Gang zu fahren. Mit dem Wehrmachtsöl waren Kolbenfresser keine Seltenheit, obwohl es mit den Zivilmaschinen keine Probleme gab. Die Schmierung erfolgte bei beiden durch eine von dem Gasgriff gesteuerte Pumpe. Im Truppengebrauch lockerten sich gelegentlich die Laufbuchseneinsätze und es war geplant, auf einen in einem Stück aus Eisen gegossenen Zylinderblock umzustellen, doch besaßen alle Wehrmachtsmaschinen die Leichtmetallausführung.

Der Zylinderkopf mit seinem Einzelverbrennungsraum und Verdichtungsverhältnis von 5,5:1 war aus Leichtmetall. Jeder der langen Kolben saß auf einer eigenen Pleuelstange, so daß die Kurbelwelle der eines Parallel-Twin glich. Die Pleuel liefen auf Nadellagern und die Kurbelwelle mit der Mittelschwungmasse auf Kugellagern.

Mit der Kurbelwelle war über Zahnräder der mit gleicher Drehzahl laufende Einlaß-Drehschieber verbunden. Dieser wurde durch eine Walze gebildet, deren Drehachse über der Kurbelwelle lag. Die Antriebszahnräder saßen auf den linken Enden der beiden Wellen und der Vergaser am rechten Ende des Drehschiebers. Schlitze in der Walzenwandung ließen das Gemisch in das Kurbelgehäuse bzw. den Zylinder treten.

Das Viergang-Getriebe war mit dem Motor verblockt, und da der Vergaser auch verkleidet war, sah das Triebwerk sehr glatt und modern aus. Der Hinterradantrieb erfolgte durch eine rechts liegende Kette, die voll gekapselt war – mit einem Leichtmetallgußgehäuse über dem Antriebszahnrad hinten und biegsamen Schläuchen für jedes Kettentrum.

Eine Triumph BD 250W, die von einem französischen Widerstandskämpfer der Maquis gefahren wird. Er unterhält sich bei Brest mit drei GI.

Kurbelwelle und Walzendrehschieber der Triumph, die Doppelkolben mit gemeinsamem Verbrennungsraum hatte.

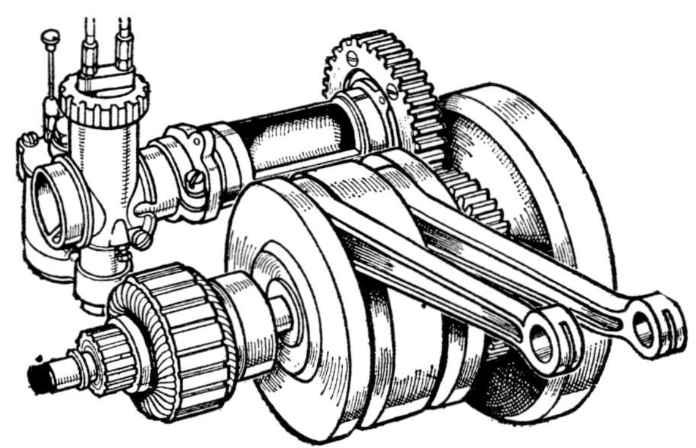

Der geschlossene Rahmen bestand aus Rohrteilen und Blechpreßteilen. Die Vordergabel war eine in Preßstahl ausgeführte Parallelogrammgabel mit einer zentralen Druckfeder. Für die Bequemlichkeit des Fahrers sorgte ein Schwingsattel. Die beiden Räder besaßen Reifen der Dimension 3,25 × 19 und wurden beide von Simplex-Trommelbremsen mit 150 mm Durchmesser verzögert. Der Öltank für die Ölpumpe saß unter dem Sattel, und das Horn hing hinter dem Motor am Kraftstofftank. Für die Wehrmacht wurde der Werkzeugkasten auf den Tank gesetzt. Sein Inhalt erlaubte dem Fahrer, die Gummifederung des Sattels auf sein Gewicht einzustellen und die Fußrasten auf seine Beinlänge.

Zu beiden Seiten des Gepäckträgers wurden Packtaschen angehängt, sonst war nichts mehr vonnöten, um die Triumph zu einer brauchbaren Maschine für die Truppe zu machen. Bei der Erprobung erreichte sie mit einem zweiten Mann 105 km/h, war handlich und besaß gute Bremsen. Im Truppengebrauch war sie im allgemeinen zuverlässig.

Neben der BD 250W war die Firma noch mit der Entwicklung weiterer Aggregate beschäftigt. Eines davon war ein Motor für das NSU-Kettenkrad, der das Konzept des Einzylinder-Doppelkolbentriebwerks weiterführte. Der Entwurf sah insgesamt acht in V-Form angeordnete Kolben mit vier Brennräumen vor. Diese Konstruktion führte wieder zu einem Doppelkolben-Einzylinder, der ein Viertel des V 8 bildete. Beide kamen über das Reißbrettstadium nicht hinaus.

Ein weiteres Projekt, das es nur bis zum Prototyp brachte, war ein luftverlastbarer Motorroller, der für ein Minimum an Stauraum zerlegbar sein mußte. Das Lastenheft sah vor: 125 cm^3, Dreiganggetriebe, 50 km/h Geschwindigkeit, 60 kg Gewicht und die Fähigkeit, eine Last von 150 kg über eine Strecke von 350 km zu befördern. Die Reifengröße sollte 400 × 7 Zoll sein, was dem Fahrzeug geteilte Blechpreßräder beschert hätte.

Der Roller besaß einen normalen Einzylinder-Zweitaktmotor, der mit dem Getriebe verblockt war.

Der Zylinder, nach vorn geneigt, trug hinten den Vergaser, der Auspuff lief unter dem Triebwerk nach hinten.

Der Rahmen bestand aus einem großen Blechpreßteil mit einer Anzahl von Rohren. Das Hauptrohr zog sich vom Lenkkopf schräg nach unten und dann unter dem Motor hindurch. An seinem Ende saß ein weiteres Rohr, das sich U-förmig gebogen zu beiden Seiten des Hinterrades erstreckte.

Den Motor überdeckte das Blechpreßteil in Form einer langen und breiten waagerechten

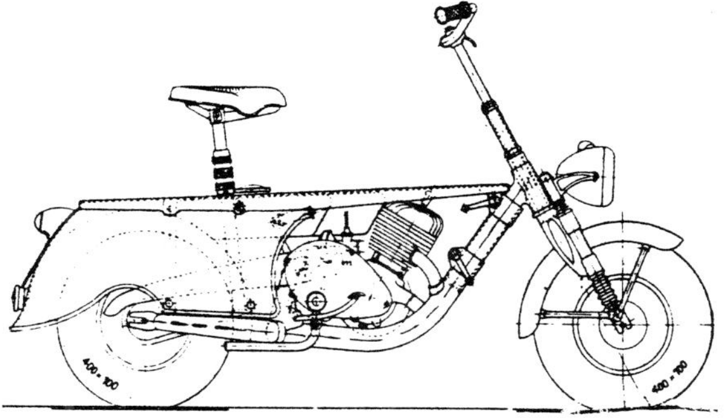

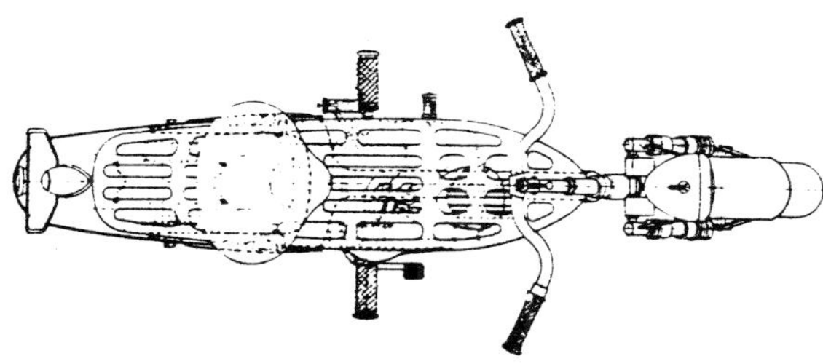

Der Triumph-Fallschirmjäger-Motorroller, der zum Lufttransport in Einzelteile zerlegt wurde.

Platte, die längs geschlitzt und an den Seiten abgekantet war. Sie ging vom Lenkkopf bis zum Hinterrad, gegen das sie sich mit Druckstreben abstützte. Darunter lag ein langer schlanker Kraftstofftank, der ebenso wie das Hinterrad von einer Verkleidung verdeckt wurde.

Vorn saßen der abnehmbare Lenkkopf und die Vordergabel. An den Lenkkopf war ein Rohrstutzen angeschweißt, der in das nach unten führende Hauptrohr geklemmt wurde, so daß die beiden rasch verbunden werden konnten. Im Lenkkopf steckte die Lenksäule mit dem von einem Schnellverschluß gehaltenen Lenker.

Der Sitz wurde von zwei Rohrstücken getragen und konnte daher leicht abgenommen werden, die Fußrasten waren nach oben klappbar. Wenn alles zerlegt war, paßten die Einzelteile in eine kleine Kiste. Der Zusammenbau war Momentsache.

Das Ding wäre nützlich gewesen, aber es sollte nicht sein. Also baute Triumph weiter den 250er Doppelkolben-Einzylinder.

Victoria

Bereits zu Zeiten der Königin Victoria wurde diese Gesellschaft gegründet, um Fahrräder herzustellen. Auf diesem Gebiet betätigte sie sich auch noch, als sie bereits Motorräder mit in ihre Kataloge aufgenommen hatte. Diese Maschinen kamen kurz nach der Jahrhundertwende ins Fertigungsprogramm, so daß die Firma innerhalb der deutschen Industrie auf eine lange Geschichte zurückblicken konnte.

Während des zweiten Weltkriegs konzentrierte sie sich auf eine Einzylinder-Viertaktmaschine, die KR 35WH, die vor dem Krieg als leichtes Sportmodell verkauft worden war. Der 342-cm³-Motor war ein Langhuber mit den Dimensionen 69 × 91,5 mm und einem Verdichtungsverhältnis von 6,0:1. Er war als Blockmotor mit dem Vierganggetriebe in einem gemeinsamen Gehäuse zusammengebaut und sah – da die Stoßstangen für die im Kopf hängenden Ventile in einem gemeinsamen Stößelrohr liefen – wie ein Königswellen-Motor aus. Das Steuergehäuse auf der rechten Seite sah dem von NSU sehr ähnlich, umschloß aber nur ein Zahnradpaar und den Antrieb für die Kolbenölpumpe. Die Schmierung erfolgte als Umlaufschmierung, wobei das Öl gleicherweise Motor und Getriebe versorgte. Der Ventiltrieb war voll gekapselt und die Lichtmaschine saß auf dem linken Wellenzapfen, was ein sehr glattflächiges Triebwerk ergab. Der Kopf besaß zwei Auslaßkanäle mit je einem Auspuffrohr auf jeder Seite. Der Motor wurde bei Columbus, der Einbaumotoren-Abteilung der Motorradfirma Horex, gebaut.

Dieser Triebwerkblock saß in einem offenen Rahmen, dessen Vorderrohr ein Preßteil mit tropfenförmigem Querschnitt bildete. Sitzrohr und hinteres Rahmendreieck bestanden aus Rohren. Es gab hinten keine Federung, vorn war eine Blechpreßgabel mit zentraler Druckfeder eingebaut. Die beiden Räder trugen Simplexbremsen.

Die Ausstattung war umfangreich, die Hinterradkette voll gekapselt und im Tank saß oben ein Werkzeugkasten. Der Sattel stützte sich auf zwei Schraubenfedern, und auf dem Gepäckträger konnte ein Beifahrersitz mit Haltegriff befestigt werden. Auf jeder Seite wurden Packtaschen angehängt, deren Verwendung eine Änderung der Auspuffanlage notwendig machte. Beim Zivilmodell waren die Auspuffrohre samt den Schalldämpfern hochgelegt; für die Wehrmacht aber liefen die Rohre auf Höhe des Kurbelgehäuses und knickten dann an den unten liegenden Schalldämpfern ab. Die KR 35WH wurde zusammen mit der 125er und 350er DKW bis Kriegsende gebaut.

Neben der 350er wurden im Krieg noch andere Victoria-Modelle eingesetzt; das waren aber eingezogene Zivilmaschinen, die für den Truppengebrauch abgeändert wurden. Eine davon war die KR 25, die einen 250-cm³-Einzylinder-Zweitaktmotor mit Doppelauspuff besaß, der im Block mit dem Vierganggetriebe gebaut war. Die Motorkonstruktion war konventionell, das Fahrwerk glich in Entwurf und Auslegung dem der 350er. Für die Truppe wurden die hochgelegten Auspuffe nach unten gezogen, auf den Tank ein Werkzeugkasten aufgebaut und Packtaschen angehängt.

Zündapp

Kettengetriebe, Vierventil-Köpfe, ein Einzylinder mit Kardanantrieb und das »Grüne-Elefant«-Modell sind nur einige Beweise dafür, daß Zündapp seit seiner Gründung im Jahre 1917 an der Spitze des technischen Fortschritts marschierte. Im Laufe der Jahre baute man im Nürnberger Werk Maschinen verschiedener Größen und Typen bis zu einem aufgeladenen Einliter-Vierzylinder-Boxermotor für Weltrekordversuche.

Der Ruf der Firma beruhte auf der außergewöhnlichen Zuverlässigkeit ihrer Modelle und auf der eigenwilligen konstruktiven Lösung vieler Einzelheiten.

Von den Serien-Modellen besaßen mehrere Zweizylinder-Boxermotoren und die Mehrzahl der an die Truppe ausgelieferten Typen gehörte zu diesen. Daneben baute Zündapp noch die sehr populäre DB 200, die sich – mit geringer Zusatzausrüstung – als sehr nützlich für die Wehrmacht erwies.

Die DB 200 hatte den üblichen Einzylinder-Zweitakter mit stehendem Graugußzylinder und Leichtmetallkopf. Der Vergaser saß hinter dem Zylinder, an dem vorn zwei Auspuffrohre ansetzten, die in zwei getrennte, unten liegende Schalldämpfer mündeten. Das Kurbelgehäuse war vertikal geteilt und enthielt im Block das Dreiganggetriebe, und auf den ersten Blick schien die Maschine auch eine auf der Kurbelwelle angeordnete Kupplung zu besitzen. In Wirklichkeit verbarg aber das Primärantriebsgehäuse eine außenliegende Schwungscheibe, und die Kupplung saß am Eingang des Getriebes, das über eine Kette angetrieben wurde.

Erbeutete deutsche Zweitaktmaschine in Frankreich.

Der Endantrieb erfolgte an der linken Seite, so daß der Kraftfluß quer durch das Getriebe ging. Die Gänge wurden mit einem Handschalthebel eingelegt, der in einer Kulisse an der rechten Tankseite geführt war, die mit einem Kniekissen verkleidet war. Der komplette Triebwerkblock hing in einem starren Rahmen, der aus Blechpreßteilen und Rohren zusammengesetzt war. Das Hauptteil stellte der Lenkkopf mit Rückgrat- und Tankrohr dar, an das der Rest geschraubt war: Unterrohr und hinterer Hilfsrahmen, alle aus Rohren, und zusammengehalten vom Triebwerkblock.

Oben: Zündapp DB 200W, ein einfacher Zweitakter für verschiedene Einsatzzwecke.

Mitte: Die K 500W, ein Seitenventilboxer in Stahlblechprofil-Rahmen.

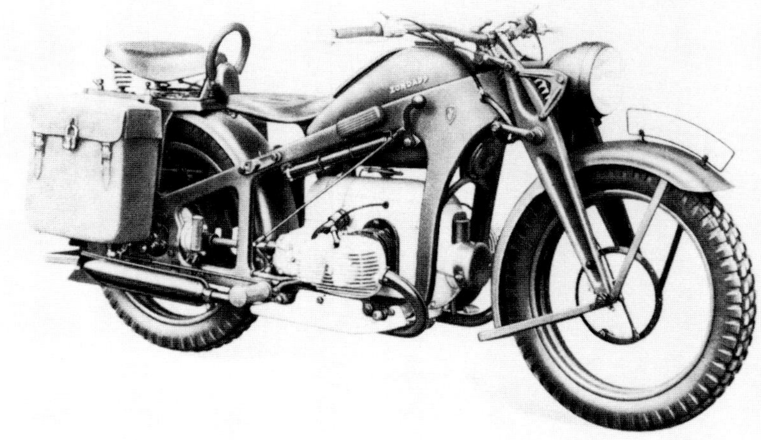

Unten: Die KS 600W mit hängenden Ventilen und weiteren Änderungen gegenüber dem kleineren Boxermotor.

Die Vorderradfederung übernahm eine Blechpreß-Parallelogrammgabel, die Räder waren 3,00 × 19 bereift. Zur Ausrüstung gehörte eine Batterie, die sich tief unten hinter dem Triebwerk verbarg, ein Mittelkippständer, eine runde Werkzeugdose unter dem Sattel und für das Militär die unvermeidlichen Packtaschen.

Alle anderen gelieferten Maschinen waren Mehrzylinder, von denen das ältere Paar Seitenventile besaß. Die kleinere der beiden war die K 500 Zweizylinderboxer-Maschine, die über einen überquadratischen Motor, ein bescheidenes Verdichtungsverhältnis und ebensolche Leistung verfügte. Ihr Entwurf ging auf das Jahr 1933 zurück und war charakteristisch für Zündapps Zweizylinderboxer. Die Kurbelwelle war ein Gesenkschmiedeteil, aber statt für die Lagerung des Pleuels Weißmetallager zu verwenden, zog die deutsche Firma es vor, den geteilten Pleuelfuß mit einem Nadellager zu versehen.

Das Kurbelgehäuse war in Tunnelbauweise gegossen, bei der die Kurbelwelle von hinten eingesetzt wurde. Wegen der Abmessungen der Teile mußte erst die Kurbelwelle in das Gehäuse eingeführt und dann die Pleuel mit ihren geteilten Nadellagern eingebaut werden. Das erfolgte durch die Zylinderöffnungen in den Gehäuseseiten und war eine nicht gerade einfache Arbeit. Sobald sie abgeschlossen war, konnten die Kolben sowie Zylinder und Köpfe montiert werden.

Zündapp-Gespanne bei einer Übung.

Das Kurbelgehäuse trug unten die verrippte Ölwanne, die Gehäusevorderseite bildete die Rückwand des Steuergehäuses. In diesem besorgte ein Zahnradpaar den Antrieb zur untenliegenden Ölpumpe der Umlaufschmierung, während eine Kette nach oben zur Nokkenwelle führte. Ein Deckel schloß den Steuerkasten nach außen ab, die Lichtmaschine war vorn an der Kurbelwelle unter einem zweiten Deckel befestigt. Den Ventiltrieb vervollständigten Stößelstangen, deren Einstellschrauben nach Abnehmen einer kleinen Platte auf der Oberseite der Zylinder zugänglich waren.

Die Zündspulen saßen oben im Kurbelgehäuse, kurze Kabel führten zu den Kerzen. Der Deckel, der die Zündspulen umschloß, war nach hinten verlängert und umschloß auch den Vergaser. Dessen Luftfilter lag offen, ein Kanal führte ins Kurbelgehäuse, teilte sich und führte zum Einlaß der beiden Zylinder. Jeder Zylinder besaß ein eigenes Auspuffrohr, das erst nach vorn und dann nach hinten zu einem tiefliegenden Schalldämpfer geführt war.

Kupplung und Getriebe waren hinten an den Motor angeflanscht und ergaben mit ihm eine glattflächige Einheit, aus deren Rückseite der Kardanantrieb austrat. Dieser lag rechts, die freilaufende Welle trug an beiden Enden Gelenke.

Eine K 800W Vierzylinderboxer-Maschine von Zündapp, die 1944 von den Alliierten erbeutet wurde.

Das Wechselgetriebe war das bekannte Küchensche Viergang-Kettengetriebe, in dem vorgereckte Duplex-Rollenketten die beiden Getriebewellen verbanden. Klauenkupplungen, von Schaltgabeln betätigt, stellten in den einzelnen Gangstufen die formschlüssige Verbindung her. Ein Pkw-artiger Schalthebel in einem Schaltdom wurde mit der rechten Hand bedient.

Eine Zündapp K 800W mit dem typischen Wehrmachts-Seitenwagen mit Spritzdecke und Planentür.

Die Zündapp KS 750 mit Beiwagen. Ein flacher Zweizylinder V-Motor, viele Getriebe und Schalthebel und Beiwagenradantrieb.

Das Triebwerk hing in einem Rahmen, der aus verschweißten Blechpreßteilen mit U-Profilen bestand. Es war ein starrer Doppelschleifenrahmen, bei dem der Tank zwischen den Oberrohren steckte und der vorn eine Blechpreßgabel trug. Reichlich dimensionierte Trommelbremsen waren in Räder eingespeicht, die auf Reifen der Dimension 3,50 × 19 rollten. Die Ausstattung umfaßte Packtaschen sowie einen Beifahrersitz mit Haltegriff, während für Notfälle unter dem Sattel im Rahmen eine runde Werkzeugbox vorgesehen war. Dem Fahrer standen Trittbretter und Fußrasten zur Verfügung.

Captain „Hippo" Hensman Ende 1944 mit einer KS 750. Die Box mit Sicken links neben dem Hinterrad ist der Schalldämpfer.

Etwas jünger war die obengesteuerte KS 600. Sie hatte dank vergrößerten Werten von Hub und Bohrung den größeren Hubraum, sah aber äußerlich fast wie die 500er aus. Im Innern allerdings versteckten sich wichtige Änderungen, wie ein Zahnradantrieb der Nokkenwelle und die notwendig gewordenen Unterschiede an den Zylinderköpfen und am Ventiltrieb. Dessen Kipphebel drehten sich auf Achsen, die in Lagerböcken saßen, und waren mit formschönen Deckeln verkleidet, deren Kühlrippen mit denen der Zylinderköpfe korrespondierten.

Die Zündspulen lagen vollverkleidet unter dem oberen Deckel zusammen mit dem Vergaser, der das Kraftstoff/Luft-Gemisch über Kanäle an die Zylinderköpfe abgab. Dieser Deckel griff verlängert nach hinten über das Getriebe, dessen Schaltmechanismus so abgeändert wurde, daß links ein Fußschalthebel angebaut werden konnte, während rechts ein Gestänge die Schaltwelle mit einem Handschalthebel am Kraftstofftank verband.

Die Verlängerung des Deckels erforderte auch eine Verlegung der Werkzeugtrommel, die nun unter einer Klappe im Tank einen neuen Platz fand. Der Sattel war bei diesem Modell ein Schwingsattel; sonst war aber in Auslegung und Ausrüstung die 600er eine Parallele der 500er.

Das zweite der älteren Seitenventilmodelle war die K 800, die einen Vierzylinder-Boxermotor besaß, der im Aufbau den Zweizylindern entsprach. Wieder waren im Inneren Unterschiede festzustellen, aber wieder glich sie äußerlich den anderen und war in ihren Grundzügen konstruktiv gleich ausgelegt.

Im Steuerkasten trieben Zahnräder die Ölpumpe und eine Kette die Nockenwelle. Für die Zündung war ein Verteiler vorgesehen, der mit dem Unterbrecher vorn auf dem Steuergehäuse saß und über hypoidverzahnte Räder vom vorderen Kurbelzapfen angetrieben wurde. Daneben lag die Zündspule. Diese gesamte Mechanik wurde von einem einzigen Deckel umschlossen, unter dem innen die Zündkabel nach hinten führten, bis sie schließlich paarweise auf jeder Seite oberhalb der Kerzen austraten.

Ein Stirnradpaar am vorderen Ende der Nockenwelle trieb eine Gleichstromlichtmaschine oben auf dem Kurbelgehäuse. Ihre Abdeckung zog sich nach hinten über den Vergaser, und wie bei der K 500 zogen sich die Ansaugkanäle durch das Innere von Kurbelgehäuse und Zylinderblöcken zu den Ventilen.

Eine Zündapp wird 1945 untersucht. Das Bild zeigt die saubere Linienführung des Rahmens.

Die gleiche KS 750 – mit ausgebautem Motor – zeigt den Rahmenaufbau und die ähnlich in Schweißkonstruktion ausgeführten Gabelholme.

An Vorder- und Rückseite jedes Blocks setzte ein Auspuffrohr an und zog sich nach hinten, wo sie sich dann auf beiden Seiten paarweise in einem tiefliegenden Schalldämpfer vereinigten. Das rückwärtige Rohr deckte ein längsgeripptes Blechteil ab, das sich an die Rückseite des Zylinderkopfes anschmiegte und bis hinter die Fußraste reichte. Wie bei den anderen Modellen waren auch hier zusätzlich Trittbretter vorgesehen.

Die Kraftübertragung der 800er arbeitete wie bei der 500er mit Wellenantrieb. Das Fahrwerk war ebenfalls das gleiche hinsichtlich Rahmen, Gabel, Rädern, Tank und Werkzeugtrommel, auch wurde ein Schwingsattel verwendet.

Die 800er wurde meist mit Beiwagen, gelegentlich aber auch solo eingesetzt, während die 600er je zur Hälfte der eingesetzten Stückzahl solo und als Gespann gefahren wurde. Beide hatten keinen Antrieb für das Beiwagenrad, und ihre Reifen waren zu schmal, um mit dem Schlamm Flanderns fertig zu werden. Das führte dann später zu den speziellen Gespannen mit Beiwagenantrieb, die sowohl Zündapp als auch BMW für die Wehrmacht entwickelten.

Zündapp erhielt schon 1939 den Auftrag, zwei Prototypen mit Beiwagenradantrieb zu bauen und zu erproben. Ende März 1940 sollten diese Erprobungen beendet sein, dann kam eine erneute Anweisung, Abschlußuntersuchungen durchzuführen. Einen Monat vorher hatte ein Anschlußauftrag einmal fünf und dann weitere fünfzehn Maschinen bestellt. Die Massenfertigung allerdings setzte erst Ende 1941 ein.

Die neue Maschine enthielt einerseits viele der bekannten Zündapp-Konstruktions-Eigenheiten, war aber in zahlreichen Punkten auch anders als die Vorläufer. Zunächst war der Motor kein »echter« Boxer, sondern ein V-Motor mit dem sehr flachen Zylinderwinkel von 170 Grad. Es war also jeder Zylinder etwas aus der Horizontalen nach oben angehoben. Ein Leichtmetallzylinderkopf mit Einsätzen für die Ventile krönte die Zylinder; Flachkolben ergaben mit diesen Köpfen ein Verdichtungsverhältnis von 6,2:1.

Der Motor verwendete immer noch Nadellager für die Pleuelfüße und ein Kurbelgehäuse, in das die Kurbelwelle von hinten eingebaut wurde. Sie lief in einem Rollen- und einem Kugellager. Schrägverzahnte Räder trieben an der Stirnseite nach unten die Ölpumpe und nach oben die Nockenwelle an. Von dieser aus trieb ein Stirnräderpaar den Zündmagneten, der auf dem Kurbelgehäuse aufgebaut war und mit dem Vergaser unter einem gemeinsamen Deckel steckte. Wie bei der 600er wurde das Gemisch durch eingegossene Frischgaskanäle den Einlaßventilen zugeführt.

Anders sah es auf der Auslaßseite aus; die beiden Auspuffrohre mündeten in einen Sammler, der vor der Ölwanne quer unter dem Rahmen hing, und von diesem führte ein einzelnes Rohr auf der linken Seite nach hinten. Es endete in einem Schalldämpfer, der im hinteren Rahmendreieck befestigt war. Mit seinen Versteifungssicken sah er wie ein Werkzeugkasten aus.

Die Kraftübertragung war etwas verwickelt und erfolgte ausschließlich über Zahnräder. Ein Zweigang-Zwischengetriebe hinter der Kupplung ermöglichte die Wahl zwischen Gelände- und Straßenübersetzung und trieb auf das Vierganggetriebe. In diesem Antriebsstrang lag noch ein weiterer Zahnradsatz, der die Fahrtrichtung von vorwärts auf rückwärts ändern ließ, und aus dieser ganzen Zahnrad-Sammlung führte dann eine Antriebswelle nach rückwärts zum Hinterrad. Bedient wurde das ganze per Schalthebel; das Vierganggetriebe mit dem linken Fuß und der Rest mit zwei Handschalthebeln auf der rechten Seite. Mit dem inneren Hebel wurde Gelände oder Straße, mit dem äußeren die Fahrtrichtung der Maschine gewählt.

Am Heck der Maschine gab es noch mehr Zahnräder. Es begann mit einem Tellerrad und einem Ritzel. Dieses trieb ein Differential, das das Drehmoment aufteilte. Mit Hilfe eines Hebels, der hinter dem Triebwerksblock unter dem Sattel emporragte, konnte es auch gesperrt werden. Von dem Differential führten zwei Stirnräder im Ausgleichsgetriebegehäuse den Antrieb zurück in das Hinterrad, das rasch ausgebaut und mit den anderen beiden Rädern ausgetauscht werden konnte.

Die Differentialbaugruppe trieb außerdem eine Welle, die durch den Seitenwagenrahmen zur Seitenwagen-Antriebsgruppe führte, in der ein weiteres Radpaar den Antrieb zum Rad selbst übertrug. Mit Hilfe dieser beiden Radsätze wurde der Versatz des Beiwagenrades nach vorn (»Vorlauf«) erzielt.

Hinter- und Seitenwagenrad wurden über ein einziges Bremspedal hydraulisch gebremst, während im Vorderrad ein Hebelsystem ohne Nocken die beiden Bremsbacken wie bei der BMW anpreßte.

Der Rahmen der KS 750 war aus verschweißten Blechpreßteilen zusammengesetzt, die Rohre mit Ovalquerschnitt darstellten. Sie liefen vom Lenkkopf zur Hinterachse als Doppelschleifenrahmen mit zwei Querrohren. Wegen des hohen Anteiles an Schweißarbeiten war er teuer in der Herstellung, aber leicht und stark. Der Beiwagenrahmen war ähnlich aufgebaut, der Antrieb war gekapselt, und das Rad hing an einem drehstabgefederten Arm. Der Aufbau des Seitenwagens wurde ebenfalls durch Drehstäbe abgefedert.

Die Vorderradgabel der Zündapp sah aus wie eine schwere Teleskopgabel, die aus Ovalrohr gebaut war. In Wirklichkeit war es eine Parallelogrammgabel, deren Gabelteile von verschweißten Blechpreßteilen gebildet wurde. In den Holmen steckten die Federn, die über Winkelheber die Radbewegungen auffingen. Diese Mechanik besaß auch eine hydraulische Dämpfung, war völlig abgeschlossen und neigte im Einsatz bei der Truppe weniger zu Schäden als die BMW-Teleskopgabel. Aus diesem Grund war vorgesehen, später die Zündappgabel bei beiden Herstellern einzubauen. Da sie aber schwierig einzustellen und zu warten war, blieb BMW weiter bei der Teleskopgabel.

Der Rest der Zündapp war – wie die BMW – eine robuste Konstruktion für militärische Verwendung. Wie es bei dieser Marke die Regel war, saß der Kraftstofftank zwischen den Rahmenrohren. Im Tank war oben die Werkzeugbox eingebaut, der Fahrer hatte einen gefederten Sattel, ein Beifahrersitz mit Haltegriff war auf dem Gepäckträger montiert und an dessen linker Seite hing eine Packtasche. Trittbretter gab es keine; nur Fußrasten und die üblichen Bedienungsteile.

Der Beiwagen glich dem der BMW: Auf dem Heck ein Ersatzrad und am Bug Halterungen für Packtaschen, Kanister, Funkgerät oder Waffen. Es gab eine Verdeckplane und eine Segeltuchtür, und das Beiwagenrad wurde durch ein vorgezogenes Rahmenrohr und durch sein Schutzblech geschützt.

Wie die BMW war auch die Zündapp ein sehr anspruchsvolles Stück Maschinenbau.

8. Italien – der Krieg unterbrach die Rennen

Niemand wird glauben, das italienische Volk sei wirklich am Krieg interessiert gewesen. Für die meisten unterbrach er einfach das Lebensnotwendige: Frauen, Chianti und Rennen. Die Welt mochte verrückt geworden sein, das war aber noch lange kein Grund, sich nicht mehr für das Abschneiden von Alfa Romeo und Maserati, Gilera und Guzzi zu interessieren.

Also veranstalteten sie 1940 die Mille Miglia, den Großen Preis von Tripolis und die Targa Florio für Automobile sowie Mailand-Tarent, Modena und schließlich Genua für Motorräder. Bei letzterem Rennen kam es zu einem interessanten Halbliterlauf, in dem am Start die Dreizylinder-Kompressor-Guzzi neben der Kompressor-Gilera in der ersten Reihe stand. Kaum war der Krieg vorbei, wurde schon wieder ein Rennen durchgeführt, obgleich die Umstände primitiv waren. Der Rundkurs war kurz, die Maschinen nicht eben zahlreich, die Zuschauerüberwachung minimal – aber die Begeisterung riesengroß.

Für die Italiener war der Krieg vorbei und sie konnten sich wieder den wirklich wichtigen Dingen zuwenden.

Benelli

Benelli machte 1939 mit einem Sieg in der Viertelliterklasse bei der TT Schlagzeilen. Das war einigen Militärmaschinen an ihren ohv-Motoren mit obenliegender Nockenwelle anzusehen. Sie wurden in recht ähnlicher Form als 250- und 500-cm^3-Einzylinder gebaut. Die Abmessungen von 67 × 70 mm sowie 85 × 87 mm ergaben einen Hubraum von 247 bzw. 494 cm^3. Bei beiden Maschinen lag rechts der Nockenwellenantrieb zusammen mit dem Unterbrecher der Batteriezündung und die Fußschaltwippe für das Vierganggetriebe.

Obwohl beide Motoren eine obenliegende Nockenwelle hatten, besaß die 250er Haarnadelventilfedern, während die 500er mit doppelten Schraubenfedern ausgerüstet war. Bei beiden lagen die Federn frei, und die der 250er waren so weich, daß man sie ohne

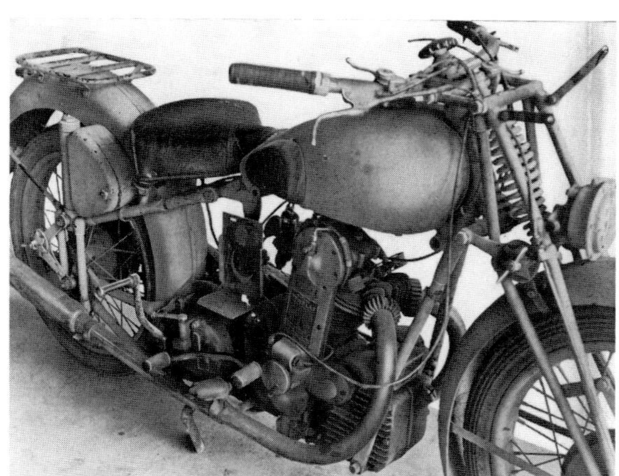

Die 250-cm^3-Einzylinder-Benelli, eine typisch italienische Bauform: Der Motor mit obenliegender Nockenwelle und Hinterradschwinge.

Die wahre Begeisterung der Italiener galt immer den Straßenrennen. Hier die Startreihe im Mai 1940 in Genua, mit Serafini auf der Kompressor-Gilera (Nr. 6) und Sandri auf der Dreizylinder-Kompressor-Guzzi (Nr. 2).

Werkzeug auswechseln konnte. Die Motoren besaßen Zylinderköpfe mit Doppelauspuff, und an jedem Auspufftopf konnte man die Schalldämpfung mittels eines Hebels ausschalten, damit der italienische Fahrer den gewünschten »Sound« genießen konnte.

Das Motorenöl wurde in einer verrippten vorderen Verlängerung des Kurbelgehäuses mitgeführt, auf dem zwischen den Rahmen-Unterzugrohren ein winziger Ölkühler stand. Die Lichtmaschine war ins Kurbelgehäuse eingesetzt und in einer Klemmung gehalten, sie wurde über eine Gummikupplung angetrieben und konnte nach Lösen einer einzigen Schraube herausgenommen werden.

Der Rahmen bestand aus Rohren, die Rohr-Parallelogrammgabel wirkte auf eine Zentraldruckfeder. Das Hinterrad wurde mit einer Schwinge, die sich über Federbeine am Rahmen abstützte, abgefedert; Reibungsdämpfer unterstützten die Federarbeit. Bremstrommeln, Beleuchtungsanlage und Militärausrüstung ergänzten das Gesamtkonzept.

Benelli baute auch in typisch italienischer Art ein Dreirad, bei dem an ein normales Motorradvorderteil hinten eine zweirädrige Achse mit einem Pritschenwagenaufbau gehängt war. Es erhielt den 500-cm³-Motor mit langem Kettenantrieb auf die Hinterachse und wurde in verschiedenen Varianten von den Italienern für den Transport von Mannschaften, Nachschub oder großkalibrigen Maschinengewehren verwendet.

Bianchi

Die Renn-Bianchi des Jahres 1939 war eine Halblitermaschine mit quer eingebautem Vierzylindermotor, in dem eine Königswelle die obenliegende Nockenwelle antrieb. Die

Heeresmodelle waren weniger aufregend. Sie besaßen nur einen Zylinder und bedienten sich schlichter Seitenventile für den Gaswechsel.

Für Leute, denen mehr zustand, baute die Firma auch ein Modell mit obenliegender Nockenwelle und mehr Pfeffer. Beide Maschinen waren 500er von konventionellem Zuschnitt. Für den italienischen Motorradbau jener Jahre war eine Hinterradfederung typisch, bei der das Rad in einer Schwinge hing, die gegen Federbeine mit Hebel-Reibungsdämpfern arbeitete.

Gilera

In Rennfahrerkreisen war Gilera in den späten dreißiger Jahren gut bekannt wegen ihrer recht erfolgreichen Vierzylinder-Kompressor-Rennmaschine, die in einer vollverkleideten Stromlinienversion den Einstunden-Weltrekord an sich gerissen hatte. Die Maschinen, die das italienische Heer bekam, waren dagegen sehr prosaische Seitenventilmodelle. Es war wie bei Norton, wo man mit der »Manx« Rennen bestritt, ans Militär aber die 16H liefern mußte.

Zwischen 1936 und 1944 war das bei Gilera das Modell LTE, das auf einer zivilen Konzeption basierte. Sein Motor war ein einfacher Seitenventiler, fast noch ein Entwurf der Vintagejahre, der die traditionellen Gilera-Abmessungen mit 84 × 90 mm aufwies, die einen Hubraum von 499 cm^3 brachten. Das sehr bescheidene Verdichtungsverhältnis von 4,5:1 befähigte ihn, bei 3 400 min^{-1} 10 PS abzugeben; Werte, die unter denen des Zivilmodells lagen.

Der Motor besaß eine zusammengesetzte Kurbelwelle mit Rollenlagern für den Pleuelfuß und Kugellagern für die Welle. Der Flachkolben lief in einem Graugußzylinder, der von einem Kopf mit senkrechten Kühlrippen aus dem gleichen Material gekrönt wurde. Die Ventile waren voll gekapselt mit einem Wartungsdeckel an der Zylinderseite. Geöffnet wurden sie von dem rechts liegenden Ventiltrieb über Nocken, Stößel und Stoßstangen. Die Nockenwelle wurde von der Kurbelwelle über Zahnräder angetrieben und rotierte dicht über ihr. Ein Zwischenrad, das vom Nockenwellenrad angetrieben wurde, drehte seinerseits den Magnetzünder, der vor dem Zylinder saß. Die Lichtmaschine lag darunter vor dem Kurbelgehäuse.

Die Ölpumpe der Trockensumpfschmierung wurde von der Kurbelwelle über eine vertikale Welle angetrieben. Die Ölwanne zog sich über die ganze Motorbreite nach vorn bis unter die elektrische Anlage und nach hinten bis unter das Getriebe und enthielt eine Einfüllöffnung sowie eine Be- bzw. Entlüftung.

Der Primärantrieb erfolgte links über eine Doppelrollenkette, die gemeinsam mit der Mehrscheibenkupplung in einem Leichtmetallgehäuse untergebracht war. Das Getriebe war auf einem Sockel befestigt, der einen Teil des Kurbelgehäusegußteils darstellte. Dadurch entstand eine vollständige Triebwerks-Baugruppe.

Das Getriebe war normal, seine vier Gänge wurden über einen Handschalthebel an der rechten Tankseite geschaltet. Der Hinterradantrieb erfolgte über eine Kette auf der linken Seite, der Kickstarter saß rechts.

Der Rahmen bestand aus Rohren und wies die Gilera-eigene Bauart der Hinterradaufhängung auf, bei der die Abfederung über waagerecht in Rohrhülsen beidseits des Hinterrades liegende Federn erfolgte. Jede Seite der Hinterradschwinge bestand aus einem gleichschenkligen Dreieck, dessen Spitze die Hinterachse aufnahm. Auf den ersten Blick sah das Ganze dem Hinterteil eines starren Rahmens sehr ähnlich, doch erkannte man bei näherem Betrachten den Schwingendrehpunkt in der Mitte der Dreiecksgrundlinie, an deren oberem Ende dann die Gestänge der Federzylinder angelenkt waren, die durch Reibungsdämpfer an beiden Seiten der Maschine unterstützt wurden.

An diesen Federzylindern saßen auch die Fußrasten für den Beifahrer. Die Fußrasten klappten weg, wenn sie nicht gebraucht wurden, d. h. ohne Beifahrer gefahren wurde. Diese Bewegung wurde auf die Federzylinder übertragen und damit die Federvorspannung verringert (!).

Das Vorderrad wurde durch eine reibungsgedämpfte Druckfeder einer Rohrgabel gefedert. Die Räder besaßen Simplexbremsen, der Fußbremshebel wurde mit dem linken Absatz betätigt. Die Fußrastenenden waren mit der Motorstirnseite durch Streben verbunden, die als Abweiser für evtl. Hindernisse wirkten. Es war ein Luftfilter vorhanden, das Auspuffrohr führte in einer Krümmung rechts abwärts und schlängelte sich dann nach hinten zu dem zylindrischen Schalldämpfer mit Fischschwanzende. Ein Sattel, zweierlei Arten von Werkzeugkästen – je nachdem, ob ein Beifahrersitz vorgesehen war oder nicht – Beleuchtung, Horn und ein stabiler Mittelkippständer vervollständigten die Ausrüstung.

Die LTE wurde als Solomaschine oder auch einem Seitenwagen eingesetzt. Dieser war gewöhnlich auf der linken, der »englischen« Seite angebracht. Es gab zwei Seitenwagenrahmen-Typen mit gefedertem Beiwagenrad und zwei verschiedene Aufbauten. Und dann gab es noch einen dritten Seitenwagenrahmen-Typ mit einem ungefederten Rad und einem einsitzigen Boot, auf dem hinten ein Ersatzrad befestigt war.

Der militärische Seitenwagenaufbau war ganz funktionell ausgelegt, ohne Türen, mit offenem Boot und groben Beschlägen. Es gab aber eine Windschutzscheibe und jede Menge Haltegriffe, so daß auch der Beifahrer seinen Teil zum Stabilisieren des Gespanns beitragen konnte.

Die Gilera LTE, eine Maschine mit Seitenventilmotor und Dreieckschwingen-Hinterradfederung, die von 1936 bis 1944 gebaut wurde.

Als weniger verspieltes Gegenstück baute Gilera noch das Modell »Marte«, das mit einem Beiwagen im Militärlook ausgeliefert wurde. Die Maschine ähnelte mit ihrem 499-cm³-Seitenventilmotor der LTE, doch besaß sie einen Leichtmetallkopf, ein Verdichtungsverhältnis von 5:1 und war in der Leistung auf 14 PS bei 4 800 min^{-1} angehoben.

Zwar waren die meisten Motorendetails dieselben, doch war das Getriebe – abgesehen davon, daß es ebenfalls vier Gänge besaß – ansonsten grundverschieden. Der erste Unterschied war, daß der Primärantrieb über Zahnräder erfolgte. Geschaltet wurde auch weiterhin von Hand, aber der Antrieb wurde über ein Kegelradpaar auf eine Welle übertragen, die zum Hinterrad führte. Das hintere Kegelradgehäuse trieb über das Tellerrad das Hinterrad und enthielt noch ein Stirnradpaar, das eine vor der Hinterachse quer liegende Welle drehte. Ein zweites Stirnradpaar am Seitenwagenrad verlegte den Antrieb wieder nach hinten, so daß die beiden Räder fluchteten. Das Beiwagengetriebe enthielt auch noch eine Klauenkupplung, die durch einen Handhebel an der Maschine betätigt wurde und mit dem der Seitenwagenantrieb zu- oder abgeschaltet werden konnte.

Foto einer erbeuteten Gilera LTE (Ende 1940 in Nordafrika).

Die Gilera Marte war der LTE sehr ähnlich, besaß aber Kardanwellenantrieb zum Hinterrad sowie Beiwagenantrieb (trotz Hinterradfederung).

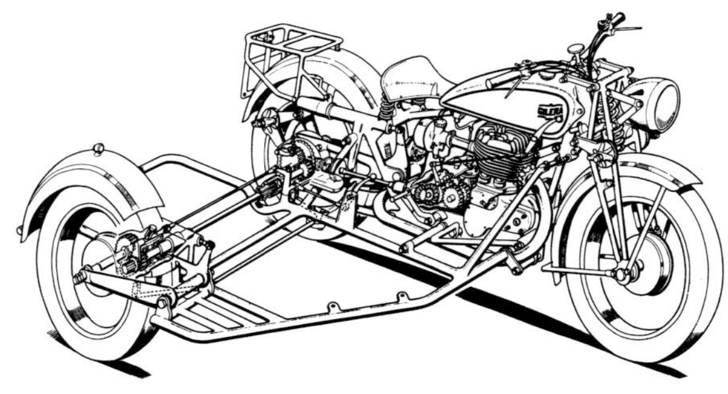

Der Rahmen entsprach weitgehend dem der LTE, nur die Hinterraddreiecksschwinge wurde auf der rechten Seite zu einem Kniehebel umgebildet, der aus verschweißten Blechpreßteilen geformt wurde. Die Federung selbst blieb unverändert und vorn fand sich immer noch eine Rohr-Parallelogrammgabel. Das Beiwagenrad lief weiterhin an einem Längslenker, nur wanderte der Seitenwagen mit seinem angetriebenen Rad auf die rechte Seite der Maschine.

Es scheint also, als ob nur allein die Firma Gilera das Problem löste, wie man gleichzeitig das Hinterrad federn und das Beiwagenrad antreiben kann. Alle anderen: Norton, BMW, Zündapp, Gnôme et Rhône und die belgischen Firmen hielten am ungefederten Hinterrad fest, auch wenn das des Beiwagens abgefedert war.

Das Beiwagenboot war militärisch zweckmäßig mit Einzelsitz, abklappbarer Windschutzscheibe und Reserverad auf dem Heck ausgerüstet. Das Beiwagenrad war gebremst. Auf den Bug konnte ein Maschinengewehr montiert werden, um aus der Bewegung zu feuern.

Die Marte als Solomaschine. Sie war – abgesehen vom Kardanantrieb – typisch für alle Gilera-Modelle.

Das Gilera-Dreirad Gigante, das mit 500 und 600 cm³ kopf- oder seitengesteuerten Motoren gebaut wurde.

Gilera baute auch dreirädrige Lastenträger, die vorn bis zur Sattelhinterkante aus einem Motorrad und dahinter einer Hinterachse mit lastaufnehmendem Rahmen gebildet wurden. Darauf konnten alle möglichen Aufbauten gesetzt werden, um Nachschubgüter oder eine schwere Waffe zu befördern. Der Motor war entweder das Seitenventil-Triebwerk mit 500 oder 600 cm³ oder auch ein 500-cm³-ohv-Triebwerk, in jedem Fall in serienmäßiger Gilera-Bauweise.

1940 kam zu diesen Modellen noch die Mercurio hinzu, die den ohv-Motor in der Halbliterversion verwendete. Nach dem Krieg kam er durch Verlängerung des Hubs auf 600 cm³. Die Motorkonstruktion entsprach den Gilera-Prinzipien, doch war das Triebwerk um 90 Grad geschwenkt, so daß die Kurbelwelle in Längsrichtung lag. Sie konnte dadurch die Kupplung direkt antreiben und diese wiederum das handgeschaltete Vierganggetriebe. Von diesem führte dann eine Kardanwelle zur Hinterachse, die auf Halbelliptik-Federn ruhte.

Der Rahmen war neu. Sein Rückgrat bildete ein massives Rohr, das vom Lenkkopf unter dem Sattel hindurch zum rückwärtigen Plattformrahmen verlief. In zwei nach unten geführten Schleifen trug das Rohr den Motor- und Getriebeblock. Die Vordergabel war in Preßstahl ausgeführt. Die Räder waren kleiner, dafür erhielten die Reifen einen größeren Querschnitt. Alle drei Räder besaßen Trommelbremsen.

Auf diesen Fahrzeugen konnte alles mögliche Gerät transportiert werden, und sie erwiesen sich im Krieg von hohem Gebrauchswert für die Truppe.

Moto Guzzi

Seit 1921 hat man in Mandello del Lario viele der originellsten Motorräder produziert; immer italienisch im Stil, aber mit jener eigenen einmaligen Note von technischer Zweckmäßigkeit, die unerreicht blieb. Oft waren sie häßlich, weil Bedienungsteile, Kabel, Rohre und

Die Moto Guzzi GT17 mit Beifahrer-Haltegriffen und Fußrasten, die die Hinterradfederung vorspannten.

sonstige Teile alles andere als »aufgeräumt« verlegt waren, aber gleichzeitig verlieh ihnen der effektive Einsatz von Metall und Energie Schönheit.

Die längste Tradition hat bei Guzzi die Motorenbauform, bei der der Einzelzylinder liegt, links ein massives freilaufendes Schwungrad besitzt, und der Zündmagnet auf das Kurbelgehäuse des Blockmotors aufgebaut ist, der mit dem Getriebe eine Einheit bildet und mit ihm zusammen geschmiert wird.

Nach diesen Grundsätzen war die GT17 gebaut, die in den dreißiger Jahren dem italienischen Heer als Eintopfgericht verabreicht wurde. Sie war ganz typisch für diese Marke, selbst die Zylinderabmessungen von 88 × 82 mm entsprachen denen der allerersten Guzzi-Maschine. Sie ergaben einen Hubraum von 499 cm^3, und mit einem Verdichtungsverhältnis von 4,7:1 entwickelte der Motor bei 4 000 min^{-1} 13,2 PS.

Die Konstruktion des Motors war die gleiche wie beim Motor von 1921 mit Graugußzylinder und -Kopf mit längslaufenden Kühlrippen. Die Nockenwelle lag über der Kurbelwelle,

Die Moto Guzzy Alce, die von der GT20 abgeleitet ist. Die Maschine befördert ein schweres Maschinengewehr.

Eine Alce, die in England untersucht wird, und bei der einige Teile fehlen.

wurde durch Zahnräder angetrieben und trieb ihrerseits den Zündmagneten. Auf der Einlaßseite lag ein Seitenventil, das über Stößel direkt betätigt wurde, während das Auslaßventil im Kopf lag und von einer Haarnadelfeder geschlossen gehalten wurde. Geöffnet wurde es über einen abgewinkelten Schlepphebel, Stößel, Stoßstange und außenliegendem Kipphebel.

Die Ölpumpe der Trockensumpfschmierung wurde von der Kurbelwelle angetrieben und saß tief unten im Kurbelgehäuse. Der Dell'Orto-Vergaser mit abgesetzter Schwimmerkammer blickte nach links. Das Auspuffrohr führte links unter dem Motor hervor nach hinten und teilte sich vor den beiden zylindrischen, übereinanderliegenden Schalldämpfern mit Fischschwanz.

Den Primärantrieb besorgten zwei Zahnräder, die auf der linken Seite auf die Mehrscheibenkupplung wirkten. Diese trieb ein Dreiganggetriebe, dessen Gänge mit einem Handschalthebel in einer Kulisse auf der rechten Tankseite gewählt wurden. Das Getriebe war in Querbauform ausgeführt und der Abgang zur Hinterradantriebskette daher auf der rechten Seite, ebenso wie der Kupplungs- und der Kickstarthebel. Die Gleichstromlichtmaschine hatte auf dem gemeinsamen Gußteil von Kurbelgehäuse und Getriebe hinter dem Zündmagneten ihren Platz und wurde vom Kupplungszahnrad angetrieben.

Moto Guzzi gehörte mit zu den ersten Firmen, die eine Federung beider Räder für notwendig hielten, daher besaß die GT17 ein gefedertes Hinterrad. Im Gegensatz dazu war der Rahmen recht konventionell, mit Rückgratrohr und weit gespreizten Unterzugrohren. Der Teil, auf dem der Sitz ruhte, bestand nicht aus einem Rohr, sondern aus Platten, die auch die Hinterradschwinge aufnahmen und noch über deren Drehpunkt nach unten reichten. Unter dem Blockmotor zog sich eine weitere Blechpreßbaugruppe hin, die die Hinterradfedern aufnahm. Von denen führten Gestänge zur gekröpften Schwinge, die für die Lastaufnahme mit Knotenblechen versteift war.

Die Dämpfung erfolgte über Hebel-Reibungsdämpfer, die beidseits zwischen den Schwingenenden im unteren Hilfsrahmen, der mit dem Hauptrahmen verschraubt war, befestigt waren. Mit weiterem Einfallsreichtum war vorgesehen worden, bei Mitnahme eines Beifahrers die Federvorspannung zu erhöhen. Der Fahrgast saß – etwas höher als der Fahrer – auf einem Sitz, der von Haupt- und Hilfsrahmen getragen wurde. Ihm standen zwei Haltegriffe zur Verfügung, die bei Nichtbenutzung nach hinten waagerecht weggeklappt werden konnten, sowie an Armen befestigte Fußrasten, die bei Benutzung herausgeklappt und zurückgeschwenkt wurden, wenn sie nicht benötigt wurden. Rasten und Griffe standen in Verbindung und ein weiteres Gestänge übertrug ihre Bewegung auf die Hinterradfederung, so daß, wenn die Griffe hoch gingen, die Federspannung es ihnen gleich tat.

Moto Guzzi Alce Modell 1940 mit Beiwagen („motocarrozetta").

Diesen Mechanismus konnte der Fahrer auch benutzen, um bei Geländefahrten die Hinterradfederung härter einzustellen. Vorn dagegen mußte er mit einer gewöhnlichen Rohr-Parallelogrammgabel auskommen, die sich beim Einfedern auf eine Einzeldruckfeder stützte und beim Ausfedern von zwei Zugfedern verzögert wurde, die alle drei von Reibungsdämpfern unterstützt wurden. Mit ihren Drahtspeichen, Simplex-Bremsen und Reifen der Größe 3,50 × 19 boten die Räder nichts Besonderes. Das hintere wurde über ein auf der linken Seite angebrachtes Pedal gebremst, das mit dem Bremsnocken durch ein geteiltes Gestänge verbunden war. Damit sollte die Bremsenfunktion von der jeweiligen

Die Trialce mit Zweirad-Hinterachse, die ein schweres Maschinengewehr tragen konnte.

Raderhebung unbeeinträchtigt sein. Der Drehpunkt des nach hinten zeigenden Pedals lag unter dem Fuß des Fahrers, die Betätigungsfläche hinten fast in Schwungradmitte, und dorthin sollte der Absatz des Fahrers treffen.

Der vorgesehene Mittelständer und ein Werkzeugkasten im Tank gehörten ebenso zur Ausstattung wie der Öltank, der vorn quer unter dem Kraftstofftank im Rahmen hing. Rechts dahinter war das Horn angebracht. Dem Fahrer standen für die Füße Trittbretter zur Verfügung, an denen Schutzschilde für die Beine des Fahrers angebracht waren, die bis zum Tank hinaufreichten. Ein Scheinwerfer auf der Vordergabel vervollständigte die Grundausstattung der Maschine.

Für die Armee gab es dann Sonderausstattungen. Eine davon war der Einbau einer Maschinenpistole vor dem Fahrer, was auf der Vorstellung beruhte, er solle ins Gefecht fahren und das Gelände vor sich mit Geschossen bestreichen. Es scheint, daß die Armeeführung zu der Erkenntnis kam, daß man ein solches Gerät nervösen italienischen Händen besser nicht anvertrauen solle.

Die Maschine wurde auch als Trägerfahrzeug für ein schweres Maschinengewehr samt seinem Dreibein ausgerüstet. Dies schien für alle Beteiligten sicherer zu sein. In dieser Aufmachung büßte sie wieder die beiden kleinen Behälter ein, die zusammen mit der Maschinenpistole angebaut worden waren und höchstwahrscheinlich für die Aufnahme von deren Stangenmagazinen vorgesehen waren.

Die GT17 wurde von 1932 bis 1939 gebaut und dann in den Kriegsjahren von der Alce abgelöst. Diese war aus der GT20 des Jahres 1938 entstanden und ihr gegenüber nur geringfügig verändert worden. Das Getriebe bekam einen zusätzlichen Gang, und auf dem Gußdeckel saß nun ein Schaltautomat, der aber immer noch mit einem Handschalthebel rechts am Tank verbunden war. Von der Ratsche führte ein Kabel zu einem Ganganzeiger auf dem Tank, um den Fahrer zu informieren, in welchem Gang er gerade fuhr.

Der Vergaser bekam ein Luftfilter, das Auspuffrohr mündete in ein Paar übereinanderliegender Schalldämpfer, und das Schwungrad wurde oben abgedeckt, der Motor aber im übrigen wenig verändert – er blieb »typisch Guzzi«.

Geändert wurde der Rahmen, der zwar ähnlich wie bisher aufgebaut war, dessen Hinterradfederung aber nicht mehr lastabhängig verstellt werden konnte. Hilfsrahmen und Anbauteile änderten sich, aber nur geringfügig. Eine der Umstellungen war das Verlegen der Bremstrommel an die rechte Hinterradseite neben das Antriebs-Kettenrad, eine andere war eine Änderung des zugehörigen Bremsfußhebels, der aber immer noch mit dem Absatz bedient wurde.

Wie schon die Vorgängerin konnte auch die Alce für die Beförderung eines Fahrgastes oder eines MG mit Dreibeinlafette hergerichtet werden, sie bot darüber hinaus aber noch weitere Variationsmöglichkeiten. Beispielsweise wurde versuchsweise für den Hochgebirgseinsatz eine Variante mit Skiern gebaut. Daneben wurden noch verschiedene Beiwagenmodelle an die rechte oder linke Seite der Maschine angeschlossen. Es handelte sich dabei ausnahmslos um Einsitzer mit gefedertem Beiwagenrad, nur begrenztem Wetterschutz, ohne Türen und mit auf dem Heck befestigtem Reserverad.

Eine weitere Variante, die um 1942 gebaut wurde, erhielt kleinere Felgen, die mit wesentlich breiteren Reifen bestückt wurden. Das Hinterrad saß auf einem Achsstummel und wurde rechts in einer echten Einarmschwinge – ohne den linken Schwingenarm – geführt. Dieses Modell verwendete ebenfalls den Öltank der GT17.

Eine dreirädrige Sonderbauform war die Trialce, die nach Art der Kleintransporter konzipiert war, welche die Firma seit 1928 baute. Vom Vorderrad bis zum Sattel war die Maschine Guzzi-Serie, aber das Hinterteil erweiterte sich zu einer zweirädrigen Achse und einem tragfähigen Rahmenteil. Darauf konnten verschiedene Aufbauten gesetzt werden, um Lebensmittel oder andere Waren zu befördern. Für die Armee wurde der Transporter rasch in einen Waffenträger, der ein schweres Maschinengewehr samt Panzerschutz für den Bediener beweglich machte, umgebaut. Dies stellte einen sehr kostengünstigen Weg dar, um gleichzeitig Feuerkraft und Bewegung zu erhalten.

Eine Abart davon war der »Motocarro«, der insgesamt kräftiger ausgelegt war. Er verwendete den ohv-Motor in Verbindung mit einem Dreiganggetriebe, das eine in Halbelliptikfedern aufgehängte Hinterachse antrieb. Hinter dem Fahrer lag eine Ladefläche, die offen oder mit einem Verdeck versehen war und auf die man auch eine Maschinenkanone für den Verschuß von Sprenggeschossen stellen konnte.

Diese Motorradform stammte aus dem Jahr 1928 und wurde vor und nach dem Krieg in vielen Größen gebaut. In späteren Jahren kam eine Variante mit spärlichen 50 cm³ heraus, aber 1934 wurde bereits ein Typ mit einem 238-cm³-Motor gebaut. Nach dem Krieg erhielt eine Version einen für Guzzi-Verhältnisse ungewöhnlichen Motor: Es war nicht nur ein Zweizylinder-Boxer, sondern auch ein Diesel!

Ein weiterer ungewöhnlicher Schritt, um Feuerkraft beweglich einzusetzen, ging von dem sportlichen Modell GTS aus. Das war eine GT17 mit vier Gängen und geringerem Eigengewicht. In ihrer einfacheren Form wurde sie mit einer Maschinenpistole bewaffnet, konnte aber auch als gepanzerter Maschinengewehrträger ausgerüstet werden.

In dieser Version trug sie, wie üblich, das Maschinengewehr hinter einem am Lenker befestigten Schutzschild. Vor den Vorderreifen schwenkte schützend eine Panzerplatte, und im Einsatz klappte der Sattel hoch, so daß der Fahrer viel tiefer auf dem Rahmen und hinter dem Schild saß. Wenn dabei die Maschine auf ihrem Mittelständer ruhte und die Füße des Fahrers auf den Fußrasten hinter dem Beinschutz, war er gut geschützt.

Nach dem Krieg wurde 1946 aus der Alce die Superalce mit ohv-Motor, Fußschaltung und etwas höherer Leistung. Sonst änderte sich wenig, bis 1950 die Militärmaschine Falcone mit Teleskopfederung herauskam.

Neben den 500-cm³-Maschinen besaß das italienische Heer auch noch eine Anzahl ähnlich ausgelegter 250er. Dieses Modell, die Airone, war weitgehend wie die GT17 und die Alce gebaut. Der Hubraum von 246 cm³ resultierte aus den Zylinderabmessungen des ohv-Motors (70 × 64 mm). Im übrigen glich die Maschine der 500er hinsichtlich Vierganggetriebe, Magnetzündung, Rohrgabel vorn und Dreiecksschwinge hinten. Unterschiede bestanden bei dem links angebrachten Kickstarter, der – meist – links eingespeichten hinteren Bremstrommel, dem nach rückwärts weisenden Bremspedal, dem Öltank unter dem Kraftstofftankbug und dem außen laufenden Schwungrad. Der Einzelschalldämpfer war rechts eingebaut. Nach dem Krieg wurde die Maschine auf Teleskopgabel umgerüstet.

Das sonderbarste Gefährt von allen war das Autoveicolo da montagna, bekannter unter seinem anderen Namen Mulo Meccanico. »Mechanisches Maultier« war in der Tat eine passende Bezeichnung für dieses Allzweck-Dreiradfahrzeug, das von einem quergestellten 754-cm³-ohv-Zweizylinder-V-Motor angetrieben wurde. Von diesem Triebwerk stammten übrigens in späteren Jahren ganze Serien von Motorradantrieben ab.

Italienische Polizei auf Moto Guzzi begegnet im April 1941 einer Kolonne von „Königlich Afrikanischen Schützen", die den Einmarsch in Addis Abeba anführen.

Moto Guzzi GTS corazzata (gepanzert), eine gekonnte Lösung, um eine Waffenplattform zu schaffen, den Schützen unter Panzerschutz zu stellen und das ganze beweglich zu halten.

Älteres Guzzi-Versuchsmodell mit Rundumpanzerung, das von einem 500-cm³-Einzylindermotor angetrieben wurde.

Das »Maultier« wurde 1960 herausgebracht und nur für die Armee gebaut, die ein Geländefahrzeug gefordert hatte, das überall durchkommen könne. Das Ergebnis entsprach in der Auslegung der Trialce, nur viel größer und schwerer. Beispielsweise war die Reifengröße 6,00 × 15, und das einzelne Vorderrad wurde von einem einzigen massiven Teleskopstempel auf seiner linken Seite getragen.

Gelenkt wurde das Maultier mittels eines Lenkrades, und das Vorderteil wurde noch weiter dadurch kompliziert, daß das Vorderrad über eine ganze Gruppe von Wellen und Zahnrädern angetrieben wurde. Vom Ausgleichgetriebe wurde dafür ein Fünftel der verfügbaren Antriebsleistung abgespaltet. Der Rest ging an die beiden Hinterräder, von denen jedes durch eine Welle angetrieben wurde, die neben dem Längslenker lief und in einem Ritzel und Tellerrad endete.

Zu jeder Hinterradbaugruppe gehörte noch ein kleines Scheibenrad an einem nach hinten ragenden Arm. Diese Räder berührten im normalen Fahrbetrieb nicht den Boden, konnten aber zur Steigerung der Griffigkeit abgelassen werden. Dann wurde um das Hinterrad und dieses Hilfsrad eine gemeinsame Laufkette gelegt, was der Maschine außergewöhnliche Steigfähigkeit verlieh.

Die Motorkraft lief durch ein Sechsganggetriebe mit Rückwärtsgang, und die ganze Mechanik saß in einem stabilen Rahmen, der für militärische Belastungen gebaut war. Gebremst wurden die hinteren Bremstrommeln hydraulisch, die vordere mechanisch. Die Ausstattung entsprach den Normen der Streitkräfte, daher waren die Lager und die elektrische Anlage schwallwassergeschützt und das Bordnetz funkentstört.

Das war schon eine seltsame Maschine. Noch sonderbarer aber war ein versuchsweise gebauter Vollketten-Waffenträger. In der Seitenansicht sah das Laufwerk zwar normal aus, konnte aber auf jeder Seite einzeln angehoben oder abgesenkt werden. Der Hubweg war so groß, daß das Fahrzeug auf einem Hang mit 30 Grad Neigung noch waagerecht stehen konnte. Es wurde von einem 500-cm³-Motor angetrieben und wäre im Gebirge, wo man oft lange Hänge traversieren muß, nützlich gewesen.

Eine weitere ungewöhnliche Maschine wurde in der Anordnung von Trialce oder Mulo gebaut, wobei jedoch der Fahrer weitgehenden Panzerschutz hinter Stahlplatten erhielt. Die Hinterreifen trugen eine Laufkette zur Erhöhung der Zugkraft, alle Räder waren Scheibenräder. Die Maschine wurde mit einem Maschinengewehr ausgerüstet und konnte so als leichtes dreirädriges Panzerfahrzeug eingesetzt werden.

Moto Guzzi war wirklich nie um eine ausgefallene Lösung für ein Problem verlegen.

Volugrafo Aermoto

Wie die Engländer bauten auch die Italiener ein Motorrad, das man an einem Fallschirm aus dem Flugzeug werfen konnte – tatsächlich war es ein Motorroller.

Die Maschine war ein echter Zwerg, der ähnlich aussah wie das Honda-Nachkriegsmodell Monkey: mit kleinen Reifen auf winzigen Stahlblechrädern. Sie wurde von einem einfachen Einzylinder-Zweitaktmotor mit 125 cm^3 angetrieben, dessen Schwungmagnetzünder auf dem rechten Kurbelwellenstumpf saß.

Die Kraftübertragung erfolgte über Kette, das Getriebe enthielt zwei Gänge und ein zweistufiges Zwischengetriebe, das zwei verschiedene Fahrbereiche ermöglichte. Die Gän-

Die Volugrafo Aermoto – in diesem Falle mit Zwillingsrädern – war zum Absetzen mittels Fallschirm bestimmt (diese Aufnahme wurde 1944 in Rom gemacht).

ge wurden mit einem Handschalthebel vor dem Kraftstofftank eingelegt, die Fahrbereiche mit einem Schalthebel auf dem Getriebe geschaltet. Die Höchstgeschwindigkeit betrug 30 – 60 km/h im oberen, 20 km/h im unteren Bereich.

Ein Doppelschleifenrohrrahmen nahm das Triebwerk auf, das für die Luftverlastung und bei eventuellen Bodenberührungen gut geschützt eingebaut war. Es gab nur ein Minimum an Federung, eine fahrradähnliche Vordergabel. Dem restlichen Fahrkomfort diente ein breiter Muldensattel.

Das Ungewöhnlichste an der Maschine waren die Räder. Vorn und hinten wurden entweder Einzel- oder Zwillingsräder angebaut. Mit letzteren konnte die Maschine ohne Kippständer stehen, die Scheibenräder hatten geteilte Felgen. Beide Räder waren gebremst, die Hinterradbremse wurde durch ein Pedal auf der rechten Seite betätigt. Wegen der geringen Abmessungen der Maschine ragten die Lenkergriffe weit nach oben. Ein Bolzen verriegelte den Lenker, nach dessen Lösen konnte der Lenker zurückgeklappt werden, damit er in den Abwurfbehälter paßte.

Zwar wurde diese italienische Maschine nicht in einer Stückzahl wie die englischen Modelle gebaut, doch entwickelten sich aus diesem Konzept eines Motorrollers nach dem Krieg die Roller von Vespa und Lambretta, zwei Marken, die rund um die Welt zum Synonym für diesen Fahrzeugtyp wurden.

9. Japan – alles nur Kopien?

Die Geschichte der japanischen Motorradindustrie reicht bis in die Regierungszeit König Eduards zurück. Dieser Industriezweig ging in den Zwanzigern nahezu ein, erholte sich dann aber in den dreißiger Jahren dank der militärischen Expansion. Die Fertigungszahlen waren jedoch immer gering, und selbst im besten Jahr (1940) erreichte die Produktion gerade 3 000 Stück.

Die weltweite Rezession der frühen dreißiger Jahre blieb nicht ohne Auswirkungen auf die Industrie. Dazu kamen noch die Probleme des Zahlungsausgleichs, die der Einfuhrüberschuß verursachte. Sowohl zivile wie uniformierte Motorradfahrer verlangten ausländische Maschinen, wobei erstere durch hohe Einfuhrzölle abgeschreckt wurden, die im Verlauf der dreißiger Jahre immer weiter angehoben wurden.

Für die Militärs sah es anders aus, da sie seit dem ersten Weltkrieg Harley-Davidson-Motorräder verwendet hatten und diese beibehalten wollten. Den Verkauf der amerikanischen Maschine betrieb die Firma Sankyo, und als 1929 der Kurs des Dollars gegenüber dem Yen absackte, kam ein Vertrag zustande, nach dem Sankyo die Motorräder nach den Harley-Davidson-Zeichnungen nachbauen durfte.

Ein japanischer Munitionsträger, der an der Buna-Front in Neu-Guinea erbeutet wurde. Er ist aus einem Motorrad umgebaut und hat rundum Scheibenräder.

Der gleiche Transportertyp befördert hier auf einem US-Luftstützpunkt in Neu-Guinea Soldaten, im Hintergrund eine B24 Liberator. Das Foto trägt den Vermerk „Nicht für Gebrauch in der westlichen Hemisphäre oder auf den britischen Inseln“.

Die Kopie der Harley-Davidson-Maschine mit V-Motor, die in Japan unter dem Namen Rikuo gebaut wurde.

Die Produktion lief auch an, zuerst noch unter Verwendung einiger Teile aus den USA, aber ab 1935 wurden die Maschinen vollständig in Japan gebaut. Die weitere Geschäftsentwicklung führte dazu, daß die Maschinen unter dem Namen Rikuo produziert wurden. 1937 wurde der Einfuhrzoll um den Faktor 7,5 erhöht, und bei der damals herrschenden militaristischen Regierung führte daran kein Weg vorbei, selbst nicht für die gerissenen Vertreter von Harley-Davidson.

Also wurde die Rikuo das Motorrad des kaiserlich-japanischen Heeres und es wurden davon insgesamt rund 18 000 gebaut. Die Maschinen entsprachen natürlich vollkommen der Harley mit ihrem riesigen 1 200-cm³-Seitenventil-Zweizylinder-V-Motor, der niedrig drehte und einen gewaltigen Durchzug besaß. Der Motor trieb über ein Dreiganggetriebe das Hinterrad an, und bei Gespannbetrieb stand dem Fahrer auch noch ein Rückwärtsgang zur Verfügung. Die Solomaschine wurde auch mit 750-cm³-Motor gebaut.

Die Schmierung des Motors war ein völliger Versager. Eine zusätzliche Handpumpe sollte die motorgetriebene bei höheren Drehzahlen unterstützen oder bei ihrem Ausfall ersetzen. Der Primärantrieb erfolgte über Duplexkette, und die Kupplung wurde – wie bei der Harley Davidson – fußbetätigt. Ein starrer Rahmen trug den Motor und war vorn mit der Harley-typischen Gabel ausgestattet, die unten kurze Schwingen trug.

Wenn ein Seitenwagen angebaut war – auf der linken Seite – wurde sein Rad vom Hinterradantriebsritzel über eine Welle angetrieben, die an beiden Enden Hardyscheiben trug. Mit einer Klauenkupplung konnte der Antrieb zu- und abgeschaltet werden. Das Beiwagenboot mit einer Blattfeder auf jeder Seite war gut gefedert und bot seinem Passagier eine angenehmere Fahrt als die Maschine dem Fahrer.

Dieses Gespann wurde im Osten mit beinahe allen Wegverhältnissen fertig, der hochgelegte Schalldämpfer rechts ermöglichte auch Wasser-Durchfurten. Mit dem richtigen Mann am Lenker konnte ein solches Gespann auf Dschungelpfaden jedem Jeep davonfahren.

Die Japaner benutzten daneben noch in kleinen Stückzahlen Eigenbauten. Darunter waren auch Dreiräder ähnlich denen, die die italienischen Firmen bauten. Eines davon war das Toyo Kogyo, im Grunde ein Motorrad bis zum Sattel mit angehängten Zweiradfahrgestell, wie es eben bei dieser Bauart so üblich war. Darauf konnten dann Aufbauten oder Ladeflächen montiert werden.

Weitere einheimische Maschinen kamen von Asahi, Meguro und Cabton, die alle mehr oder weniger gut europäische Maschinen kopierten. Oft entstammte das nachgebaute Modell noch der Vintage-Epoche, keines wurde in größeren Stückzahlen gebaut. Es waren ausnahmslos Einzylinder-Viertakter.

Nach dem Krieg entstand eine neue Situation. Die ersten schwachen Anzeichen industriellen Wachstums waren bereits in den ersten Besatzungsjahren festzustellen. Es wurden einige unglaublich primitive Maschinen gebaut, die Firmen vermehrten sich, bis es über hundert waren, dann kam ein mörderischer Preiskrieg, bis im Jahre 1960 schließlich einige wenige Firmen innerhalb von zwölf Monaten über eine Million Motorräder produzierten. Und dann fingen die Japaner an, zu exportieren.

10. Polen – die Sokol

Die Geschichte Polens ist von Invasionen, Revolutionen und Teilungen geprägt. Nach der dritten im Jahre 1795 wurde das Land von Fremden beherrscht, und erst 1919 wurden seine Grenzen festgesetzt. Diese bestanden zwanzig kurze Jahre, bis das Land von Osten und Westen besetzt und wieder geteilt wurde.

Vor diesem Hintergrund ist es kaum verwunderlich, daß der Motorradsport darniederlag und vor den zwanziger Jahren kaum Veranstaltungen stattfanden. Das geringe Aufgebot fuhr dann auch meist noch auf ausländischen Maschinen; eine Quelle, die 1939 jäh versiegte.

Die erste polnische Maschine wurde um 1925 gebaut, und obwohl sie eigentlich eine Harley-Davidson-Kopie war, hatte sie doch viele Probleme. Es wurde 1930, bis die ersten 100 Stück fertiggestellt waren. Sie erwiesen sich bis dahin als gehörig veraltet, so daß keine weiteren gebaut wurden.

Man beschloß, den zivilen Markt zu ignorieren und ein Modell allein für die Armee zu produzieren, das »Sokol« (auf polnisch: Adler) genannt wurde. In den dreißiger Jahren wurden insgesamt 1 000 Stück gebaut, zu denen sich weitere 200 für Polizei und Post gesellten. Alle wurden mit angebautem Beiwagen geliefert.

Während der Produktionszeit der verschiedenen Teilaufträge änderten sich die Maschinen geringfügig. In sie wurden Bauteile aus England montiert: Vergaser, Kolben, Ketten,

Brest/Frankreich 1940: Die polnische „Highland Rifle Brigade", die mit Gespannen ausgerüstet war, deren Hersteller vielleicht Sokol, wahrscheinlicher aber Terrot oder Gnôme et Rhône waren.

Ein Maschinengewehr auf einer Sokol M111 lafettiert.

Lager usw., aber der Rest der M111, wie die Typbezeichnung lautete, entstammte polnischer Fertigung.

Das Triebwerk war ein 995-cm³-Zweizylinder-V-Motor mit Leichtmetall-Zylinderköpfen, dessen Seitenventile rechts standen. Ein Vergaser versorgte beide Zylinder, er lag im engen Winkel zwischen ihnen. Die ganze Kraft kam »aus dem Keller«, und der Motor zog so, wie es nur diese Bauform vermag. Das Getriebe besaß drei Gänge, rechts war der Schalthebel angeordnet, und die Mehrscheibenkupplung wurde nach Harley-Art durch einen Fußhebel links betätigt.

Nach dem gleichen Vorbild lagen dann auch der Handhebel für die Vorderbremse und das Pedal für die Hinderradbremse auf der rechten Seite, während der Gashebel neben dem linken Lenkergriff montiert war.

Der Rahmen war eine kräftige Rohr-Doppelschleifen-Konstruktion mit ungefedertem Hinterrad. Die Vordergabel – auch aus Rohren – trug nach Harley-Art kurze Schwingen mit Zwillingsfedern. Die Räder waren von kräftiger Bauart, um der Belastung gewachsen zu sein, und waren untereinander austauschbar, da auch das Seitenwagenrad eine Bremse besaß. Auf dem Heck des Beiwagens wurde ein Reserverad mitgeführt.

Das Seitenwagenfahrgestell war über eine kräftige Blattfeder an einem Punkt angelenkt und das Boot ruhte auf zwei langen Halbelliptikfedern. Es war lang genug, daß der Fahrgast darin schlafen konnte, und verfügte trotzdem hinter der Rückenlehne über einen Staukasten.

Als die polnischen Streitkräfte besiegt waren, wurde ein Gespann (mindestens) versteckt, das viele Jahre später in Schweden auftauchte. Die anderen scheinen zerstört oder aufgegeben worden zu sein; vielleicht wurden sie sogar von den Russen erbeutet und haben ihre Tage im Osten beendet.

11. Rußland – einige waren hausgemacht

Die Rote Armee hat im Laufe der Kriegsjahre eine große Anzahl von Solo- und Beiwagenmaschinen eingesetzt, die zum größten Teil auf deutschen Entwürfen beruhten. Neue politische Verbindungen zwischen beiden Staaten kamen kurz vor Kriegsbeginn mit der Unterzeichnung eines Pakts zustande – und kaum war der Krieg ausgebrochen, stießen, während die Deutschen von Westen das Land überrollten, die Sowjets von Osten nach Polen hinein.

Sobald dieses Land aufgeteilt war, richtete Rußland seine Aufmerksamkeit auf Finnland, und hatte dann Anfang 1940 den Finnen einen Vertrag abgerungen, nach dem diese den Sowjets Gebiete abtreten mußten. Im gleichen Jahr noch schluckten dann die Sowjets die drei kleinen baltischen Staaten und schufen damit ein Polster zwischen sich und der deutschen Wehrmacht. Das bewahrte sie freilich nicht vor Hitlers Plänen; denn 1941 marschierte er in Rußland ein und stieß fast bis Moskau vor, ehe er zurückgeworfen wurde und dabei Tausende von Fahrzeugen zurückließ.

Sowjetische Motorräder waren in jenen Tagen dünn gesät. Zuerst bekamen die Russen als Aushilfe englische Maschinen geliefert und zwar von Ariel, Matchless, Norton und auch einige von Velocette, die für die Roten ein Rätsel dargestellt haben müssen. Später kamen noch um die 29 000 US-Maschinen dazu. Mit denen kam man schon eher zurecht; denn eine große Zweizylinder-V-Maschine war auf russischen Straßen nichts Unbekanntes. Einige ihrer Vorkriegsmodelle entsprachen Harley- und Indian-Maschinen und eigneten sich gut für die gewaltigen Entfernungen und die im allgemeinen schlechten Straßen, mit denen sie sich herumschlagen mußten. Zusätzlich zu den Importen gab es noch eine größere Anzahl deutscher Beutemaschinen, mit denen sich die Russen ebenfalls besser auskannten.

Russische Maschinen werden nach einem System bezeichnet, das ihren Herkunftsort und den Hubraum in cm^3 verrät. Also produzierte die Promet-Fabrik in Leningrad die L 300, eine Einzylinder-Zweitaktmaschine mit 292 cm^3, die in den Kranii-Oktobriya (Roter Oktober) Werken gebaut wurde. Die Fertigung lief von 1931 bis 1940, die Maschine war die Kopie einer älteren DKW mit Preßstahlrahmen. Sie wurde von der Roten Armee in beträchtlichen Stückzahlen eingesetzt.

Eine russische TIZ-AM-600, die mit Skiern ausgerüstet wurde, um im tiefen Winter Ende 1942 ihre Beweglichkeit zu erhalten.

Eine Kette von Kradmeldern der Roten Armee 1942 an der Südfront. Die Maschinen sind das Modell L 300.

»M« bedeutete Moskau, und die ML 3 war die kleinste der DKW-Kopien, nämlich ein 125-cm³-Einzylinder-Zweitakter mit Dreiganggetriebe. Der Generator saß zusammen mit dem Unterbrecher rechts, der Primärantrieb und die Fußhebel links. Da sich der Hinterradantrieb und die Hinterradbremse rechts befanden, ging wie beim deutschen Original der Kraftfluß quer durch das Getriebe.

Der Rohr-Schleifenrahmen war hinten nicht gefedert. Die Vordergabel war aus Stahlblech gepreßt und besaß eine zentrale Druckfeder. Beide Räder waren Drahtspeichenräder mit kleinen Bremstrommeln. Der Rest des Fahrwerks entsprach den DKW-Original-Teilen.

Die ML 3 war nur ein Jahr lang gebaut worden, als der »Große Vaterländische Krieg« ausbrach, und sie wurde nicht an das Militär geliefert. Es ist jedoch unwahrscheinlich, daß sie nicht doch zum Einsatz bei der Truppe kam.

Als zweite DKW-Kopie erschien gegen Ende des Krieges die der NZ 350, die in Rußland zur JZH-350 wurde. Auch sie spiegelte den deutschen Entwurf wider, mit Einzylinder-Zweitaktmotor – der ebenfalls Doppelauspuff besaß – und einem genauen Nachbau aller Teile bis hin zum schwarzen Anstrich des Schalldämpfers. Der Blockmotor war mit dem Vier-

M 72 Gespanne, die von Aufklärern der Roten Armee – vom ersten Garde-Motorrad-Regiment in der Kampfzone gefahren werden.

ganggetriebe vereinigt und besaß sowohl Hand- wie Fußschaltung, erstere an der rechten Tankseite und letztere links vom Getriebe.

Der Rahmen war aus U-Profil-Blechpreßteilen aufgebaut und besaß eine Preßgabel. Das Fahrwerk war wie bei dem deutschen Modell mit Gepäckträger und Schwingsattel ausgestattet. Diese Maschine ergänzte die L300-Maschinen.

Der M72-Zweizylinderboxer stand seinem deutschen Vorbild noch näher, denn er basierte auf dem BMW-Modell R 71. 1939 wurde diese Maschine von den Iskra-Zavod-Werken in Moskau in Lizenz gefertigt, aber 1941 wurde die ganze Fabrik nach Irbitsk im Ural verlegt. Die M 72 war moderner als die anderen Modelle; sie besaß eine Teleskopgabel, Rohr-Schleifenrahmen und Geradweg-Hinterradfederung. Das Triebwerk war der bekannte Boxermotor mit Seitenventilen, zwei Vergasern und zahnradgetriebener Nockenwelle und Lichtmaschine, beide oberhalb der Kurbelwelle liegend.

Das Getriebe enthielt vier Gänge und links den Fußschalthebel sowie rechts einen Hilfs-Handschalthebel. Auf der gleichen Seite verlief der Wellenantrieb zum Hinterrad. Alle Fahrwerkteile entsprachen dem deutschen Vorbild, mit Sattel und Gepäckträger bei den älteren Modellen und später zwei Sitzen für Fahrer und Beifahrer samt Haltegriff für letzteren. Die Maschine wurde solo und als Gespann eingesetzt.

Außerdem gab es eine zweite 750-cm³-Maschine, die PMZ-A-750. Sie basierte auf der amerikanischen V-Zweizylindermotor-Technik, ein Seitenventilmotor trieb über ein Dreiganggetriebe das Hinterrad an. Das Fahrwerk glich den älteren BMW-Modellen mit dem aus Blechpreßteilen zusammengesetzten Rahmen und der Gabel mit der gezogenen Schwinge. Die Federungsarbeit übernahm eine unten am Lenkkopf befestigte Viertelelliptikfeder, die über Gestänge mit der Schwinge verbunden war. Die Maschine eignete sich gut für russische Verhältnisse und wurde – gemeinsam mit den Boxern und den Zweitaktern – von der Roten Armee ausgiebig gefahren.

12. Schweden – neutral, aber nicht tatenlos

Schweden blieb während des ganzen zweiten Weltkriegs neutral, wurde von ihm aber trotzdem stark betroffen, hatten doch vor dem Krieg England und Deutschland zusammen die Hälfte von Schwedens Exporten aufgenommen. Bei Ausbruch des Krieges verhängten die Briten eine Blockade über die Eisenerzlieferungen an Deutschland und als Erwiderung wurden einige schwedische Schiffe von deutschen U-Booten versenkt.

Als einige Monate verstrichen waren, befand sich Schweden zwischen den Deutschen (die Norwegen besetzt hatten) und den Sowjets (die Finnland besetzt hielten). Es bedurfte eines diplomatischen Seiltanzes, um zwischen den zahlreich auftretenden Problemen zu lavieren, und obwohl Schweden ein neutraler Staat war, mußte es eigene Streitkräfte unterhalten.

Bei Kriegsausbruch machten die Schweden das, was andere Länder auch machten: Sie beschlagnahmten zivile Motorräder. Daneben kauften sie noch eine Anzahl von 350er und 500er DKW-Maschinen. Wie andere auch, entdeckten die Schweden, daß dieses Vorgehen zwei große Probleme aufwarf. Erstens hielten nicht alle Maschinen der Beanspruchung bei der Armee stand und lagen bald fest. Zweitens – als Folge des ersten – machte der Mangel an Ersatzteilen und Fachkenntnissen manche Reparatur unmöglich und brachte oft schon bei der Wartung Probleme.

Um den Schwierigkeiten der Schweden die Krone aufzusetzen, war die heimische Motorradindustrie in den dreißiger Jahren gewaltig in die Knie gegangen, so daß beispielsweise Husqvarna – obwohl sie einer der bekanntesten schwedischen Firmen war – einige Jahre lang überhaupt keine Motorräder baute, da ihre Kapazitäten mit der Fertigung von Gewehren, Pistolen und Rüstungsgütern für die Armee völlig ausgelastet waren.

Die Lösung dieses Problems wurde der Kraftfahrzeugabteilung der Armee übertragen und dazu der Auftrag, die Fertigung einer Militärmaschine in die Wege zu leiten. Zuerst dachte man an eine Zweizylinder-Boxer-Konzeption nach deutscher Art, aber man erkannte bald, daß es zu lange dauern würde, den Bau eines solchen Typs aus dem Nichts auf- und bis zur Serienreife durchzuziehen.

Daraufhin entschied man, daß ein einfaches Gerät mit dem Vorzug leichter Wartung eine viel bessere Lösung darstelle. Von diesem Entschluß führte der Zwang, die Produktion

Motor und Getriebe der m 42/SV, einer Kopie der Husqvarna von 1935. Sie wurde von Monark gebaut, wie man auf dem Kniekissen erkennen kann.

Die nach außen geschweifte Rohrgabel der m 42/SV, eine Änderung, die für die Aufnahme eines anderen Vorderrades notwendig wurde.

Die m 42/TV mit hängenden Ventilen und interessanter Vorder- und Hinterradfederung.

Die Antriebsseite der m 42/TV. Ersatzzündkerze in Halterung vor dem Zylinderkopf!

möglichst rasch hochzufahren, bald zu der Entscheidung, doch lieber ein bereits gebautes Modell zu verwenden und dieses nur soweit nötig den Forderungen der Armee anzupassen.

Schließlich wurden dafür zwei 500-cm³-Modelle von Husqvarna ausgewählt: Die 112SdV mit Seitenventilen und die ohv-112TV, beides Modelle Jahrgang 1935. Erstere wurde als in der Fertigung einfacher angesehen und daher ein erstes Los von 300 Stück geplant. Husqvarna genehmigte die Benutzung ihrer Zeichnungen und Werkzeuge. Motor, Getriebe und Primärantriebsgehäuse wurden bei Albin-Motors in Kristinehamn gefertigt, einem Hersteller von Bootsmotoren, der bis dahin noch keinen luftgekühlten Motor gebaut hatte.

Rahmen und Fahrwerkteile wurden bei Monark in Varberg hergestellt, die auch die komplette Maschine zusammenbauten. Um niemandes Gefühle zu verletzen, erhielt das Modell die prosaische Bezeichnung »Heeresmotorrad m/42«.

Das Seitenventilmodell wurde mit nur geringen Änderungen gebaut, da die Maschinen rasch benötigt wurden und ohnehin erschien es als der schnellste Weg, um Herstellungsprobleme zu erkennen, einfach im Werk eine größere Serie durchlaufen zu lassen. Die Änderungen betrafen die Räder, die austauschbar gemacht wurden, sowie den Anbau lederner Packtaschen und eines Beifahrersitzes. Am stärksten fiel die Änderung der Vordergabel ins Auge, deren Gabelrohre sich unterhalb des Lenkkopfs weit nach außen wölbten, um das geänderte breitere Vorderrad aufnehmen zu können.

Die Zweizylinder-NV war, was den Motor betraf, von der m 42/TV abgeleitet. Sie wurde nur als Gespann mit Antrieb auf Hinterrad und Beiwagenrad gebaut.

Als dann die Fertigung lief, wurde der kopfgesteuerte Motor im Detail überarbeitet. Dieses Triebwerk war nach englischen Prinzipien aufgebaut und sein Zylinder war leicht nach vorn geneigt, so wie auch der des sehr ähnlichen Seitenventilmotors. Das Kurbelgehäuse war vertikal geteilt, und die zusammengesetzte Kurbelwelle drehte sich in zwei Rollenlagern. Der Hubzapfen war in die Kurbelwangen eingepreßt und wurde von eingewalzten Verschlußstopfen gehalten, während das Pleuellager zunächst als käfigloses Doppelrollenlager ausgebildet war. Damit aber gab's Ärger, weshalb später ein Käfig verwendet und der Zapfen selbst geändert wurde.

Die Motorabmessungen waren 79 × 101 mm, der Zylinder war aus Grauguß mit eingegossenem Stoßstangenschacht. Der Zylinderkopf bestand aus Leichtmetall mit Bronzeeinsätzen für Ventilsitze, Zündkerzengewinde und Stehbolzen. Diese, vier an der Zahl, saßen in Hülsen des Kurbelgehäuses und konnten daher freidrehend nach oben in den Kopf geschraubt werden. Das gleiche System hatte BSA bei den Gold-Star-Motoren verwendet.

Der Ventiltrieb war normal, wobei zwei Nocken auf einer Welle über Zahnräder von der Kurbelwelle angetrieben wurden. Eine der Änderungen für militärische Verwendung war, die Stößel wegzulassen und die Stoßstangen soweit zu verlängern, daß sie von den Schlepphebeln unmittelbar betätigt wurden. Gleichzeitig wurden in die unteren Enden der Stoßstangen Einstellschrauben eingesetzt, die über eine im Zylindergußteil bereits vorgesehene Deckplatte zugänglich waren, um das Ventilspiel einzustellen.

Die Kipphebel im Zylinderkopf waren auf Achsen gelagert, die Ventile besaßen doppelte Federn und eine gehärtete Schaftkappe. Den Zugang zum Ventilmechanismus ermöglichten mit Schrauben befestigte Abdeckplatten, die die früheren Einschraubdeckel ablösten. Die Ventil-Steuerzeiten wurden für die Armee-Motoren entschärft, was zwar etwas Leistung kostete, dafür aber auch ein Mehr an Laufkultur brachte.

Die Pumpe der Trockensumpfschmierung saß rechts im Kurbelgehäuse. Die Zündung übernahm ein Standmagnet, der von der Nockenwelle über Kette angetrieben wurde, darüber lag die Gleichstromlichtmaschine. Zuerst wurde die elektrische Ausrüstung verwendet. Nach Aufbrauchen der 1200 vorhandenen Sätze waren weitere nicht mehr zu bekommen. Also baute die schwedische Firma SEM die Elektroanlage, die dann anstelle der deutschen trat. Das gleiche Problem gab es mit dem Amal-Querstromvergaser, von dem auch nur 1 200 Stück vorhanden waren. Alle anderen mußten aus den Vollen gefertigt werden. Das war nicht eben wirtschaftlich, weshalb einer der ersten Aufträge, der nach dem Krieg bei Amal einging, eine Lieferung nach Schweden beinhaltete. Zum gleichen Zeitpunkt wurde dann auch die Gelegenheit benutzt, Luftfilter anzubauen, die vorher nur selten verwendet worden waren.

Eine weitere technische Raffinesse wurde eingebaut, um mit der dürftigen Kraftstoffqualität zurechtzukommen, die meist nur verfügbar war und die den Kaltstart arg erschwerte. Hinten wurde am Rahmen ein Behälter samt eingebauter Pumpe angebracht, der mit dem Ansaugkanal verbunden war und mit hochwertigem Kraftstoff gefüllt wurde. Der Rest war Ausbildungssache: Ein Stoß mit der Pumpe, ein Tritt auf den Kickstarter und schon lief der Motor.

Der Motor trieb über eine Kette ein Dreiganggetriebe, das auf der linken Seite in einem Leichtmetallgußgehäuse untergebracht war. Die Teilung des Gehäuses verlief horizontal durch die Mitte der beiden Kettenräder, wodurch erheblich weniger Öl austrat als bei Zeitgenossen. Das Getriebe in englischer Bauart mit der Kette zum Hinterrad auf der linken Seite wurde mit einer recht primitiven Wippe geschaltet. Diese griff in einen Ratschenmechanismus, der außen am Getriebegehäuse unter einem Stahlblechdeckel saß und seinerseits die Gänge schaltete, wobei bei jeder Betätigung der Schaltwippe automatisch ausgekuppelt wurde.

Der starre Rahmen des Seitenventilmodells war zunächst aus zwei Teilen zusammengefügt, von denen der vordere eine Schweißkonstruktion war, und trug vorn eine normale Parallelogrammgabel mit Zentralfeder. Er wurde aber nach der Erprobung der ersten drei ohv-Modelle vollkommen geändert. Auch der neue Rahmen bestand aus zwei Teilen, wobei im offenen Vorderteil der Motor Vorder- und Sitzrohr verband. Daran war der rückwärtige Teil geschraubt, der auf jeder Seite ein »Z« bildete, bei dem das obere Rohr nach hinten verlief und das Ende des hinteren Schutzblechs, den Beifahrersitz und die Packtaschen trug.

An der Mitte dieses Rohres war eine senkrechte Federhülse befestigt, die sich unten am Knoten von Diagonalrohr und unterem Rohr abstützte und vor- und zurückbewegt werden konnte. Damit konnte die Kettenspannung eingestellt werden und außerdem konnte die Verbindung zwischen der Radachse und den beiden Gleitstücken sehr steif ausgeführt werden.

Die Vorderradgabel war ebenfalls neu und wie beim Seitenventilmodell für die Aufnahme des Rades nach außen gekröpft.

Die Parallelogrammfederung war aus Rohren gebaut, wobei die oberen Schwingteile der

Das Modell Suecia Armé, das für das schwedische Heer in kleinen Stückzahlen gebaut wurde.

Das außermittige Getriebe der NV (sechs Vorwärtsgänge und ein Rückwärtsgang), das von der Kurbelwelle über Kegelräder getrieben wurde und dessen Ausgang mit dem Hinterrad fluchtete.

Federwirkung wegen nach vorn gezogen waren. In einem Gehäuse neben den Gabelholmen und an diesen befestigt steckten jeweils zwei Federn, die durch ein Gestänge mit dem verlängerten Schwingarm verbunden waren. Außerdem saßen in jeder Federbaugruppe noch eine Verstellvorrichtung und ein hydraulischer Stoßdämpfer, dessen Dämpfungsgrad über ein Konusventil verändert werden konnte.

Jedes Rad bestand aus der in die Felge eingespeichten Nabe, mit der die Bremstrommel über sechs Zapfen verbunden war, die nabenseitig in Gummieinsätzen gelagert waren. Die Bremsen waren in Simplex-Bauweise ausgeführt; die hintere wurde durch ein Pedal betätigt, dessen Welle durch den Kettenkasten lief.

Beim Seitenventilmodell war ein normaler Scheinwerfer eingebaut, den ein Schutzbügel abschirmte. Der vom Vorderrad angetriebene Tachometer war oben auf der Gabel montiert. Beim ohv-Modell war der Scheinwerfer zwischen die breiteren Gabelholme zurückgesetzt und in die Rückseite des Lampengehäuses war der Tacho eingebaut. Der Schutzbügel wurde weggelassen, dafür aber eine Positionsleuchte auf oder seitlich am Scheinwerfer befestigt. Sattel, Soziussitz und Lederpacktaschen rundeten die Ausstattung ab.

Für den Wintereinsatz wurden die Maschinen mit Skiern versehen. Dazu kam noch ein Handschalthebel, damit der Fahrer beide Füße ständig auf den Brettern lassen konnte. Diese Zusatzausrüstung wurde von allen skandinavischen Ländern verwendet.

Von dem Modell m 42/TV wurden in der zweiten Kriegshälfte etwa 3 000 Maschinen gebaut. Die m/42 wurde erst 1965 außer Dienst gestellt. Als man erst einmal die Kinderkrankheiten beseitigt hatte, erwies sie sich als ein zuverlässiges Arbeitspferd, das für seine Aufgaben ideal war.

Neben diesem Basismuster faszinierte die Schweden auch der Gedanke eines anspruchsvollen Beiwagengespanns nach Art von Zündapp/BMW. 1942 wurde das Projekt gestartet, mit dessen Durchführung die Firma Nymans Verkstader (NV) in Uppsala beauftragt wurde. Motor und Getriebe entwarf Folke Mannerstedt, der bekannte schwedische Konstrukteur.

Als erster Schritt wurden ein oder zwei Prototypen gebaut. Da die m/42 bereits gefertigt wurde, lag es nahe, einige ihrer Motorenteile zu verwenden. Das Ergebnis war ein V-Zweizylinder-Motor mit engem Zylinderwinkel, der die obere Hälfte des 500-cm^3-Motors verwendete und dadurch einen Hubraum von einem Liter erhielt. Die Zylinderköpfe wurden so geändert, daß ein einzelner Vergaser einen Ansaugkrümmer zwischen den Zylindern versorgte, der Auspuff lag jeweils rechts.

Der Motor selbst war wirklich sehr konventionell mit seinem dahinter versteckten Zündmagnet, der über eine Kette vom Steuerkasten angetrieben wurde. Aus dieser traditionellen Konstruktion resultierten bei 4 000 min^{-1} 36 PS.

Von da an wurde es ungewöhnlich. Da das Lastenheft Wellenantrieb forderte und nur Gespannbetrieb vorsah, beschlossen die Konstrukteure, den Antrieb an der Kurbelwelle umzulenken. Dies geschah in einem Kasten links neben dem Kurbelgehäuse, aus dem dann nach hinten das Getriebegehäuse ragte. Seine Wellen lagen in Längsrichtung der Maschine und trugen Zahnräder für insgesamt sechs Vorwärtsgänge und einen Rückwärtsgang. Geschaltet wurde mit zwei Hebeln an der linken Seite des Kraftstofftanks. Die Antriebswelle trat an der Rückseite des Getriebes aus, etwas versetzt führte sie zum hinteren Kegelradgetriebe. Die Tatsache, daß alle diese Getriebe seitlich der Maschinen-Mittelachse lagen, war beim Gespann bedeutungslos, also stand das Konzept der Maschine fest.

Der Doppelschleifenrahmen bestand aus Rohren und Stahlblechpreßteilen, die Vordergabel arbeitete mit Teleskopfederung. Beide Räder enthielten massive Bremstrommeln, die durch sehr kurze Speichen mit den Stahlfelgen verbunden waren. Die Bremsen wurden hydraulisch betätigt, die Räder waren mit weit umgreifenden Schutzblechen abgedeckt. Für Fahrer und Beifahrer gab es jeweils Einzelsitze, der Scheinwerfer lag geschützt zwischen den Gabelrohren. Der Tacho war oben auf der Gabel befestigt und wurde vom Vorderrad angetrieben.

Nur wenige Exemplare dieser Maschine wurden gebaut. Bei der Erprobung zeigten alle Vor- und Nachteile dieser Konzeption. Sehr gut, wenn in den richtigen Händen – u. U. tödlich für andere. Sobald es den Jeep gab, vergaß man auch bei der schwedischen Armee das Spezial-Gespann und setzte auf vier Räder.

Was die anderen schwedischen Firmen betraf, so lieferte Fex dem Heer während des Krieges keine Maschinen, wohl aber Suecia. Diese bauten eine Vorkriegskonstruktion mit MAG-Seitenventil-Motor, bei 82 × 94 mm Bohrung/Hub mit 496 cm^3 Hubraum. Die Konstruktion war, auf englische Art, recht altmodisch, aber ordentlich gebaut mit Burman-Vierganggetriebe und Bosch-Elektrik.

Diese Modelle waren zwar gut verarbeitet, aber ihre Zahl war relativ gering, und so blieb die m/42 *die* Maschine für die schwedische Armee – während des Krieges und auch noch danach.

13. Die Schweiz – eine rührige Industrie

Die Schweiz blieb während des Krieges ihrer Tradition der Neutralität treu. Gleichzeitig besaß sie aber auch eine Armee, die bei Kriegsausbruch sofort voll mobil machte. Binnen zwei Wochen waren sämtliche wehrtauglichen Erwachsenen zum Luftschutzdienst oder anderen Verteidigungsaufgaben einberufen worden und Maßnahmen wurden eingeleitet, um alle Verdächtigen festzusetzen. Die Behörden wollten ihr Land nicht zu einer Spionagezentrale werden lassen, und die diesbezüglichen Planungen berücksichtigten auch einen Bedarf an Motorrädern.

Die Maschinen, die dabei eingesetzt wurden, kamen von den großen Schweizer Firmen Condor, Motosacoche und Universal; sie waren alle noch im traditionellen Stil der dreißiger Jahre gehalten.

Motosacoche belieferte auch andere Firmen mit Motoren, darunter Condor, baute aber auch selbst komplette Maschinen, während Universal eigene Seitenventil-V-Zweizylindermotoren mit 680 und 990 cm^3 herstellte.

In der zweiten Kriegshälfte baute Condor auch einen Zweizylinderboxer, der im Aufbau stark einer BMW bzw. Zündapp ähnelte. Die Maschine besaß einen 580-cm^3-Motor mit Seitenventilen, der ein Vierganggetriebe mit zuschaltbarer Geländeübersetzung und dann über eine Kardanwelle das Hinterrad antrieb. Der glattflächige Motor-Getriebe-Block schloß Vergaser und Elektrik ein und hing in einem starren Rahmen mit Rohr-Parallelogrammgabel.

Neben den Boxern benutzte die schweizerische Armee auch einige der kleineren Einzylinder-Maschinen von Allegro und Zehnder. Letztere – die mit der deutschen Marke Cockerell der frühen dreißiger Jahre in Verbindung standen – wurden von Zweitaktern angetrieben.

14. Die USA – »das Motorrad, das den Krieg gewann«

Die amerikanischen Motorradfirmen kamen lange vor Pearl Harbour und eine Weile vor dem Pacht-Leihvertrag vom März 1941 mit dem Krieg in Berührung. Wenige Monate nach Kriegsausbruch waren bereits bei ihnen Bestellungen in hohen Stückzahlen sowohl von der englischen wie von der französischen Armee eingegangen, die beide entdeckt hatten, daß es ihnen an den meisten Dingen mangelte, die in einem modernen Krieg gebraucht werden.

Die Masse der Maschinen, die nach Europa geliefert und später auch von den amerikanischen und kanadischen Streitkräften verwendet wurden, stammte von den zwei großen Firmen und stellte einen erzkonservativen Typ dar. Für europäische Augen boten die großen und schweren Zweizylinder-V-Maschinen mit ihrer Fußkupplung und Handschaltung einen eigenartigen Anblick, sie waren aber ausgereift und für ihre Aufgabe gut geeignet. Die Fähigkeit, Meile für Meile beständig dahinzurollen, hielt die beiden Firmen im Geschäft, und die gleichen Qualitäten wurden von einem Dienstkrad verlangt. Für diesen Zweck wurde die Leistung etwas gesenkt, um sicherzustellen, daß die Maschine auch unter den widrigsten Bedingungen noch laufen würde, selbst ohne jede Pflege und bei Mißhandlung. Aller hübsche Zierat wurde weggelassen, alles was hervorstand, wurde entweder geschützt oder so stark gemacht, daß es sich nicht verbiegen konnte.

Am anderen Ende der Skala gab es einige Fliegengewichte. Eines davon war eigentlich nur ein Mittel, um in Flottenstützpunkten schneller herumzukommen und einen nützlichen Helfer auf Flugplätzen zu haben, wo die Entfernungen gewöhnlich groß sind. Das zweite war eher ein Motorroller, der für Abwurf mit dem Fallschirm konstruiert war, um Luftlandetruppen in gleicher Weise zu unterstützen wie einige der englischen Winzlinge.

Nach dem Krieg blieben viele der V-Maschinen in Europa und verrichteten in jenen kargen Tagen hochwillkommene Dienste. Sie waren zwar nicht gerade aufregend, da man aber neue Motorräder kaum bekommen konnte, war alles, was zwei Räder und einen Motor besaß, begehrenswert. Mit der Zeit wurden sie abgelegt, aber vorher hatten schon etliche Zivilisten die unverwüstlichen und zuverlässigen amerikanischen V-Maschinen schätzen gelernt.

Ein Amerikaner in Europa. Ein hochdekorierter Offizier inspiziert die 74 Zoll-Harley-Davidson, die nach britischen Vorgaben gebaut wurde, auf englischem Boden. Es waren bärenstarke Maschinen.

GLX 122
CD

Crosley

In Cincinnati/Ohio lebte 1939 ein gewisser Powel Crosley, der ein sehr rühriger Bursche war. Ihm gehörte die örtliche Rundfunkstation – wo er täglich als Discjockey auftrat – er war an der Football-Mannschaft der Stadt beteiligt (den Cincinnnati Reds), und er begann Kleinwagen zu bauen, wobei er einen Zweizylinder Wankesha-Motor verwendete.

Nach Pearl Harbour beschloß er, auch die Produktion von Motorrädern aufzunehmen und baute daher einige Prototypen, damit die Armee sie erproben konnte. Das Ergebnis war recht ungewöhnlich.

Das Motorrad enthielt einen Zweizylinder-Boxermotor mit Seitenventilen, der zweifellos aus dem Kleinwagen stammte. Das Getriebe war mit dem Motor verblockt, sein Schalthebel war PKW-mäßig.

Der Rohrrahmen hatte vorn eine Teleskopgabel, während die Räder vom Auto übernommen waren. Beide waren Scheibenräder, das hintere war fliegend gelagert, eine Radkappe deckte die Haltemuttern ab. Am originellsten war der Benzintank; er bildete zugleich das hintere Schutzblech. Eine von der Nockenwelle angetriebene Membranpumpe, die vorn auf dem Motor saß, förderte den Kraftstoff zum Vergaser.

Der Hubraum wurde mit 580 cm³ angegeben, der Motor besaß Umlaufschmierung, und unter dem Sitz hing eine große Autobatterie. Wegen des Automobilahnen erfolgte der Antrieb des Hinterrades über eine Kardanwelle. Die US-Armee entschied sich aber dafür, lieber bei ihren Harleys und Indians zu bleiben.

Die in Cincinnati als Prototyp gebaute Crosley, die von der US-Armee zwar geprüft, aber nicht übernommen wurde.

Cushman

Diese Maschinen wurden in Lincoln/Nebraska, hergestellt. Die bekannteste von ihnen war ein Motorroller, der für den luftverlasteten Einsatz bei den Fallschirmjägern vorgesehen war. Es war ein sehr einfaches Modell, dessen Verlust man verschmerzen konnte, wenn die Lage dies erforderte; aber für die rasche Auflockerung nach der Landung war nun mal ein leichtes Motorrad am geeignetsten.

Nach dem Sprung konnte der Soldat aufsitzen und im Nu bei seiner Einheit sein. Dann konnten sie sich als geschlossener Verband oder in Einzelgruppen bewegen und binnen Minuten den Landeplatz verlassen haben, um entweder auf ihr Angriffsziel vorzustoßen oder sich in Deckung für ihren Einsatz bereitzuhalten. Da die Maschinen klein und leicht waren, fiel es den Männern nicht schwer, sie notfalls über Hindernisse zu tragen, besonders wenn sie sich gegenseitig halfen.

Die Cushman besaß einen Einzylinder-Viertakt-Industriemotor mit 244 cm^3 Hubraum mit Seitenventilen, Zwangskühlung durch Lüfter und einen Schwungmagnetzünder. Im Motorrollerstil hing der Motor unter dem Sattel und dahinter das Zweiganggetriebe mit Fliehkraftkupplung. Links führte eine ungeschützte Kette zum Hinterrad.

Über dem Getriebe war quer ein zylindrischer Kraftstofftank eingebaut, womit alles zum Antrieb Erforderliche an einer Stelle vereinigt war. Der Rahmen war einfach; ein U-Profil-Blechpreßteil lief auf einer Seite um das Hinterrad herum und auf der anderen Seite wieder nach vorn. Vorn war ein Lenkkopf ausgebildet, von dem aus nach Rollerart Bleche nach unten und rückwärts verliefen, die als Spritzschutz, Fußbretter und kleine Beinschützer fungierten.

Von einer Seite des Hauptrahmens zur anderen liefen zwei Schlaufen. Eine lag vor dem Motor und trug die Sattelnase, während die andere unmittelbar vor der Achse des Hinterrades verlief. Beide Schlaufen waren durch waagerechte Streben verbunden, die den Motor schützten und eine Abstützung für die Sattelfedern boten.

Die Vordergabel war ungefedert. An ihr war der Lenker und zur Versteifung an beiden Seiten je eine Strebe angeschweißt. Die winzigen Räder besaßen geteilte Felgen und üppige Rollerreifen der Größe 6,00 × 6. Das Hinterrad trug eine kleine Bremstrommel, für beide Räder waren einfache flache Schutzbleche vorgesehen. Der Rahmen trug hinter dem Hinterrad einen Schlepphaken und die hintere Schlaufe Ringe für die Aufhängung am Fallschirm. Die Maschine war grob und einfach, aber sie erfüllte ihren Zweck.

Aus dem gleichen Stall kamen noch zwei weitere Modelle mit der gleichen Bauform von Motor und Getriebe. Das eine war ein Gespann und das andere, noch ungewöhnlichere, besaß zwar ebenfalls drei Räder, aber davon zwei vorn, während das dritte hinten die Vortriebskraft übertrug. Es war brauchbar zur Beförderung einer beträchtlichen Nutzlast, und genau das tut ja die Militärmaschinerie in der Hauptsache: Menschen und Material bewegen.

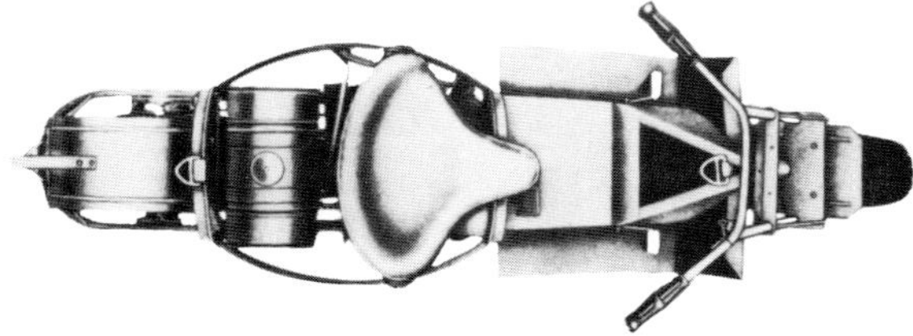

Blick von oben auf den Cushman-Luftlande-Motorroller.

Harley-Davidson

Harley-Davidson ist genauso amerikanisch wie Heidelbeerkuchen oder der 4. Juli, und die Masse der Maschinen aus Milwaukee, die für die Armee gebaut wurden, war in der V-Motorbauweise ausgeführt, die der Firmentradition entsprach. Nur ganz kurz wich Harley-Davidson vom rechten Wege ab und baute eine Kopie der Zweizylinder-BMW.

Der erste Kriegsauftrag kam nicht aus Washington, sondern aus England und verlangte etwa 5 000 Maschinen mit dem Zusatz, die Auslieferung betreffend: »So rasch wie sie können, auf Coventry sind eben ein, zwei Bomben geworfen worden.« In Kenntnis des englischen Hangs zur Untertreibung lieferte H-D rasch das WLA-Modell, das auf einer 747 cm^3 (45 cu in)-Maschine aus dem Jahr 1929 basierte.

Sie war vielleicht alt, aber sie war auch zäh in einem Maße, das nur Harley-Eigner als selbstverständlich ansahen, und bedurfte nur geringer Änderungen, um für den Armee-Einsatz und den Schlamm Europas geeignet zu sein. Sie war als Mittelklassemodell mit 750 cm^3 herausgebracht worden, das neben der großen 1 200-cm^3-V-Zweizylinder laufen sollte. Die großen Hubräume waren typisch für amerikanische Denkweise. Genauso charakteristisch waren die Verwendung von Seitenventilen und niedriger Verdichtung, also wurde Hubraum benötigt, um eine annehmbare Leistungsausbeute zu erzielen. Zugleich brachte er Zuverlässigkeit, bärenstarkes Drehmoment von unten heraus und geringen Verschleiß; alles Eigenschaften, die einem Dienstkrad sehr gut zu Gesicht stehen.

Der Motor der WLA war in der klassischen V-Motorbauweise mit engem Zylinderwinkel ausgeführt. Bohrung und Hub betrugen in Zollmaßen $\frac{3}{24} \times 3\frac{13}{16}$ (70 × 97 mm) und ergaben damit den Hubraum von 45 Kubikzoll, der das amerikanische Gegenstück zu den europäischen 750 cm^3 darstellt. Das Verdichtungsverhältnis betrug bescheidene 5:1 und die Nennleistung 25 PS bei 4 500 min^{-1}, während das höchste Drehmoment bei 3 000 min^{-1} anfiel.

Der Motor war eine schwere Konstruktion. Die Graugußzylinder und ihre Leichtmetallköpfe waren stark verrippt, um selbst bei längeren Fahrstrecken mit geringer Geschwindigkeit im kleinen Gang ausreichende Kühlung zu gewährleisten. Die Ventile standen rechts, wo sich auch die beiden Auspuffrohre tief unten vereinigten, bevor sie in den gemeinsamen Schalldämpfer mündeten. Der Vergaser Marke Linkert saß an einem Krümmer zwischen den Zylindern.

Die Zündung erfolgte batteriegespeist über eine Zündspule, wobei in beiden Zylindern die Kerzen gleichzeitig funkten. Die Gleichstromlichtmaschine ruhte vor dem vorderen Zylinder auf dem Kurbelgehäuse. Der Zündzeitpunkt wurde nicht wie bei englischen Maschinen über einen Handhebel verstellt, sondern durch einen Drehgriff am rechten Lenker. Bei einigen der ersten Maschinen wurde der Gashebel am linken Lenker neben dem Bremsgriff für das Vorderrad befestigt. Dahinter steckte die Vorstellung, der Fahrer solle seine Faustfeuerwaffe oder sogar eine Maschinenpistole abfeuern können, während er sein Streitroß mit der linken Hand lenkte.

Als diese Theorie dann ausprobiert wurde, erwies sie sich als kaum durchführbar und dazu noch als schwere Gefährdung für den Fahrer und alle seine Kameraden rundum. Nach etwa einem Jahr wurden dann die Bedienungshebel so geändert, wie es dem allgemeinen Brauch entsprach.

Eine Harley-Davidson Modell WL 1939 bei einem Manöver in Texas. Die Maschine ist ein Zivilmodell, das nachträglich „militarisiert“ wurde.

Harleys auf Spähtrupp während der Ausbildung 1941 in Südrhodesien. Die Maschinen sind das 750-cm³-Modell von 1939.

Eine Harley-Davidson WLA, die sich 1942 für die Kamera in Positur stellte. Sonst säße nämlich der Fahrer in der Tinte, weil bei seiner Maschinenpistole das Magazin fehlt.

Die Trockensumpfschmierung führte ihr Öl oberhalb des Motors mit, scheinbar in einer Hälfte des Kraftstofftanks. In Wirklichkeit waren hier zwei Tanks miteinander verschraubt; im linken war das Benzin und im rechten das Öl. Die beiden Ölpumpen versorgten über Tropfschmierung gleich die Ketten von Primär- und Endantrieb mit. Das war zwar etwas schmuddelig, aber den Ketten tat es wohl. Daher war auch das Gehäuse des Primärantriebs nicht öldicht, sondern stellte nur eine Abdeckung von Kette, Kettenrädern und Kupplung dar.

Die untere Motorhälfte war kräftig gebaut, wobei ein vertikal geteiltes Leichtmetall-Kurbelgehäuse die schwere Kurbelwelle trug. Links saß der Primärantrieb, mit dem eine Doppelkette die Kupplung und das Dreigangschaltgetriebe antrieb. Die Kupplung wurde links mit einem Fußhebel betätigt, der eine Federraste besaß, so daß er in ausgekuppelter Stellung belassen werden konnte, wenn der Fahrer den linken Fuß brauchte, um die Maschine abzustützen. Später wurde ein handbetätigter Kupplungshebel eingebaut, der am rechten Lenkergriff montiert wurde, um zu der ursprünglichen Anordnung der Bedienungshebel zu passen.

Der Gangwechsel erfolgte von Hand mit dem linksliegenden Schalthebel, der in einer an die Tankseite geschraubten Kulisse geführt war. Die Vortriebskraft wurde durch das querliegende Getriebe auf die rechte Seite übertragen, wo dann die Kette zum Hinterrad führte. Sie lief binnenbords des stabilen Kickstarthebels mit seinem gewohnten Harley-typischen klappbaren Fahrradpedal, auf das der Fahrer trampelte. Unmittelbar davor saß ein mächtiger Kupplungs-Ausrückhebel.

An den starren Rahmen war zum Schutz von Kurbelgehäuse und Getriebe eine starke Blechplatte geschraubt. Zur Versteifung waren in die Schutzplatte Sicken eingepreßt, rechts war die Platte verlängert, um noch den Schalldämpfer und die Antriebskette zu schützen. Die Vordergabel war die Harley-Schwinge mit Zwillingsfedern und zahlreichen Schmiernippeln.

Die Räder waren normalerweise mit Reifen der Dimension 4,00 × 18 bereift, doch wurden für den Einsatz in der Wüste auch breitere aufgezogen. Die Bremsen mit 15 cm Durchmesser waren vom Simplex-Typ, die vordere wurde mit der Hand und die hintere mit einem Fußhebel auf der rechten Seite bedient. Dieser lag etwas über den Trittbrettern, die für die Füße des Fahrers vorgesehen waren, so daß ein exaktes Dosieren schwierig war, besonders wenn gleichzeitig die Kupplung betätigt werden mußte.

Bei der WLA waren Tacho und Lichtschalter am gewohnten Harley-Platz in einer Konsole auf dem Tank. Zwar ging der Tacho bis 120 mph (190 km/h), doch warnte eine Plakette den Fahrer, 65 mph (105 km/h) nicht zu überschreiten. Der Schalter für Zündung und Licht wurde eingerahmt von Warnlichtern für Öldruck und Lichtmaschine.

Die Maschine war in vieler Hinsicht wie das zivile Modell mit angebauter Zusatzausstattung. Jedoch war die Verdichtung niedriger als bei der Serie und ein sehr großes Luftfilter war durch einen Schlauch mit dem Vergaser verbunden. An diese ohnehin schon schwere Maschine wurden jetzt noch Schutzbleche mit viel Freiraum zum Rad angebaut – um Probleme im Schlamm zu vermeiden – dazu das übliche militärische Zubehör.

Da kam schon einiges zusammen; denn es begann mit einem Halfter, das an der rechten Seite der Vordergabel befestigt wurde und entweder ein Gewehr oder eine Maschinenpi-

Eine WLA rollt eine Rampe hinunter, sehr wahrscheinlich während der Ausbildung, da die Soldaten im Gefecht nicht so sauber aussehen.

Eine Harley-Davidson WLA mit fast allem militärischem Zubehör.

Ein seltenes Modell mit 74 Kubikzoll Hubraum, Gewehrhalterungen und Soziussitz.

stole aufnahm, wozu als Gegenstück auf der linken Seite ein kleiner Munitionsbehälter kam. Für den Fahrer gab es einen Spritzschutz, bei dem das Oberteil der großen Schürze ein kleines durchsichtiges Fenster enthielt. Davor war der Scheinwerfer, darüber eine Tarnleuchte und eine Positionsleuchte auf dem vorderen Kotflügel. Es konnten Beinschützer angebaut werden, und vorn wie hinten waren Sturzbügel vorgesehen. Vereint sorgten sie dafür, daß man die Maschine umwerfen konnte, ohne sich wegen Beschädigungen sorgen zu müssen. Hinten saßen oben auf dem Schutzblech ein Gepäckträger und an beiden Seiten Packtaschen.

Insgesamt wog die Maschine trocken an die 245 kg und lief in typisch amerikanischer Art tagein – tagaus fröhlich bis etwa 100 km/h und das am liebsten auf langen, geraden Strecken. Holprige Kurven mochte sie weniger, sie kämpfte sich aber auch durch sie im großen Gang und kehrte dann zu ihrem boulevardmäßigen Dahinrollen zurück. Das Handling mag nicht auf dem Niveau der englischen Modelle gelegen haben, aber der Harley-Muldensattel machte es dem Fahrer bequem, weshalb bei Langstreckentouren die Harley am wenigsten ermüdete. Im Gelände konnte allerdings die dürftige Bodenfreiheit von nur zehn Zentimetern zum Problem werden.

Den größten Teil der Kriegsproduktion von H-D stellte die WLA, daneben wurden für Kanada noch rund 20 000 dieser Maschinen gebaut. Zwar ähnlich, aber nicht identisch; doch gab es auch bei der WLA-Serie ohnehin von einem Auftrag zum anderen immer wieder kleine Änderungen. Viele WLA-Maschinen gingen nach Rußland, und aus der Summe ihrer Erfahrungen wurde der WSR Prototyp gebaut, ein Gespann mit einsitzigem Beiwagen mit Windschutzscheibe und hinten befestigtem Ersatzrad. (Die Firma baute auch Seitenwagen und lieferte einige davon für Sonderaufgaben an ihre 1 200-cm³-Maschine angebaut. Die Maschinen waren gegenüber dem Zivilmodell kaum verändert, lediglich Übersetzung und Verdichtung waren zur Steigerung der Standfestigkeit verringert worden. Es gab auch noch einige 1 000-cm³-ohv-Maschinen bei der Marine.)

Eine 1940er Harley-Davidson WLC im freien Flug mit einem Piloten vom britischen Heer.

Die Harley-Davidson XA, eine Boxermaschine, die der BMW R12 nachgebaut war. Ein Bild aus dem Jahr 1943.

Es gab noch weitere Prototypen für verschiedene Aufgaben, aber nur ein einziger brachte es bis zum Serienanlauf. Das war die XA, die ganz schlicht eine Kopie der BMW R12 darstellte, die die Deutschen in Afrika eingesetzt hatten. Vom Erfolg dieser Maschinen beeindruckt, gaben die Einkäufer der Armee ein Lastenheft für ein ähnliches Modell heraus, und Harley-Davidson wählte den leichten Weg, indem sie eine erbeutete R12 vermaßen.

Mithin wurde der Motor ein Zweizylinder-Boxer mit Seitenventilen. Bohrung und Hub waren mit 78 mm ($3\frac{1}{16}$ in) gleich, so daß der Hubraum 738 cm^3 (45 cu in) betrug, Verdichtung 5,7:1. Auf dem Getriebegehäuse, das unmittelbar an das Kurbelgehäuse geflanscht war, hatte ein Luftfilter seinen Platz. Das Getriebe enthielt vier Vorwärtsgänge und, wie beim deutschen Modell, Fußschaltung und den quer zur Fahrtrichtung wirkenden Kickstarter.

Natürlich wurde für den Antrieb eine Kardanwelle benutzt, die rechts lief; ebenso wie der gewohnte BMW-Handschalthebel, der die Fußschaltung ergänzte. Der Rahmen war ein Rohr-Schleifenrahmen mit Geradeweg-Hinterradfederung, aber vorn blieb Harley bei seiner serienmäßigen geschobenen Schwinge. Jedoch fügten sie noch eine hydraulische Dämpfung hinzu, deren Zylinder am rechten Gabelholm befestigt war. Sie behielten auch ihre gewohnten Trittbretter bei, fügten jedoch hinter ihnen noch Fußrasten an, sowie hinter den Zylindern Hitzeschilde, um die Stiefel des Fahrers wegzuhalten und die Kühlrippen zu schützen. Die anderen Einzelheiten entsprachen fast ausnahmslos der WLA, nur daß die Packtaschen kürzer waren, um die Hinterradfederung nicht zu beeinträchtigen. Beide Tankhälften enthielten Kraftstoff, da die Motorschmierung als Umlaufschmierung arbeitete. Zur Ausrüstung zählten das Gewehrholster an der Vordergabel samt dazugehörigem Munitionskasten, während eine Wüstenversion mit Scheibenrädern ausgestattet wurde.

Insgesamt wurden davon 1 000 Stück für die Erprobung durch die US-Army gebaut und fünf weitere für die Kanadier. Die XA bewies wieder, daß ein bloßer Nachbau nicht unproblematisch ist; den Harleys fehlten die Jahre der Erfahrung mit dem Boxermotor, die BMW besaß. Einer der Schwachpunkte war das Fehlen eines Ölfeinstfilters für die Kurbelwelle, was es notwendig machte, häufig entweder das Öl oder die Pleuellager zu wechseln!

Die XA war als Solomaschine gedacht; einige wurden aber auch mit einem Beiwagen versehen und hießen dann XS. Mit den Kinderkrankheiten wäre die Firma schon noch fertig geworden, aber als der Truppenversuch fast abgeschlossen war, war auch der Krieg fortgeschritten. Am Ende entschied man, daß man dem Jeep den Vorzug geben solle, also wurde die XA fallengelassen und Harley-Davidson blieb bei seinen bewährten Maschinen mit dem V-Motor.

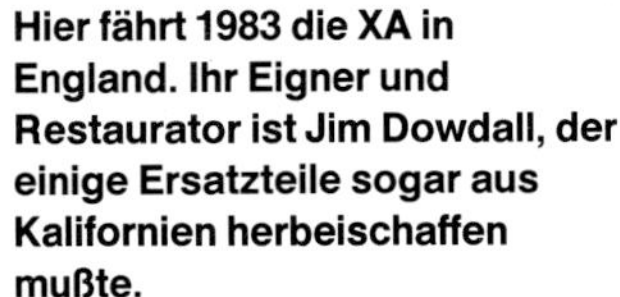

Hier fährt 1983 die XA in England. Ihr Eigner und Restaurator ist Jim Dowdall, der einige Ersatzteile sogar aus Kalifornien herbeischaffen mußte.

Indian

In Amerika blieben nur zwei Marken von der Zeit König Eduards bis nach dem Krieg auf dem Markt. Eine davon war die Indian. Mit der Firma ging es auf und ab, und 1939 stand sie nicht allzu gut da, um viele Militäraufträge ausführen zu können.

Die Ursache war in den Jahren der Depression zu suchen, als zum Begleichen von Rechnungen Fertigungsanlagen verkauft wurden, ohne daß Ersatz beschafft worden wäre. Der Maschinenpark war daher unzureichend, und vieles davon für eine Großserienfertigung veraltet. Mit dem Fortschreiten des Krieges wurde es immer schwieriger, Werkzeugmaschinen zu beschaffen, und diese Gesamtsituation beeinflußte sehr stark die Motorräder, die Indian baute.

Die erste Berührung mit dem Krieg brachte eine französische Bestellung von 5 000 Maschinen des Typs Chief 340B mit Beiwagen. Diese besaßen den kräftigen 1 000-cm^3-(74 cu in)-Zweizylinder-V-Motor mit Seitenventilen im neuen Rahmen des Jahres 1940 mit Geradeweg-Hinterradfederung. Die Vordergabel blieb so, wie sie schon seit den frühen Tagen der Firma gewesen war: kurze gezogene Schwingen, die sich über eine Strebe auf einer Blattfeder abstützten, die unten am Lenkkopf befestigt war. Die Feder ragte von dort als Viertelliptikfeder nach vorn.

In der Fabrik in Springfield/Massachusetts werden reihenweise Indian 741B-Modelle zum Versand nach Großbritannien fertiggemacht.

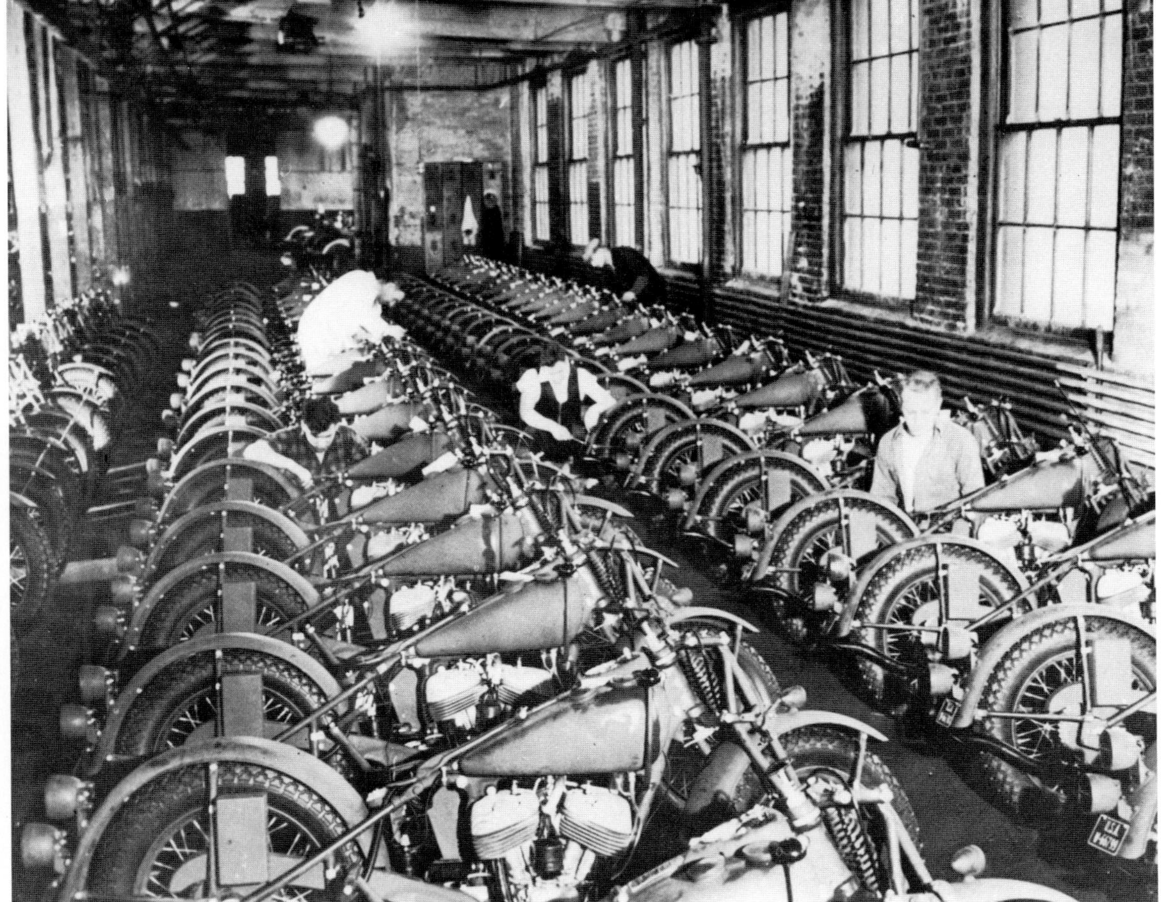

Motor und Kraftübertragung waren denen von Harley-Davidson sehr ähnlich (was sie schon seit vielen Jahren waren). Beiden Marken gemeinsam waren der Vergaser, an dem sich der sich verzweigende Ansaug-Krümmer anschloß, die fußbetätigte Kupplung, das Dreiganggetriebe, die Hinterrad-Antriebskette rechts und die Trittbretter. Geringe Unterschiede betanden im, bei der Indian rechts angebrachten, Handschalthebel, der Lösung, wie die Kupplung getrennt gehalten wurde, und unbedeutenden Kleinigkeiten.

Der Tank war geteilt, wobei die rechte Hälfte auch das Öl enthielt. Eine Tankkonsole trug Tacho und Lichtschalter. Wie bei der Harley wurde die Zündung durch die Zündspule der Batteriezündung in Verbindung mit dem auf das Steuergehäuse gesetzten Unterbrecher bewerkstelligt, durch dessen Verdrehen der Zündzeitpunkt eingestellt werden konnte. Der Kickstarter trug an seinem Betätigungsende ebenfalls ein wegklappbares Fahrradpedal, und die Hinterradbremse wurde durch ein über dem rechten Trittbrett angebrachtes Pedal betätigt.

Gemeinsam mit dieser bulligen Maschine wurde ein auf einem Rohrrahmen aufgebauter einsitziger Beiwagen geliefert. Vom ersten Los, das versandt wurde – fast die Hälfte der bestellten Motorräder – erreichte keine einzige Maschine Europa. Die Motorräder wurden per Schiff verschickt und man nimmt an, daß der Frachter torpediert wurde.

Zu Anfang des Krieges, noch lange vor Pearl Harbour, forderten die US-Behörden die Fabrik auf, für eine Erprobung durch das Militär Prototypen zu liefern. Aufgrund der prekären Situation ihres Maschinenparks hatte Indian keine andere Wahl, als für dieses Vorhaben Teile aus der Serienfertigung zu nehmen. Das Ergebnis war trotzdem gut.

Diese Maschine hieß zuerst 640, dann 640A und schließlich 741A. Es war nach amerikanischen Maßstäben ein Kleinkraftrad, das ganz im Stil der USA-Motorräder jener Periode gebaut war – zäh und zuverlässig. Zu diesem Zweck waren das Verdichtungsverhältnis niedrig, die Ventilsteuerzeiten »mild« gehalten und die Atmung gedrosselt, so daß aus den 745 cm³ (45,44 cu in) des Motors der 640 nicht allzuviel PS resultierten. Die 741, obzwar ähnlich, hatte einen Motor mit nur 492 cm³ (30,06 cu in).

Die Maschinen, die geliefert wurden, trieben über eine Primärkette auf der linken Seite das Getriebe und über der Kette rechts das Hinterrad.

Der Gangwechsel erfolgte rechts von Hand, die Kupplung wurde links mit dem Fuß betätigt, und die Zündung mit der rechten Hand verstellt. Fast alle Details des 1 200-cm³-Modells fanden sich auch beim 500er, außer daß der Rahmen starr war und die Vordergabel eine Rohr-Parallelogrammgabel mit Zentralfeder und Reibungsdämpfern. Zusätzlich wurde die Gabel noch um 40 mm verlängert, um der Maschine etwas mehr von der dringend benötigten Bodenfreiheit zu geben.

An dieses amerikanische Serienmotorrad wurde noch einiges an Zubehör für das Militär angebaut. An die Vordergabel kam rechts ein Gewehrhalfter und links ein Munitionskasten, hinten wurden lederne Satteltaschen angeschnallt.

Links unter dem Muldensattel wurde ein großes Luftfilter befestigt und der Tacho auf die Vordergabel aufgesetzt, wo er vom Vorderrad angetrieben wurde. Vorn auf den beiden Tanks saßen in einer kleinen Konsole vor den Tankverschlüssen Amperemeter und Lichtschalter. Positionslicht und Scheinwerfer lagen noch weiter vorn. Ein stabiler vorderer Sturzbügel garantierte, daß nichts verbogen wurde, selbst wenn die Maschine eilig umgeworfen wurde, während für Hantierungen mit mehr Muße hinten ein Kippständer vorgesehen war.

Die Leistung der 640 oder 714A war nichts Besonderes – sie trug übrigens eine Plakette,

Eine 1 200-cm³-Indian Chief 1942 bei den polnischen Streitkräften in Schottland. Auf den Bug des Beiwagens ist eine Karte Polens gemalt.

die den Fahrer anwies, nicht über 60 mph (95 km/h) zu fahren – aber die Maschinen waren zäh und unverwüstlich.

Bald kam eine größere Version dazu, die zuerst als 640B und später als 741B bezeichnet wurde. Diese besaß den niedrig verdichteten Motor der Sports Scout mit 750 cm³ und wurde von den US-Soldaten viel lieber gefahren. Die zusätzliche Motorkraft verlieh ihr die Fahrleistung, die amerikanischen Verkehrsbedingungen angemessen war, und ihre Fahrer waren auch eher an ein Modell mit diesem großen Hubraum gewöhnt.

In Europa hielt man 500 cm³ für groß genug, daher bestellte England Ende 1941 bei Indian die 741A. 5 000 Maschinen plus einige Chiefs mit Beiwagen wurden geordert und sorgten für Auslastung der Indian-Fabrik. Nach dem Krieg stellten sie eine Fundgrube für englische Motorradliebhaber dar und wurden auch nicht mit dem damals üblichen hohen Einfuhrzoll für Neumaschinen belegt. Der Haken war anfangs, daß zwar Motorräder, aber keine Ersatzteile verkauft wurden, so daß selbst eine Zündkerze oder eine Dichtung schon zum Problem wurde. Mit der Zeit rückte die Armee ihre Bestände heraus, und die V-Zweizylinder liefen etliche Jahre.

Als das Kriegsministerium von Harley und Indian neue Prototypen forderte, kopierte Harley die Zweizylinder-BMW, Indian dagegen brachte etwas ganz anderes heraus: das

Eine Indian Chief mit Beiwagen (1941).

Modell 841. Es besaß einen quer eingebauten V-Motor mit 750 cm³ und 90 Grad Zylinderwinkel, eine Bauweise, die nach dem Krieg vor allem die italienische Moto-Guzzi aufgriffen.

Der Motor wurde als Militärversion wie gewohnt mit gedrosselter Leistung und mit dem Schwerpunkt auf Standfestigkeit konzipiert. Also brachten die beiden Leichtmetallköpfe auf den Graugußzylindern nur eine bescheidene Verdichtung und die beiden Vergaser ließen nur relativ wenig Gemisch in die Verbrennungsräume gelangen. Beide waren durch Schläuche mit dem gemeinsamen Luftfilter auf dem Getriebe verbunden.

Die Ventile lagen vorn am Motor, weshalb auch die Einlaßkrümmer nach vorn führten. Unter dem Deckel des Steuergehäuses lief ein Rädersatz, der beide Nockenwellen, die doppelte Ölpumpe für die Trockensumpfschmierung, eine synchronisierte Motorbelüftung und – über einige Zwischenräder – die Gleichstromlichtmaschine antrieb. Letztere lag im Zylinderwinkel und trieb den Verteiler der Batteriezündung an.

Das Getriebe war hinten an den Motor angeflanscht und enthielt vier Gänge, die über eine Fußschaltwippe auf der linken Seite geschaltet wurden. Die Kupplung wurde mit einem Handgriff auf der rechten Seite betätigt, während der Gashebel zusammen mit dem Hebel für die Vorderradbremse links saß. Das Pedal für die Hinterradbremse war rechts, und für die Füße des Fahrers gab es Trittbretter.

Das Hinterrad wurde durch eine unverkleidete Welle angetrieben, und beide Räder besaßen Bremstrommeln mit 20 cm Durchmesser. Vorn war eine Rohr-Parallelogrammgabel, die wie eine Teleskopgabel aussah, da ihre Holme aus Rohr mit ovalem Querschnitt bestanden. Die Federung übernahmen Doppelfedern mit eingebautem hydraulischen Dämpfer. Hinten war eine Geradewegfederung vorgesehen, der Rohrrahmen war oben einfach und unten doppelt ausgeführt.

Der Kraftstofftank besaß zwei Einfüllstutzen und eine kleine aufgesetzte Konsole, während der Öltank unter dem Sattel lag. Die Vordergabel trug den Scheinwerfer mit aufgesetzter Positionsleuchte und dem vorderradgetriebenen Tacho. An der linken Lenkerseite war ein Spiegel angeklemmt. Zur Ausstattung zählten ein Muldensattel, ein Gepäckträger, Packtaschen und doppelte Rückleuchten.

Von diesem Modell wurden 1 056 Stück gebaut, und die Massenproduktion war schon geplant, als das Kriegsministerium auf den Jeep umschaltete. Das gleiche Geschick ereilte eine Entwurfsstudie für ein Leichtkrad für die Fallschirmtruppen.

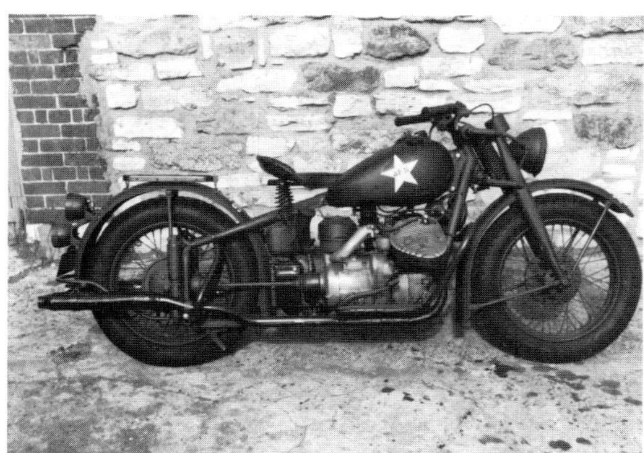

Die Indian Modell 841, mit querliegendem Zweizylinder-V-Motor und Kardanantrieb.

Die 841 während der Erprobung durch die Armee. Das obere Bild läßt deutlich die V-Anordnung erkennen.

Am Ende des Krieges stellte Indian fest, daß man etwas über 42 000 Maschinen an die Streitkräfte geliefert hatte – ohne den Auftrag aus Frankreich –, worunter etwa 9 000 waren, die ihren Weg nach Rußland gefunden hatten. Diese Maschinen liefen in zivilen Händen noch eine ganze Reihe von Jahren weiter, da man Ende der vierziger Jahre ein zuverlässiges Transportmittel brauchte, und das waren die zähen Zweizylinder-V-Maschinen in der Tat.

Simplex

Diese Gesellschaft in New Orleans/Louisiana war schon eine Reihe von Jahren im Geschäft. Sie fertigte ganz einfache Transportmittel für Leute, die kurze Strecken unter Motorkraft zurücklegen wollten. Während und nach dem Krieg bauten sie das Servi-Cycle, das sich im Laufe von gut zwanzig Jahren kaum veränderte.

An dieser Maschine waren Motor und Kraftübertragung ungewöhnlich. Das Triebwerk war ein 125-cm³-Zweitakter, der eher von einem Industriemotor als einem Zweiradantrieb abgeleitet schien. Der Zylinder war mit dem Kopf zusammengegossen. In letzterem saßen zwei Zündkerzen, denen der Zündstrom aus einem Spezial-Schwungmagnetzünder auf der rechten Seite zugeführt wurde. Eine Grauguß-Buchse bildete die Lauffläche für den Nasenkolben, das Pleuel aus Leichtmetall lief in einem doppelten Kugellager.

Die einseitig gelagerte Kurbelwelle lief in drei Kugellagern. Sie steuerte auch den Einlaß. Der Vergaser saß deshalb auf der Höhe der Kurbelwelle. Es war ein Vergaser mit federbelasteter Schmetterlings-Drosselklappe und Startvergaser in PKW-Bauweise. Das Auspuffsystem begann als an den Zylinder geschraubter Flansch, von dem aus ein Rohr links nach unten und hinten führte.

Wenn schon der Motor ungewöhnlich war, so war es die Kupplung noch mehr; denn Primär- und Sekundärantrieb erfolgten über Riemen, und durch Pedaldruck konnte die Übersetzung des Primär-Antriebs verändert werden. Dies bewirkte eine Vorrichtung, die unter dem Sattel saß.

An den Berührungsflächen besaßen die treibende und die angetriebene Riemenscheibe innen schräge Flächen, die durch Pedaldruck aufeinander zu- oder voneinander weg bewegt werden konnten, wodurch sich der wirksame Riemenscheibendurchmesser und damit die Übersetzung änderte. Mit dem Pedal konnte auch der Riemen von der Antriebsscheibe weggehalten und damit ausgekuppelt werden.

Es gab keinen Kickstarter, also mußte man anschieben; aber das wurde bei der Truppe nicht als Strafe angesehen, wenn auch später ein einfacher Zahnsegmenthebel samt Zahnrad hinzukamen. Zusätzlich wurde der Antrieb durch Anbau einer Fliehkraftkupplung und eine Übersetzungsänderung verbessert.

In dem einfachen Rahmen liefen Doppelschleifen nach hinten zur starren Hinterachse. Die Vordergabel besaß nach amerikanischer Art kurze Schwinghebel mit sehr geringem Federweg, so daß Fahrkomfort hauptsächlich von dem großen Muldensattel geboten wurde. Die großen Räder trugen Reifen der Dimension 2,5 × 26, und nur das hintere war mit einer kleinen Trommel gebremst.

Die Beleuchtung wurde direkt vom Schwunglichtzünder gespeist. Der Kraftstoff war in Zwillingstanks mit je einem Einfüllstutzen untergebracht. Am Benzinhahn war zwar ein Filter, aber keine Reservestellung, und der Fahrer lernte, daß im linken Tank etwa 2 Liter zurückblieben. Wenn also der Motor zu stottern begann, mußte die Maschine kurz auf die rechte Seite gelegt werden, um die Reservemenge übertreten zu lassen.

Sie war mit Trittbrettern und vorderem Sturzbügel ausgerüstet. Die Nachkriegsmaschinen hatten auch einen Ständer. Zweifellos wurde sie im Krieg einfach auf dem Sturzbügel liegengelassen, bis man sie wieder brauchte. Einen guten Eindruck von der Leistungsfähigkeit des Riemengetriebes vermittelte eine Nachkriegs-Dreiradversion, die als Lieferwagen mit 200 kg Nutzlast gebaut wurde.

Technische Daten

Land	Österreich			
Hersteller	**Puch**	**Puch**	**Puch**	**Puch**
Modell	**200**	**250 S4**	**350 GS**	**125 T**
Zylinderzahl	1 Doppelkolben	1 Doppelkolben	1 Doppelkolben	1 Doppelkolben
Bohrung (mm)	2 x 45	2 x 45	48 & 55[1]	2 x 38
Hub (mm)	62,8	78	83,4	55
Hubraum (cm^3)	199,8	248	349[2]	124,7
Verdichtung (:1)	5,0	6,5	6,2	6,5
Leistung (PS)	5,8	10,5	13,5	5,2
Nenndrehzahl (min^{-1})	4000	4300	4000	4500
Ventilsteuerung	Kolben	Kolben	Kolben	Kolben
Zahl der Gänge	3	4	4	3
Übersetzung im größten Gang	–	4,52[3]	4,32	7,07
Vorderreifen (Zoll)	3,00 x 19	3,00 x 19[4]	3,50 x 19	3,00 x 19
Hinterreifen (Zoll)	3,00 x 19	3,00 x 19[4]	3,50 x 19	3,00 x 19
Vorderradfederung	Parallelo-gramm-Federgabel	Parallelo-gramm-Federgabel	Parallelo-gramm-Federgabel	Parallelo-gramm-Federgabel
Hinterradfederung	starr	starr	starr	starr
Tankinhalt (l)	8,5	12,5	12,5	8,5
Zündung	Magnet	Magnet	Batterie	Magnet
Radstand (in/mm)	50/1270	51,8/1316	52,8/1341	49,4/1254
Sitzhöhe (in/mm)	26,8/681	28,3/744	27,6/701	27,2/691
Bodenfreiheit (in/mm)	5,9/150	5,1/130	5,9/150	5,5/140
Leergewicht (lb/kg)	225/102	298/135	375/175	172/78

[1] oder 2 x 51,5 [2] oder 347 [3] später 4,72 [4] wahlweise 3,50 x 19

Land	Österreich	Belgien		
Hersteller	**Puch**	**FN**	**FN**	**Gillet**
Modell	**800**	**M 12 SM**	**Tricar T3**	**720**
Zylinderzahl	4	2	2	2
Bohrung (mm)	60	90	90	76
Hub (mm)	70	78	78	78
Hubraum (cm³)	792	992	992	708
Verdichtung (:1)	5,0	5,0	5,0	5,75
Leistung (PS)	20	22	22	22
Nenndrehzahl (min⁻¹)	4000	4000	4000	4200
Ventilsteuerung	Seitenventile	Seitenventile	Seitenventile	Kolben
Zahl der Gänge	4	4+R	4+R	4+R
Übersetzung im größten Gang	5,1	–	–	–
Reifen (Zoll)	4,00 x 19	4,50 x 12	4,50 x 14	4,50 x 12
Bremsen ∅ (mm)		220	220	200
Vorderradfederung	Parallelo-gramm-Federgabel	Parallelo-gramm-Federgabel	Parallelo-gramm-Federgabel	Parallelo-gramm-Federgabel
Hinterradfederung	starr	starr	Blattfeder	starr
Tankinhalt (l)	17	19	19	17 oder 20
Zündung	Batterie	Batterie	Batterie	Batterie
Radstand (in/mm)	56,2/1427	–	–	–
Sitzhöhe	26,8/681	–	–	–
Bodenfreiheit (in/mm)	6,7/170	8,8/224	8,8/224	8,7/221
Leergewicht (lb/kg)	430/195	904/410	1433/651	882/400

Land	Belgien	Dänemark	England	
Hersteller	**Saroléa**	**Nimbus**	**AMC**	**AMC**
Modell	**H**	**–**	**W39/G3**	**W41/G31**
Zylinderzahl	2	4	1	1
Bohrung (mm)	88	–	69	69
Hub (mm)	80	–	93	93
Hubraum (cm³)	973	750	348	348
Verdichtung (:1)	–	–	6,3	5,9
Leistung (PS)	–	22	–	–
Ventilsteuerung	Seitenventile	obenliegende Nockenwelle	hängende Ventile	hängende Ventile
Zahl der Gänge	3+R×2	3	4	4
Übersetzung im größten Gang	–	–	–	5,8
Reifen (Zoll)	4,50×12	–	–	–
Bremsen ∅ (mm)	200	–	–	–
Vorderradfederung	Parallelo-gramm-Federgabel	Teleskop-gabel	Parallelo-gramm-Federgabel	Teleskop-gabel
Hinterradfederung	starr	starr	starr	starr
Tankinhalt (gal/l)	4,8/21,8	–	–	3/13,6
Zündung	Batterie	Batterie	Magnet	Magnet
Leergewicht (lb/kg)	1135/515	–	–	–

Land	England			
Hersteller	**AMC**	**Ariel**	**Ariel**	**Ariel**
Modell	**W40/G2D**	**W/NG**	**W/LG**	**W/VA**
Zylinderzahl	1	1	1	1
Bohrung (mm)	–	72	61	81,8
Hub (mm)	–	85	85	95
Hubraum (cm^3)	250	346	248	499
Verdichtung (:1)	7,0	6,5	6,0	–
Leistung (PS)	–	17	12	–
Nenndrehzahl (min^{-1})	6000	5800	5400	–
Ventilsteuerung	hängende Ventile	hängende Ventile	hängende Ventile	Seitenventile
Zahl der Gänge	4	4	–	4
Übersetzung im größten Gang	–	5,7	–	–
Vorderreifen (Zoll)	–	3,25 × 19	–	3,25 × 19
Hinterreifen (Zoll)	–	3,25 × 19	–	3,25 × 19
Vorderradfederung	Parallelogramm-Federgabel	Parallelogramm-Federgabel	Parallelogramm-Federgabel	Parallelogramm-Federgabel
Hinterradfederung	starr	starr	starr	starr
Tankinhalt (gal/l)	–	2,6/11,8	–	2,6/11,8
Zündung	Magnet	Magnet	–	Magnet
Leergewicht (lb/kg)	288/131	354/161	–	–

Land	England			
Hersteller	**BSA**	**BSA**	**BSA**	**BSA**
Modell	**M20**	**B30**	**C10**	**Twin**
Zylinderzahl	1	1	1	2
Bohrung (mm)	82	71	63	62
Hub (mm)	94	88	80	82
Hubraum (cm^3)	496	348	249	495
Verdichtung (:1)	4,9	7,2	–	5,8
Leistung (PS)	13	–	–	–
Nenndrehzahl (min^{-1})	4200	–	–	–
Ventilsteuerung	Seitenventile	hängende Ventile	Seitenventile	Seitenventile
Zahl der Gänge	4	4	3	3
Übersetzung im größten Gang	5,28	–	–	5,18
Vorderreifen (Zoll)	3,25 × 19	–	–	3,25 × 19
Hinterreifen (Zoll)	3,25 × 19	–	–	3,25 × 19
Vorderradbremse (in/mm)	7/178	7/178	–	7/178

Land	England			
Hersteller	**BSA**	**BSA**	**BSA**	**BSA**
Modell	**M20**	**B30**	**C10**	**Twin**
Hinterradbremse (in/mm)	7/178	7/178	–	7/178
Vorderradfederung	Parallelogramm-Federgabel	Parallelogramm-Federgabel	Parallelogramm-Federgabel	Teleskopgabel
Hinterradfederung	starr	starr	starr	starr
Tankinhalt (gal/l)	3/13,6	3/13,6	–	2,5/11,4
Zündung	Magnet	Magnet	Batterie	Magnet
Radstand (in/mm)	54/1371	–	–	54/1371
Sitzhöhe (in/mm)	28,5/724	–	–	–
Bodenfreiheit (in/mm)	4,6/117	–	–	7/178
Leergewicht (lb/kg)	369/168	–	–	361/164 (befüllt)

Land	England			
Hersteller	**Cotton**	**Douglas**	**James**	**Norton**
Modell	**–**	**–**	**ML**	**350**
Zylinderzahl	1	2	1	1
Bohrung (mm)	–	74	50	71
Hub (mm)	–	70	62	88
Hubraum (cm³)	500	602	122	348
Verdichtung (:1)	–	6,25	6,5	–
Leistung (PS)	–	–	3	–
Nenndrehzahl (min^{-1})	–	–	4000	–
Ventilsteuerung	hängende Ventile	Seitenventile	Kolben	Seitenventile
Zahl der Gänge	3 oder 4	3	3	4
Übersetzung im größten Gang	–	5,14	8,10	–
Vorderreifen (Zoll)	–	3,25 × 19	2,75 × 19	–
Hinterreifen (Zoll)	–	3,50 × 19	2,75 × 19	–
Vorderradfederung	Parallelogramm-Federgabel	geschobene Schwinge	Parallelogramm-Federgabel	Parallelogramm-Federgabel
Hinterradfederung	starr	starr	starr	starr
Tankinhalt (gal/l)	–	3/13,6	–	–
Zündung	–	Magnet	Magnet	Magnet
Radstand (in/mm)	53,5/1359	–	–	–
Leergewicht (lb/kg)	–	370/168 (befüllt)	–	–

Land	England			
Hersteller	**Norton**	**Norton**	**Royal Enfield**	**Royal Enfield**
Modell	**16H**	**Big4**	**RE**	**D**
Zylinderzahl	1	1	1	1
Bohrung (mm)	79	82	54	–
Hub (mm)	100	120	55	–
Hubraum (cm^3)	490	634	126	250
Verdichtung (:1)	4,9	4,8	–	–
Ventilsteuerung	Seitenventile	Seitenventile	Kolben	Seitenventile
Zahl der Gänge	4	4	3	
Übersetzung im größten Gang	5,28	6,39	–	–
Bremsen ∅ (in/mm)	7/178	7/178	–	–
Vorderradfederung	Parallelogramm-Federgabel	Parallelogramm-Federgabel	Parallelogramm-Federgabel	Parallelogramm-Federgabel
Hinterradfederung	starr	starr	starr	starr
Zündung	Magnet	Magnet	Magnet	Magnet

Land	England			
Hersteller	**Royal Enfield**	**Royal Enfield**	**Royal Enfield**	**Triumph**
Modell	**C**	**CC**	**Twin**	**Generator**
Zylinderzahl	1	1	2	2
Bohrung (mm)	70	70	52	63
Hub (mm)	90	90	82	80
Hubraum (cm^3)	346	346	348	499
Verdichtung (:1)	5,0	5,75	–	–
Leistung (PS)	–	–	–	15
Nenndrehzahl (min^{-1})	–	–	–	4000
Ventilsteuerung	Seitenventile	hängende Ventile	Seitenventile	hängende Ventile
Zahl der Gänge	4	4	4	–
Übersetzung im größten Gang	5,95	5,65	–	–
Hinterreifen (Zoll)	–	–	4,50 × 17	–
Vorderradfederung	Parallelogramm-Federgabel	Parallelogramm-Federgabel	Parallelogramm-Federgabel	–
Hinterradfederung	starr	starr	starr	–
Tankinhalt (gal/l)	–	–	–	3/13,6
Zündung	Magnet	Magnet	Magnet	Magnet
Leergewicht (lb/kg)	–	–	–	175/79,5 (Total)

Land	**England**			
Hersteller	**Triumph**	**Triumph**	**Triumph**	**Triumph**
Modell	**3SW**	**3HW**	**5SW**	**3TW**
Zylinderzahl	1	1	1	2
Bohrung (mm)	70	70	84	–
Hub (mm)	89	89	89	–
Hubraum (cm^3)	343	343	493	350
Verdichtung (:1)	5,3	6,7	5,6	–
Leistung (PS)	12	17	15	17
Nenndrehzahl (min^{-1})	4800	5200	4800	5400
Ventilsteuerung	Seitenventile	hängende Ventile	Seitenventile	hängende Ventile
Zahl der Gänge	4	4	4	3
Übersetzung im größten Gang	6,1	5,78	4,95	5,89
Reifen (Zoll)	3,25 × 19	3,25 × 19	3,25 × 19	3,25 × 19
Bremsen ∅ (mm)	7/178	7/178	7/178	–
Vorderradfederung	Parallelogramm-Federgabel	Parallelogramm-Federgabel	Parallelogramm-Federgabel	Parallelogramm-Federgabel
Hinterradfederung	starr	starr	starr	starr
Tankinhalt (gal/l)	3,25/14,8	3,25/14,8	3,25/14,8	–
Zündung	Magnet	Magnet	Magnet	Magnet
Radstand (in/mm)	52,5/1334	52,5/1334	52,5/1334	–
Sitzhöhe (in/mm)	28,5/749	28,5/749	28,5/749	–
Bodenfreiheit (in/mm)	6/152	6/152	6/152	5/127
Leergewicht (lb/kg)	316/143	322/146	322/146	247[1]/112

[1] später 263/119, Rein Alu 230/104

Land	**England**			
Hersteller	**Triumph**	**Triumph**	**Velocette**	**Welbike**
Modell	**5TW**	**TRW**	**MDD & MAF**	**–**
Zylinderzahl	2	2	1	1
Bohrung (mm)	63	63	68	50
Hub (mm)	80	80	96	50
Hubraum (cm^3)	499	499	349	98
Verdichtung (:1)	5,0	6,0	–	–
Leistung (PS)	–	18	–	–
Nenndrehzahl (min^{-1})	–	5000	–	–
Ventilsteuerung	Seitenventile	Seitenventile	hängende Ventile	Kolben
Zahl der Gänge	4	4	4	1
Übersetzung im größten Gang	–	5,8	–	–

Land	England			
Hersteller	**Triumph**	**Triumph**	**Velocette**	**Welbike**
Modell	**5TW**	**TRW**	**MDD & MAF**	**–**
Vorderreifen (Zoll)	–	3,25 × 19	–	2,25 × 12,5
Hinterreifen (Zoll)	–	4,00 × 19	–	2,25 × 12,5
Bremsen ∅ (mm)	–	7	–	–
Vorderradfederung	Teleskopgabel	Teleskopgabel	Parallelo-gramm-Federgabel	starr
Hinterradfederung	starr	starr	starr	starr
Tankinhalt (gal/l)	–	3/13,6	–	0,8/3,6
Zündung	Batterie	Magnet	Magnet	Magnet
Radstand (in/mm)	52,5/1334	53/1346	–	39,5/1003
Sitzhöhe (in/mm)	–	28,5/724	–	–
Bodenfreiheit (in/mm)	–	6,25/159	–	4,0/101
Leergewicht (lb/kg)	330/150	340/154	–	70/32

Land	Frankreich			Deutschland
Hersteller	**Gnôme et Rhône**	**René Gillet**	**René Gillet**	**Ardie**
Modell	**AX2**	**–**	**–**	**VF125**
Zylinderzahl	2	2	2	1
Bohrung (mm)	–	70	80	51
Hub (mm)	–	97,7	97,7	60
Hubraum (cm³)	804	752	982	123
Verdichtung (:1)	–	–	–	6,75
Leistung (PS)	–	–	–	5
Nenndrehzahl (min^{-1})	–	–	–	4500
Ventilsteuerung	Seitenventile	Seitenventile	Seitenventile	Kolben
Zahl der Gänge	4	4	4	3
Übersetzung im größten Gang	–	–	–	9,2
Vorderreifen (Zoll)	3,50 × 19	27 × 4,00	27 × 4,00	2,50 × 19
Hinterreifen (Zoll)	4,00 × 19	27 × 4,00	27 × 4,00	2,50 × 19
Vorderradfederung	Parallelo-gramm-Federgabel	geschobene Schwinge	geschobene Schwinge	Parallelo-gramm-Federgabel
Hinterradfederung	starr	starr	starr	starr
Tankinhalt (gal/l)	–	–	–	10,5/
Zündung	Magnet	Magnet	Magnet	Magnet
Radstand (in/mm)	–	–	–	49,2/1250
Sitzhöhe (in/mm)	–	–	–	26,4/670
Bodenfreiheit (in/mm)	–	–	–	5,9/150
Leergewicht (lb/kg)	–	–	–	150/68

Land	Deutschland			
Hersteller	**Ardie**	**BMW**	**BMW**	**BMW**
Modell	**RBZ**	**R35**	**R4**	**R12**
Zylinderzahl	1	1	1	2
Bohrung (mm)	61	72	78	78
Hub (mm)	66	84	84	78
Hubraum (cm³)	193	342	401	745
Verdichtung (:1)	5,8	6,0	5,7	5,2
Leistung (PS)	7	14	12	18
Nenndrehzahl (min^{-1})	5000	4500	3500	3400
Ventilsteuerung	Kolben	hängende Ventile	hängende Ventile	Seitenventile
Zahl der Gänge	3	4	4	4
Übersetzung im größten Gang	6,6	5,63	5,11[1]	4,07[2]
Vorderreifen (Zoll)	3,00 × 19	3,00 × 19	26 × 3,5	3,00 × 19
Hinterreifen (Zoll)	3,00 × 19	3,50 × 19	26 × 3,5	3,50 × 19
Vorderradfederung	Parallelogramm-Federgabel	Teleskopgabel	gezogene Schwinge	Teleskopgabel
Hinterradfederung	starr	starr	starr	starr
Tankinhalt (l)	13,5	12	12	14
Zündung	Magnet	Batterie	–	Magnet
Radstand (in/mm)	51,6/1310	–	–	–
Sitzhöhe (in/mm)	26,8/680	–	–	–
Bodenfreiheit (in/mm)	5,1/130	–	–	–
Leergewicht (lb/kg)	262/119	342/155	302/137	409/186

[1] später 5,63 [2] später 4,75

Land	Deutschland			
Hersteller	**BMW**	**BMW**	**BMW**	**BMW**
Modell	**R75**	**R5**	**R61**	**R66**
Zylinderzahl	2	2	2	2
Bohrung (mm)	78	68	70	69,8
Hub (mm)	78	68	78	78
Hubraum (cm³)	745	494	600	597
Verdichtung (:1)	5,6	6,7	5,7	6,8
Leistung (PS)	26	24	18	30
Nenndrehzahl (min^{-1})	4000	5800	4800	5300
Ventilsteuerung	hängende Ventile	hängende Ventile	Seitenventile	hängende Ventile
Zahl der Gänge	4 + R × 2	4	4	4
Übersetzung im größten Gang	6,05[1]	3,89	3,89[2]	3,6[3]
Vorderreifen (Zoll)	4,50 × 16	3,00 × 19	3,00 × 19	3,00 × 19

Land	Deutschland			
Hersteller	**BMW**	**BMW**	**BMW**	**BMW**
Modell	**R75**	**R5**	**R61**	**R66**
Hinterreifen (Zoll)	4,50 × 16	3,50 × 19	3,50 × 19	3,50 × 19
Vorderradfederung	Teleskopgabel	Teleskopgabel	Teleskopgabel	Teleskopgabel
Hinterradfederung	starr	starr[4]	Geradeweg	Geradeweg
Tankinhalt (l)	24	15[5]	14	14
Zündung	Magnet	Batterie	Batterie	Batterie
Leergewicht (lb/kg)	926/420 mit Beiwagen	364[6]/165	406/184	412/187

[1] später 5,69 [2] später 4,62 [3] später 4,38 [4] R51-Geradeweg [5] R51–14 [6] R51–401/182

Land	Deutschland			
Hersteller	**BMW**	**DKW**	**DKW**	**DKW**
Modell	**R71**	**RT125**	**NZ250**	**NZ350**
Zylinder	2	1	1	1
Bohrung (mm)	78	52	68	72
Hub (mm)	78	58	68	85
Hubraum (cm³)	745	123	247	346
Verdichtung (:1)	5,5	6,0	5,9	5,7
Leistung (PS)	22	4,7	9	11,5
Nenndrehzahl (min⁻¹)	4600	4800	4000	4000
Ventilsteuerung	Seitenventile	Kolben	Kolben	Kolben
Zahl der Gänge	4	3	4	4
Übersetzung im größten Gang	3,6[1]	7,85	5,2	4,2
Vorderreifen (Zoll)	3,00 × 19	2,50 × 19	3,00 × 19	3,25 × 19
Hinterreifen (Zoll)	3,50 × 19	2,50 × 19	3,00 × 19	3,25 × 19
Vorderradfederung	Teleskopgabel	Parallelogramm-Federgabel	Parallelogramm-Federgabel	Parallelogramm-Federgabel
Hinterradfederung	Geradeweg	starr	starr	starr
Tankinhalt (l)	14	7,5	14	14
Radstand (in/mm)	–	48,4/1230	53,1/1350	53,1/1350
Sitzhöhe (in/mm)	–	26,8/680	27,6/700	27,6/700
Bodenfreiheit (in/mm)	–	5,9/150	4,7/120	4,7/120
Leergewicht (lb/kg)	412/187	150/68	298/135	320/145

[1] später 3,89

Land	Deutschland			
Hersteller	**DKW**	**NSU**	**NSU**	**NSU**
Modell	**NZ500**	**2510S**	**6010SL**	**ZDB125**
Zylinderzahl	2	1	1	1
Bohrung (mm)	64	64	85	50
Hub (mm)	76	75	99	62
Hubraum (cm^3)	489	241	562	122
Verdichtung (:1)	6,0	6,8	6,0	7,5
Leistung (PS)	18,5	10,5	24	4,8
Nenndrehzahl (min^{-1})	4200	5000	5000	4500
Ventilsteuerung	Kolben	hängende Ventile	hängende Ventile	Kolben
Zahl der Gänge	4	4	4	3
Übersetzung im größten Gang	4,3	6,4	5,0	7,9
Reifen (Zoll)	3,50 × 19	3,00 × 19	3,50 × 19	2,50 × 19
Vorderradfederung	Parallelo-gramm-Federgabel	Parallelo-gramm-Federgabel	Parallelo-gramm-Federgabel	Parallelo-gramm-Federgabel
Hinterradfederung	Schwinge	starr	starr	starr
Tankinhalt (l)	14	11,5	13,5	11
Radstand (in/mm)	56,7/1440	50,4/1280	57,5/1460	50,4/1280
Sitzhöhe (in/mm)	29,1/740	26,8/680	29,1/740	27,6/700
Bodenfreiheit (in/mm)	5,5/140	4,3/110	5,1/130	5,1/130
Leergewicht (lb/kg)	430/195	300/136	408/195	181/82

Land	Deutschland			
Hersteller	**NSU**	**Triumph**	**Victoria**	**Zündapp**
Modell	**HK100**	**BD250**	**KR35WH**	**DB200**
Zylinderzahl	4	1 Doppelkolben	1	1
Bohrung (mm)	–	2 × 45	69	60
Hub (mm)	–	78	91,5	70
Hubraum (cm^3)	1478	248	342	198
Verdichtung (:1)	–	5,5	6,0	6,0
Leistung (PS)	36	11,2	18	7
Nenndrehzahl (min^{-1})	3400	4000	5000	4000
Ventilsteuerung	hängende Ventile	Drehschieber	hängende Ventile	Kolben
Zahl der Gänge	3 + R × 2	4	4	3
Übersetzung im größten Gang	–	5,1	5,3	5,8
Reifen (Zoll)	3,50 × 19	3,25 × 19	3,25 × 19	3,00 × 19
Vorderradfederung	Parallelo-gramm-Federgabel	Parallelo-gramm-Federgabel	Parallelo-gramm-Federgabel	Parallelo-gramm-Federgabel
Hinterradfederung	Kette	starr	starr	starr
Tankinhalt (l)	42	11,3	13	12
Zündung	Batterie	Batterie	Batterie	Batterie
Radstand (in/mm)	–	52/1320	55,9/1420	51,2/1300
Sitzhöhe	–	28,3/580	29,1/740	26,8/680
Bodenfreiheit (in/mm)	–	4,3/110	5,1/130	5,1/130
Leergewicht (lb/kg)	2822/1280	309/140	320/145	258/117

Land	Deutschland			
Hersteller	**Zündapp**	**Zündapp**	**Zündapp**	**Zündapp**
Modell	**K500**	**K800**	**KS600**	**KS750**
Zylinderzahl	2	4	2	2
Bohrung (mm)	69	62	75	75
Hub (mm)	66,6	66,6	67,6	85
Hubraum (cm³)	498	804	597	751
Verdichtung (:1)	5,8	5,8	6,5	6,2
Leistung (PS)	16	22	28	26
Nenndrehzahl (min^{-1})	4800	4300	4700	4000
Ventilsteuerung	Seitenventile	Seitenventile	hängende Ventile	hängende Ventile
Zahl der Gänge	4	4	4	5+R
Übersetzung im größten Gang	5,3	5,3	5,58	6,11
Reifen (Zoll)	3,50 × 19	3,50 × 19	3,50 × 19	4,50 × 16
Vorderradfederung	Parallelogramm-Federgabel	Parallelogramm-Federgabel	Parallelogramm-Federgabel	Parallelogramm-Federgabel
Hinterradfederung	starr	starr	starr	starr
Tankinhalt (l)	12,5	12,5	15	23
Zündung	Batterie	Batterie	Batterie	Magnet
Radstand (in/mm)	54,7/1390	55,3/1400	55,5/1410	55,9/1420
Sitzhöhe (in/mm)	28,3/720	28,3/720	28,7/730	30,7/780
Bodenfreiheit (in/mm)	5,1/130	4,7/120	5,1/130	6,3/160
Leergewicht (lb/kg)	397/180	425/193	430/195	882/400

Land	Italien			
Hersteller	**Benelli**	**Benelli**	**Bianchi**	**Gilera**
Modell	**250**	**500**	**500**	**LTE**
Zylinderzahl	1	1	1	1
Bohrung (mm)	67	85	–	84
Hub (mm)	70	87	–	90
Hubraum (cm³)	247	494	500	499
Verdichtung (:1)	–	–	–	4,5
Leistung (PS)	–	–	–	10
Nenndrehzahl (min^{-1})	–	–	–	3400
Ventilsteuerung	obenliegende Nockenwelle	obenliegende Nockenwelle	obenliegende Nockenwelle	Seitenventile
Zahl der Gänge	4	4	–	4
Reifen (Zoll)	–	–	–	3,50 × 19
Vorderradfederung	Parallelogramm-Federgabel	Parallelogramm-Federgabel	Parallelogramm-Federgabel	Parallelogramm-Federgabel
Hinterradfederung	Schwinge	Schwinge	Schwinge	Schwinge
Tankinhalt (l)	–	–	–	11
Zündung	Batterie	Batterie	Batterie	Magnet
Leergewicht (lb/kg)	–	–	–	388/176

Land	Italien			
Hersteller	**Gilera**	**Gilera**	**Moto Guzzi**	**Moto Guzzi**
Modell	**Marte**	**Mercurio**	**GT17**	**Alce**
Zylinderzahl	1	1	1	1
Bohrung (mm)	84	84	88	88
Hub (mm)	90	90	82	82
Hubraum (cm^3)	499	499	499	499
Verdichtung (:1)	5,0	5,5	4,7	4,7
Leistung (PS)	14	18	13,2	13,2
Nenndrehzahl (min^{-1})	4800	4100	4000	4000
Ventilsteuerung	Seitenventile	hängende Ventile	Einlaß Seitenventile Auslaß hängende Ventile	Einlaß Seitenventile Auslaß hängende Ventile
Zahl der Gänge	4	4	3	4
Übersetzung im größten Gang	–	–	–	5,32
Vorderreifen (Zoll)	3,50 × 19	4,50 × 17	3,50 × 19	3,50 × 19
Hinterreifen (Zoll)	3,50 × 19	6,00 × 13	3,50 × 19	3,50 × 19
Vorderradfederung	Parallelo-gramm-Federgabel	Parallelo-gramm-Federgabel	Parallelo-gramm-Federgabel	Parallelo-gramm-Federgabel
Hinterradfederung	Schwinge	Blattfeder	Schwinge	Schwinge
Tankinhalt (l)	14	16	11,5	13,5
Zündung	Magnet	Magnet	Magnet	Magnet
Radstand (in/mm)	55,1/1400	87,4/2220	59,8/1520	57,3/1455
Bodenfreiheit (in/mm)	–	–	–	8,3/210
Länge (in/mm)	–	–	–	87,4/2220
Leergewicht (lb/kg)	660/300	1330/604	432/196	397/180

Land	Italien			
Hersteller	**Moto Guzzi**	**Moto Guzzi**	**Moto Guzzi**	**Moto Guzzi**
Modell	**Trialce**	**GTS**	**Superalce**	**Mulo**
Zylinderzahl	1	1	1	2
Bohrung (mm)	88	88	88	80
Hub (mm)	82	82	82	75
Hubraum (cm^3)	499	499	499	754
Verdichtung (:1)	4,7	4,7	5,5	6,5
Leistung (PS)	13,2	13,2	18,5	20
Nenndrehzahl (min^{-1})	4000	4000	4300	4000
Ventilsteuerung	Einlaß Seitenventile Auslaß hängende Ventile	Einlaß Seitenventile Auslaß hängende Ventile	hängende Ventile	hängende Ventile

Land	**Italien**			
Hersteller	**Moto Guzzi**	**Moto Guzzi**	**Moto Guzzi**	**Moto Guzzi**
Modell	**Trialce**	**GTS**	**Superalce**	**Mulo**
Zahl der Gänge	4 × 2	4	4	6 + R
Übersetzung im größten Gang	6,53			
Vorderreifen (Zoll)	3,50 × 19	3,25 × 19	3,50 × 19	6,00 × 15
Hinterreifen (Zoll)	3,50 × 19	3,50 × 19	3,50 × 19	6,00 × 15
Vorderradfederung	Parallelo-gramm-Federgabel	Parallelo-gramm-Federgabel	Parallelo-gramm-Federgabel	Einzel-Federbein
Hinterradfederung	Schwinge	Schwinge	Schwinge	Schwinge
Tankinhalt (l)	16	12	12,5	53
Zündung	Magnet	Magnet	Magnet	Magnet
Radstand (in/mm)	74/1880	55,1/1400	57,3/1455	–
Bodenfreiheit (in/mm)	8,3/211	–	8,3/211	–
Länge (in/mm)	111,2/2825	–	87,4/2220	–
Leergewicht (lb/kg)	741/336	324/147	412/187	–

Land	**Italien**			**Japan**
Hersteller	**Moto Guzzi**	**Moto Guzzi**	**Volugrafo**	**Rikuo**
Modell	**Airone Militare**	**Motocarri ER**	**Aermoto**	
Zylinderzahl	1	1	1	2
Bohrung (mm)	70	88	–	–
Hub (mm)	64	82	–	–
Hubraum (cm³)	246	499	125	1200
Verdichtung (:1)	6,0	5,5	–	–
Leistung (PS)	9,5	17,8	–	28
Nenndrehzahl (min^{-1})	4800	4300	–	–
Ventilsteuerung	hängende Ventile	hängende Ventile	Kolben	Seitenventile
Zahl der Gänge	4	3	2 × 2	3 + R
Vorderreifen (Zoll)	3,00 × 19	3,50 × 19	–	4,75 × 18
Hinterreifen (Zoll)	3,00 × 19	5,50 × 15	–	4,75 × 18
Vorderradfederung	Parallelo-gramm-Federgabel	Parallelo-gramm-Federgabel	Teleskopgabel	geschobene Schwinge

Land	Italien			Japan
Hersteller	**Moto Guzzi**	**Moto Guzzi**	**Volugrafo**	**Rikuo**
Modell	**Airone Militare**	**Motocarri ER**	**Aermoto**	
Hinterradfederung	Schwinge	Blattfeder	starr	starr
Tankinhalt (l)	11	16	–	–
Zündung	Magnet	Magnet	Magnet	–
Radstand (in/mm)	53,9/1370	–	–	–
Leergewicht (lb/kg)	298/135	1058/480	–	–

Land	**Schweden**			
Hersteller	**m/42**	**m/42**	**NV**	**Suecia**
Modell	**112 SV**	**112TV**	**–**	**–**
Zylinderzahl	1	1	2	1
Bohrung (mm)	79	79	79	82
Hub (mm)	101	101	101	94
Hubraum (cm^3)	495	495	990	496
Verdichtung (:1)	5,4	6,2	–	–
Leistung (PS)	15,0	19,6[1]	–	–
Nenndrehzahl (min^{-1})	4000	4200[1]	4000	3600
Ventilsteuerung	Seitenventile	hängende Ventile	hängende Ventile	Seitenventile
Zahl der Gänge	3	3	6+R	4
Übersetzung im größten Gang	5,33	5,05	–	–
Reifen (Zoll)	3,50 × 19	3,50 × 19	–	–
Bremsen ∅ (mm)	185	185	–	–
Vorderradfederung	Parallelo-gramm-Federgabel	Parallelo-gramm-Federgabel	Teleskopgabel	Parallelo-gramm-Federgabel
Hinterradfederung	starr	Geradeweg	starr	starr
Tankinhalt (l)	14	13,5	–	–
Zündung	Magnet	Magnet	Magnet	Batterie
Radstand (in/mm)	55,9/1420	55,5/1410	–	55,9/1420
Breite (in/mm)	29,1/740	29,1/740	–	–
Länge (in/mm)	85,0/2160	83,5/2120	–	–
Leergewicht (lb/kg)	397/180	441/200	–	364/165

[1] 29,5/5500 mit schärferer Nockenwelle

Land	USA			
Hersteller	**Harley-Davidson**	**Harley-Davidson**	**Harley-Davidson**	**Indian**
Modell	**WLA**	**WLC**	**XA**	**640/741A**
Zylinderzahl	2	2	2	2
Bohrung (in/mm)	2,75/70	2,75/70	3,062/78	2,5/63,5
Hub (in/mm)	3,812/97	3,812/97	3,062/78	3,062/78
Hubraum (cu in/cm³)	45,28/742	45,28/742	45,1/739	30,06/492
Verdichtung (:1)	6,0	–	5,7	–
Leistung (PS)	23	–	–	–
Nenndrehzahl (min⁻¹)	4500	–	–	–
Ventilsteuerung	Seitenventile	Seitenventile	Seitenventile	Seitenventile
Zahl der Gänge	3	3	4	3
Übersetzung im größten Gang	4,6	4,6	4,7	–
Reifen (Zoll)	4,00 × 18	4,00 × 18	4,00 × 18	3,50 × 18
Vorderradfederung	geschobene Schwinge	geschobene Schwinge	geschobene Schwinge	Parallelogramm-Federgabel
Hinterradfederung	starr	starr	Geradeweg	starr
Tankinhalt (gal/l)	2,9/13,2	2,9/13,2	3,2/13,2	–
Zündung	Batterie	Batterie	Batterie	Batterie
Radstand (in/mm)	57,5/1460	–	59,5/1511	56,7/1440
Bodenfreiheit (in/mm)	4/101	–	–	5/127
Leergewicht (lb/kg)	540/245	–	565/256	450/204

Land	USA			
Hersteller	**Indian**	**Indian**	**Indian**	**Simplex**
Modell	**640B**	**340B**	**841**	
Zylinderzahl	2	2	2	1
Bohrung (in/mm)	2,875/73	3,25/82,5	2,875/73	
Hub (in/mm)	3,5/89	4,437/112,7	3,5/89	
Hubraum (cu in/cm³)	45,44/745	73,63/1207	45,44/1207	7,62/125
Leistung (PS)	–	–	–	4
Nenndrehzahl (min⁻¹)	–	–	–	4000
Ventilsteuerung	Seitenventile	Seitenventile	Seitenventile	über Einlaßschlitze in der Kurbelwelle gesteuert
Zahl der Gänge	3	3	4	Riemen-Automatik
Übersetzung im größten Gang	–	–	5,1	

Land	**USA**			
Hersteller	**Indian**	**Indian**	**Indian**	**Simplex**
Modell	**640B**	**340B**	**841**	
Vorderreifen (Zoll)	3,50 × 18	4,50 × 18	–	26 × 2,5
Vorderradfederung	Parallelo-gramm-Federgabel	gezogene Schwinge	Parallelo-gramm-Federgabel	geschobene Schwinge
Hinterradfederung	starr	Geradeweg	Geradeweg	starr
Zündung	–	–	Batterie	Magnet auf Schwung-scheibe
Leergewicht (lb/kg)	–	–	–	125/57